Keith Lumsden/Richard Attiyeh/George Leland Bach
Programmierte Einführung in die Volkswirtschaftslehre
Teil 2: Makroökonomie

Keith Lumsden
Stanford University

Richard Attiyeh
University of California, San Diego

George Leland Bach
Frank E. Buck Professor of Economics and Public Policy
Stanford University

PROGRAMMIERTE EINFÜHRUNG IN DIE VOLKSWIRTSCHAFTSLEHRE

TEIL 2
MAKROÖKONOMIE

3., völlig neu bearbeitete und erweiterte Auflage

Ins Deutsche übersetzt und bearbeitet von apl. Professor Dr. Ulrich Peter Ritter unter Mitarbeit von Dr. Peter Rühmann, beide Universität Göttingen

VERLAG HARRI DEUTSCH, ZÜRICH UND FRANKFURT/MAIN

Titel der amerikanischen Originalausgabe:
MACROECONOMICS – A PROGRAMMED BOOK
Second edition

Original English language edition published by
Prentice-Hall, Inc., Englewood Cliffs, New Jersey, U.S.A.

© 1970, 1967 by Prentice-Hall, Inc.

ISBN 3 87144 134 1
Gestaltung: I.B.C.
Zeichnungen: Heinrich Reinhardt, Bad Vilbel

© der deutschen Ausgabe 1973 by Verlag Harri Deutsch, Zürich

Alle Rechte vorbehalten. Ohne ausdrückliche Genehmigung des Verlages ist es auch nicht gestattet, das Buch oder Teile daraus auf fotomechanischem Wege (Fotokopie, Mikrokopie) zu vervielfältigen.

Gesamtherstellung: Druckerei Robert Bardtenschlager, Reutlingen

Vorwort des Übersetzers

Die vorliegende programmierte Einführung in die Makroökonomie ist, was den Inhalt betrifft, durchaus ein Lehrbuch im herkömmlichen Sinn. Was hier dargestellt wird, ist Kern dessen, was heute nicht nur an amerikanischen, sondern auch an westeuropäischen Universitäten als „Grundlagen der makroökonomischen Theorie" bezeichnet wird. Dieses Buch wird sich deshalb überall dort als nützlich erweisen, wo eine Auseinandersetzung mit den hier angebotenen Versuchen der theoretischen Durchdringung des wirtschaftlichen Geschehens gefordert wird. Der Kreis der Adressaten[1.)] umfaßt damit sowohl die Studenten der Anfangssemester der Wirtschafts- und Sozialwissenschaften wie auch die zunehmende Zahl von Studenten anderer Disziplinen, die sich zusätzliche Kenntnisse in den Wirtschaftswissenschaften aneignen wollen. Darüber hinaus dürfte es sich für die Erwachsenenbildung wie auch für diejenigen Schüler eignen, die sich in der Sekundarstufe II auf ein wirtschaftswissenschaftliches Studium vorbereiten.

Dieser Leserkreis wird das Buch als wirksame Hilfe empfinden, denn aller Anfang ist schwer. Das gilt auch für die ersten Schritte in einer Wissenschaft. Immer wieder bestätigt die Hochschulpraxis, daß man Verständnisschwierigkeiten bei Anfängern gar nicht überschätzen kann. Wenn aber die Basis vorhanden, wenn ein solider Grundstock gelegt ist, ist das weitere Studium nicht nur leichter; es macht auch mehr Spaß.

Das Lehrprogramm entspricht dem Bedürfnis nach einer die individuellen Lernerfordernisse berücksichtigenden sorgfältigen und logischen Einführung in die spezifischen Begriffe und Denkweisen der Volkswirtschaftslehre. Im Gegensatz zu anderen Lehrbüchern kann es dem Leser eine „Lerngarantie" bieten, denn wenn er sich an die einfachen Spielregeln hält und sorgfältig, gemäß seinem individuellen Lerntempo und Interesse vorgeht, wird er, wie zahlreiche Untersuchungen bewiesen haben, sein Ziel in kurzer Frist erreichen.

Einigen Dozenten und Lehrern mag dieses Programm zu einfach erscheinen. Aber in jedem Semester wird die alte Erfahrung bestätigt, daß die Anfänger mit zu viel und zu anspruchsvollem Wissen fru-

---

[1.)] Das Programm wurde für die Hörer der amerikanischen Standardvorlesung „Principles of Economics" entwickelt, die etwa dem hier beschriebenen Adressatenkreis entsprechen.

striert werden und sie dann erst nach mehreren Semestern oder aber über einen Repetitor den Einstieg finden. Häufig bedeutet in den Anfangssemestern „weniger-mehr".

Die Verwendungsmöglichkeiten dieses Lehrprogramms sind vielseitig[2]. Wie jedes andere Lehrbuch läßt es sich als Begleitmaterial für Vorlesung und Unterricht verwenden. Darüber hinaus kann es diese aber auch von der reinen Wissensvermittlung entlasten. Damit dürfte es sich auch für solche Dozenten und Tutoren eignen, die weniger Zeit auf die traditionelle Darstellung der Lenkungsmechanismen verwenden wollen; denn sie können dadurch notwendige Grundkenntnisse bereits voraussetzen und haben so für eine Verlagerung der Akzente mehr Spielraum. Das Lehrprogramm hat sich auch überall dort bewährt, wo intensive wissenschaftliche Diskussion unter Beteiligung möglichst vieler Teilnehmer gewünscht wird, also etwa im Studium in kleinen Gruppen und in Tutorien.

Das Programm wurde in langjähriger Entwicklungsarbeit verfaßt; es wurde zahlreichen Tests unterworfen und dabei laufend verbessert. Die deutsche Übersetzung wurde an der Universität Göttingen erprobt. Aus diesen Tests ergab sich auch gegenüber der zweiten amerikanischen Auflage die Notwendigkeit zu einigen Korrekturen und Änderungen. Auch diese deutsche Übersetzung wird weiter verbessert werden. Verfasser und Bearbeiter sind hierfür auf Ihre Mitarbeit angewiesen. Denn der Benutzer eines Lehrprogramms ist am ehesten zu fundierter Kritik berechtigt und befähigt, weil es allein für ihn geschrieben wurde.

Ulrich Peter Ritter

---

[2] Vergl. hierzu „Der optimale Einsatz von Lehrprogrammen" in: U. P. Ritter, Entwicklung und Verwendung von Lehrprogrammen in den Wirtschaftswissenschaften. Ergebnisse der Begleituntersuchungen zu dem volkswirtschaftlichen Lehrprogramm von Lumsden, Attiyeh und Bach, Jahrbücher für Nationalökonomie und Statistik. Bd. 186, Heft 3, 1972, S. 254 ff.

Vorwort der Verfasser der amerikanischen Ausgabe

Wir haben dieses Buch und sein Gegenstück „Mikroökonomie" mit dem Ziel geschrieben, Studenten in einem kurzen Zeitraum mit den Grundlagen der Wirtschaftswissenschaft vertraut zu machen. Wir hofften, daß die beiden Bücher als erster Lesestoff bei kürzeren Einführungskursen (etwa von einem halben Semester) oder als einführender und ergänzender Lesestoff in größeren Vorlesungen ein nützliches Hilfsmittel sein würden. Die Reaktion der Dozenten, die die ersten Auflagen benutzt haben, wie auch die Ergebnisse eines Experimentes, das an zahlreichen amerikanischen Hochschulen durchgeführt wurde[1] um die Wirksamkeit dieser Texte zu überprüfen, zeigen, daß unser Ziel weitgehend erreicht wurde. Bei dem Experiment, an dem 48 Colleges und Universitäten beteiligt waren zeigte sich, daß Studenten, die diese Texte als ergänzendes Lesematerial verwendeten, beim Abschlußtest „Understanding College Economics" deutlich besser abschnitten als die übrigen Studenten. Was jedoch wichtiger ist, Studenten, die 12 Stunden damit zugebracht haben, eines dieser beiden Bücher durchzuarbeiten, haben ebensoviel Mikro- oder Makroökonomie gelernt, wie Studenten, die sich in einem konventionellen Kurs sieben Wochen lang mit diesen Gebieten befaßt haben.

Diese Resultate führten uns zu folgenden Überlegungen: Wir meinen, daß die Ergebnisse wichtige Hinweise für den Aufbau und die Gestaltung von Einführungskursen geben. Im Kreis der Dozenten stimmen viele überein, daß ein Einführungskurs die Studenten befähigen sollte, vernünftig über wichtige ökonomische Probleme einer modernen Gesellschaft nachzudenken, und daß dieses Ziel am besten erreicht werden kann, indem man einige wenige grundlegende Prinzipien lehrt und diese dann auf eine Reihe wichtiger Probleme anwendet. Auch wir stimmen mit dieser Ansicht überein. Die genannte Studie hat gezeigt, daß mit Hilfe des programmierten Unterrichts die Grundlagen der mikro- und makroökonomischen Theorie in einer relativ kurzen Zeit erlernt werden können. Dadurch kann mehr Zeit darauf verwendet werden, den Studenten zu zeigen, wie man diese Theorie auf gesellschaftliche Probleme anwendet. Man kann wichtige Probleme gründlicher besprechen, und zum anderen

---

[1] Vergl. hierzu unseren Artikel „The Efficiency of Programmed Learning in Teaching Economics: The Result of a National Experiment", American Economic Review, LIX, Nr. 2, Mai 1969, S. 217-223

auch diejenigen Gebiete behandeln, die für das Semesterende vorgesehen sind, und die häufig dem Zeitmangel zum Opfer fallen. Die Verwendung dieser Texte kann weitere Vorteile bringen. Zum ersten gewinnt der Student gleich zu Beginn einen guten Überblick über den gesamten Kurs. Das ermöglicht ihm, die im weiteren Verlauf des Kurses behandelten Gebiete in einen sinnvollen Zusammenhang zu bringen. Wenn der Kurs so gestaltet wird, daß die Brauchbarkeit der ökonomischen Theorie im Zusammenhang mit konkreten Problemlösungen aufgezeigt wird, kann zum zweiten auch ein positiver Einfluß auf den wichtigsten Einzelfaktor beim Lernprozeß, nämlich die Einstellung der Studenten zum Lernobjekt, erwartet werden.

Die erhöhte Flexibilität der Unterrichtsgestaltung und die verbesserte Lehreffizienz, die diese Texte bewirken, sind auf die Eigenschaften des Lehrprogrammes zurückzuführen. Ein Lehrprogramm wird so entworfen, daß komplexe Gedanken in kleinen, sorgfältig konstruierten Schritten entwickelt werden. Jeder Lehrschritt erfordert schriftliche Antworten, die auf die zentralen Begriffe abgestellt sind. Auf diese Weise wird eine fortgesetzte aktive Beteiligung der Leser sichergestellt. Dadurch, daß die richtige Antwort auf der gleichen Seite erscheint, wird es dem Studenten darüber hinaus ermöglicht, sofort festzustellen, ob er den Stoff versteht. Hierdurch wird einerseits sein Interesse verstärkt, und andererseits werden bei ihm Wissenslücken aufgedeckt, die seinen weiteren Einsatz erfordern. Um die übliche Stoffdarstellung stärker zu berücksichtigen, wurde der Lehrstoff in dieser Auflage in eine größere Zahl kürzerer Kapitel aufgeteilt. Darüber hinaus wurde jedem Kapitel ein kurzer Test beigefügt, womit der Forderung der Studenten nach besseren Wiederholungsmöglichkeiten entsprochen wurde.

Die Volkswirtschaftstheorie eignet sich auf Grund ihrer analytischen Struktur sehr gut für die Programmierung. Sowohl in der Mikro- wie auch in der Makroökonomie kann ein guter Teil des Stoffes in kleine Schritte aufgeteilt werden, die Antworten erfordern, die einfach und unzweideutig sind. In diesem Band wird das Schwergewicht auf ein einfaches aggregiertes Modell von Gesamtnachfrage, Einkommen und Beschäftigung gelegt. Dieses Modell wird dazu verwendet, die Ursachen von Arbeitslosigkeit und Inflation zu untersuchen und zu zeigen, wie die Fiskal- und Geldpolitik dazu verwendet werden können die damit verbundenen Probleme zu lösen. Der Leser wird gleichzeitig auch auf die Schwierigkeiten hingewiesen, die auftauchen, wenn man diese Theorien in der Praxis anwendet.

Wir haben in dieser Auflage viele Vorschläge berücksichtigt, die uns von Lehrenden und Lernenden zugegangen sind, wie auch Veränderungen vorgenommen, die uns auf Grund der detaillierten Daten der oben erwähnten Studie angebracht erschienen.
Für ihre Unterstützung bei der Vorbereitung der Publikation dieses Buches sind wir Charles Briqueleur und Robert C. Walters aus dem Verlag Prentice-Hall Inc. zu außerordentlich großem Dank verpflichtet.

Keith Lumsden
Richard Attiyeh
George Leland Bach

Wie dieses Buch benutzt werden sollte

Dieses Buch ist in kleine Paragraphen oder Lehrschritte aufgeteilt, von denen jeder Antworten erfordert. Um sicher zu sein, daß Sie soviel wie möglich lernen, schreiben Sie Ihre Antworten in den Text, bevor Sie sie mit den richtigen Antworten auf der gleichen Seite vergleichen. Decken Sie die richtigen Antworten mit einem Kärtchen ab, bis Sie Ihre Antwort eingetragen haben. Einige Antworten erfordern lediglich die Auswahl des richtigen Wortes oder Satzes aus den aufgezeigten Alternativen. In diesen Fällen können Sie die richtige Alternative mit einem Kreis versehen oder die falsche durchstreichen.

Da keine ökonomischen Grundkenntnisse vorausgesetzt werden, beginnt dieses Buch auf einem elementaren Niveau. Die Gedanken werden in logischer Folge und in sehr kleinen Schritten entwickelt. Sie sollten deshalb keine Schwierigkeiten haben, die richtigen Antworten zu finden. Das aber zeigt Ihnen, daß Sie die Lernziele erreichen. Experimente haben gezeigt, daß der Durchschnittsstudent in den 10 bis 12 Stunden, die für eine sorgfältige Durcharbeitung dieses Buches erforderlich sind, ebenso viel Makroökonomie lernt wie Studenten mit gleichen Fähigkeiten, die dieselben Gebiete anhand der herkömmlichen Vorlesung in sieben Wochen durcharbeiten.

INHALTSVERZEICHNIS

1. Die Berechnung des Sozialproduktes — 1
2. Ausgaben und Einkommen — 16
3. Reales und monetäres BSP — 31
4. Tatsächliches und potentielles BSP — 49
5. Gesamtnachfrage und Gesamtangebot I — 63
6. Gesamtnachfrage und Gesamtangebot II — 77
7. Der Multiplikator — 91
8. Fiskalpolitik — 108
9. Zinssatz und Investitionsausgaben — 127
10. Geldangebot und Geldnachfrage — 141
11. Geldpolitik — 159
12. Probleme einer dynamischen Wirtschaft — 172

Lösungen der Wiederholungsfragen — 190

1

DIE BERECHNUNG DES SOZIALPRODUKTES

1.1. Auf allen Stufen der Gesellschaft, angefangen bei dem einzelnen Individuum bis hinauf zur gesamten Nation, besteht das Problem der Knappheit. So empfinden Sie z. B. die Zeit als knapp, wenn Sie feststellen, daß 24 Stunden täglich (**ausreichen/nicht ausreichen**), um all die Dinge zu tun, die Ihnen Spaß machen. Wenn Ihr Geld nicht ausreicht, alles zu kaufen, was Sie gerne haben wollen, sind Sie in gleicher Weise mit dem Problem der .... konfrontiert.

nicht ausreichen

Knappheit

1.2. Diese Beispiele machen deutlich, daß man mit dem Problem der Knappheit konfrontiert wird, wenn die Ressourcen nicht ausreichen, alle Bedürfnisse zu befriedigen. Wenn Sie etwas kaufen oder durchführen wollen, sind Zeit und Geld ...., die zu Ihrer Bedürfnisbefriedigung verwandt werden können. Diese Ressourcen sind knappe Mittel, wenn sie (**ausreichen/nicht ausreichen**), alle Bedürfnisse zu befriedigen.

Ressourcen

nicht ausreichen

1.3. In gleicher Weise stellt sich das Problem der Knappheit für die gesamte Volkswirtschaft. Keine Volkswirtschaft verfügt über genügend ...., um alle .... der Bevölkerung zu befriedigen. Die Ressourcen einer Volkswirtschaft sind also ....

Ressourcen – Bedürfnisse
knapp

1.4. Die Volkswirtschaftslehre befaßt sich mit der Frage, wie Individuen und ganze Nationen versuchen, mit dem Problem der Knappheit fertig zu werden. Mit anderen Worten, die Nationalökonomie beschäftigt sich mit der Verwendung knapper .... zur Befriedigung von ....

Ressourcen
Bedürfnissen

1.5. Bei der Analyse des Verhaltens von Einzelpersonen oder von Gruppen, die dem Knappheitsproblem gegenüberstehen, gehen die Ökonomen in der Regel von der Annahme aus, Hauptziel sei es, mit dem beschränkten Bestand an Ressourcen die Bedürfnisse möglichst weitgehend zu befriedigen. Man geht also von der Annahme aus, daß Individuen und Gruppen ihre knappen .... so effizient (wirksam) wie möglich zu nutzen suchen.
    Ressourcen

1.6. Die effiziente Verwendung knapper Mittel impliziert, daß mit den vorhandenen Ressourcen ein Maximum an Bedürfnisbefriedigung erzielt wird. Effizienz **(bedeutet/bedeutet jedoch nicht)**, daß alle Bedürfnisse befriedigt werden.
    bedeutet jedoch nicht

1.7. Zusammenfassend läßt sich sagen, daß ein ökonomisches Problem immer dann vorliegt, sobald Ressourcen .... sind. Das Vorhandensein von Knappheit bedeutet, daß es unmöglich ist, alle Bedürfnisse mit den verfügbaren .... zu befriedigen. Um die höchstmögliche Bedürfnisbefriedigung mit den vorhandenen Ressourcen zu erzielen, müssen diese .... eingesetzt werden.
    knapp

    Ressourcen

    effizient

1.8. Wirtschaften ist also der Versuch, eine begrenzte Menge Ressourcen in ein Bündel von Gütern (Waren und Dienstleistungen) zu verwandeln, und zwar so, daß ein **(größerer/geringerer)** Befriedigungsgrad erreicht wird, als es bei jedem anderen, mit diesen Ressourcen realisierbaren Güterbündel der Fall wäre. Wird dieses Ziel erreicht, sprechen wir von einer .... Allokation der Produktionsfaktoren.
    größerer

    effizienten (oder auch optim.

1.9. In bezug auf eine ganze Nation ist das Niveau der erreichten wirtschaftlichen Wohlfahrt offenbar von zwei Faktoren abhängig:

1. der Menge der .... und
2. der .... des Einsatzes dieser Produktionsfaktoren (Ressourcen).

    Produktionsfakto

    Effizienz

1.10. Je mehr Mittel einer Volkswirtschaft zur Verfügung stehen, und je effizienter diese verwendet werden, um so **(größer/kleiner)** ist die Güterproduktion (auch Output, Ausbringungsmenge oder Ausstoß genannt), die in einem Jahr produziert werden kann. Je größer der in einem Jahr produzierbare Ausstoß einer Volkswirtschaft ist, um so **(vollständiger/unvollständiger)** können die Konsumenten ihre Bedürfnisse befriedigen.
    größer

    vollständiger

1.11. Leider ist es nicht möglich, den von den Konsumenten erreichten Grad der Bedürfnisbefriedigung, d. h. die wirtschaftliche Wohlfahrt (welfare), direkt zu messen. Deshalb verwenden Ökonomen die in einem Jahr produzierte Ausbringungsmenge als Maßstab für die wirtschaftliche Wohlfahrt. So kann man z. B. nicht angeben, um wieviel mehr Bedürfnisse der Konsumenten in diesem Jahr befriedigt sind als im letzten Jahr. Es ist jedoch möglich festzustellen, wieviel mehr .... den Konsumenten in diesem Jahr, verglichen mit dem letzten, zur Verfügung steht.   Ausstoß

1.12. Die gesamte Güterproduktion kann auf verschiedene Weise berechnet werden. Man könnte z. B. die Anzahl der produzierten Güter addieren oder ihr Gewicht feststellen. Welche Berechnung jedoch auch immer angestellt wird, auf jeden Fall sollte sie einen Indikator für die wirtschaftliche .... der Konsumenten liefern.   Wohlfahrt

1.13. Wenn nur eine Warenart produziert würde, bestünden kaum Schwierigkeiten, den jährlichen Ausstoß einer Wirtschaft zu messen. Wenn diese Warenart z. B. heiße Würstchen wären, könnte die Berechnung des jährlichen .... einfach durch Bestimmung der Anzahl oder des Gewichts der in einem .... produzierten Würstchen erfolgen. Jeder der beiden Maßstäbe würde eine Aussage darüber ermöglichen, ob die wirtschaftliche Wohlfahrt von Jahr zu Jahr zu- oder abgenommen hat.   Ausstoßes Jahr

1.14. Da in einer Wirtschaft jedoch verschiedene Waren produziert werden, würde die Berechnung des gesamten .... durch einfaches Addieren der Anzahl oder des Gewichtes der produzierten Güter keinen Maßstab für die wirtschaftliche .... ergeben.   Ausstoßes Wohlfahrt

1.15. Selbst wenn nur zwei Warenarten hergestellt werden, ist die Anwendung des einfachen Additionsverfahrens nicht sehr sinnvoll. Nehmen Sie an, es handele sich bei den beiden Waren um heiße Würstchen und Rennwagen. Nehmen Sie weiter an, daß die Produktion in den letzten beiden Jahren folgendermaßen aussah:

	dieses Jahr	letztes Jahr
heiße Würstchen	1.000	2.000
Rennwagen	500	5

In welchem Jahr war der Ausstoß größer? Nach dem einfachen Additionsverfahren wäre der Ausstoß im .... Jahr größer   letzten gewesen. Da aber die meisten Leute einen Rennwagen als beträchtlich größeren Ausstoß betrachten als ein heißes Würstchen, würden sie sagen, daß die Produktion in .... Jahr größer war. Dieses Beispiel verdeutlicht: Wird mehr als eine Warenart produziert, ergibt die Anzahl der hergestellten Einheiten im allgemeinen **(einen/keinen)** vernünftigen Maßstab für die Güterproduktion.

diesem

keinen

1.16. Was wäre aber dann ein guter Maßstab? Betrachten wir einmal die Möglichkeit, das Gewicht als Maßstab zu benutzen. Nehmen wir an, Brot und Ziegelsteine sind die einzigen produzierten Waren, und das Gewicht wird als Maßstab des Ausstoßes benutzt. Da ein Ziegelstein sehr viel schwerer ist als ein Laib Brot, sieht es so aus, als hätte eine Wirtschaft, in der nur ein paar Brotlaibe, aber viele Ziegelsteine hergestellt werden, einen viel **(größeren/kleineren)** Ausstoß als eine Wirtschaft, die viel Brot, aber wenig Ziegelsteine produziert. Das ergibt sich aus dem Gebrauch des .... als Maßstab für den Ausstoß, auch wenn eine Wirtschaft mit mehr Brot und weniger Steinen die Wünsche der Konsumenten besser erfüllt.

größeren

Gewichts

1.17. Beim Gebrauch der Anzahl oder des Gewichts der Güter als Maß des Ausstoßes besteht das Problem darin, daß keins von beiden einen ausreichenden Hinweis auf den Grad der Bedürfnisbefriedigung gibt, den die Verbraucher durch die verschiedenen Waren erhalten. Ein schönes Gemälde kann mehr Befriedigung gewähren als viele kandierte Früchte oder eine Tonne Sand. Wollte man in diesem Beispiel den .... mit Hilfe der Anzahl oder des Gewichts der produzierten Güter messen, so erhielte man im allgemeinen **(einen/keinen)** guten Maßstab für die wirtschaftliche Wohlfahrt.

Ausstoß

keinen

1.18. Um einen Maßstab für den Ausstoß zu konstruieren, der in bezug auf das Niveau der wirtschaftlichen Wohlfahrt Aussagekraft besitzt, ist es notwendig, daß die jedem Gut beigemessene Bedeutung sich proportional zu der ihm vom Konsumenten zuerkannten Wertschätzung verhält. Am vorhergehenden Beispiel verdeutlicht: Wenn die Konsumenten einen Laib Brot höher schätzen als einen Ziegelstein, dann sollte ein Brot auch als eine **(größere/kleinere)** Ausstoßmenge betrachtet werden als ein Ziegelstein.

größere

1.19. Nehmen Sie an, die Verbraucher messen einem Laib Brot zehnmal soviel Wert zu wie einem Ziegelstein. Unterstellen Sie weiterhin, folgende Mengen an Brot und Steinen seien in den beiden letzten Jahren produziert worden:

	dieses Jahr	letztes Jahr
Brot	200 Mio Stück	100 Mio Stück
Ziegelsteine	500 Mio Stück	900 Mio Stück

In welchem Jahr war der Ausstoß größer, wenn dieser so gemessen wird, daß die Wertschätzung der Konsumenten darin zum Ausdruck kommt? Da die Verbraucher einen Laib Brot .... mal so hoch schätzen wie einen Ziegelstein, war der Ausstoß in .... Jahr größer. Wir erhalten dieses Ergebnis, obwohl die Anzahl und das Gewicht der hergestellten Waren im .... Jahr größer waren.

zehn
diesem

letzten

1.20. Ein Maß für den Ausstoß sollte jedes produzierte Gut so erfassen, daß es im Verhältnis zu der ihm von den Konsumenten beigelegten .... steht, um als Hinweis auf das Niveau der wirtschaftlichen Wohlfahrt dienen zu können.

Wertschätzung

1.21. Für eine Wirtschaft wie die der USA mit Millionen an Gütern und Millionen Konsumenten erscheint diese Aufgabe unlösbar. Nichtsdestoweniger sind Informationen über die Art, wie die Verbraucher verschiedene Güter bewerten, bereits vorhanden. Diese Informationen ermöglichen es, ein Maß für den .... zu konstruieren, das jedes Gut im Verhältnis zu dem Wert erfaßt, den ihm die .... zumessen.

Ausstoß

Konsumenten

1.22. Um herauszubekommen, wo diese Informationen zu finden sind, sehen Sie sich das Ausgabeverhalten eines typischen Konsumenten an, der den Versuch unternimmt, sein Einkommen so auf verschiedene Güter aufzuteilen, daß seine .... so vollständig wie möglich befriedigt werden.

Bedürfnisse

1.23. Welche Waren ein Verbraucher kaufen kann und will, hängt u. a. davon ab, was er dafür ausgeben muß. Das, was er für eine Gütereinheit bezahlen muß, nennen wir den Preis einer Ware. Die Art, wie ein Konsument sein Einkommen ausgibt, hängt von den .... der verschiedenen Güter ab.

Preisen

1.24. Viele Faktoren beeinflussen die Entscheidung darüber, wie Sie jede Woche Ihr Einkommen ausgeben. Dazu gehören unter anderem die Höhe Ihres Einkommens, Ihr Geschmack und Ihre Präferenzen, vielleicht sogar das Wetter. Wir wollen jedoch alle diese Faktoren als gegeben annehmen. Bevor Sie sich entscheiden, wie Sie Ihr

.... auf die verschiedenen Güter aufteilen, müssen Sie den .... jedes Gutes wissen.

Einkommen
Preis

1.25 Wenn z. B. die Preise aller anderen Güter gegeben sind und der Preis einer Kinokarte $ 5,– ausmacht, werden Sie sehr wahrscheinlich für Ihr Geld (**mehr/weniger**) ins Kino gehen und (**mehr/weniger**) andere Güter erstehen, als wenn der Preis 50 cents betrüge.

weniger – mehr

1.26. Beträgt der Preis 50 cents, mögen Sie vielleicht viermal pro Monat ins Kino gehen, zum Preis von $ 5,– nur einmal. Mit anderen Worten, bei verschiedenen Preisen haben Sie auch unterschiedliche Ausgabenstrukturen. Zum Preis von 50 cents pro Karte werden Sie sich vielleicht zu einem zweiten, dritten und vierten Kinobesuch (**entschließen/nicht entschließen**), zum Preis von $ 5,– pro Karte (**immer noch/nicht mehr**).

entschließen
nicht mehr

1.27. Solange Sie versuchen, Ihr Einkommen vernünftig auszugeben, werden Sie nicht Dinge erstehen, die das, was Sie dafür anlegen müssen (**wert/nicht wert**) sind. Sie werden Ihre Ausgabenstrukturen bei Änderungen der .... der Güter korrigieren, um den Kauf von Dingen zu vermeiden, die ihren Preis nicht wert sind.

nicht wert
Preise

1.28. Aus diesem Grunde kann man erwarten, daß die für die verschiedenen Güter gezahlten .... den Wert reflektieren, den sie für den Konsumenten haben.

Preise

1.29. Wenn der Preis einer Kinokarte $ 5,– beträgt und Sie gehen nicht ins Kino, dann kann daraus geschlossen werden, daß der .... einer Kinovorstellung für Sie unter $ 5,– liegt. Ist der Preis 50 cents, und Sie sehen sich 4 Filme an, kann man daraus folgern, daß der .... einer Vorstellung für Sie mindestens 50 cents ausmacht.

Wert

Wert

1.30. Um ein Maß für den Ausstoß zu konstruieren, das einen sinnvollen Hinweis auf das Niveau wirtschaftlicher Wohlfahrt liefert, muß man Informationen über den .... haben, den die verschiedenen Güter für die Konsumenten besitzen. Informationen darüber, welchen Wert die Waren für die Konsumenten haben, können aus den .... der Güter abgelesen werden.

Wert

Preisen

1.31. Wie kann man die Preise verwenden, um ein Maß des gesamten, in einem Jahr produzierten Ausstoßes zu konstruieren? Wenn die Preise der verschiedenen Waren ihre relative Bedeutung für den

Konsumenten widerspiegeln, dann kann eine Einheit jeder Ware durch ihren .... gemessen werden. Der gesamte Ausstoß irgendeiner Ware besteht dann in der Anzahl von Einheiten, multipliziert mit dem .... pro Einheit.

Preis

Preis

1.32. Der Gesamtausstoß aller Güter setzt sich also aus der Summe der gesamten Outputs aller einzelnen Güter zusammen. Für die Ziegelsteine — Brot — Wirtschaft ist der Output wie folgt zu berechnen (setzen Sie die fehlenden Zahlen ein):

Dieses Jahr

	Menge	Preis	Output	
Brot	200 Mio	$ 0,25	$ 50 Mio	
Ziegelsteine	500 Mio	$ 0,05	$ 25 Mio	
Gesamter Output			.... Mio	75

Letztes Jahr

	Menge	Preis	Output	
Brot	100 Mio	$ 0,25	$ .... Mio	25
Ziegelsteine	900 Mio	$ 0,05	$ .... Mio	45
Gesamter Output			$ .... Mio	70

1.33. Wird jede Ware gemäß ihrem Marktwert angesetzt, so ist der Output in .... Jahr größer.

diesem

1.34. Man benutzt den Marktwert der produzierten Güter als Maßstab ihres Outputs, weil die .... dieser Güter ihren Wert für den Verbraucher widerspiegeln.

Preise

1.35. Indem man jede Gütereinheit mit ihrem Preis „gewichtet" anstatt mit Pfund oder Gramm, erhält man einen Maßstab für den Ausstoß, der jede Ware gemäß dem Wert ansetzt, den ihr die .... zuerkennen.

Konsumenten

1.36. Wenn man also jedes Gut mit seinem Marktwert berücksichtigt, d. h. dem Produkt aus Gütermenge und ...., dann erhält man auf diese Weise einen Maßstab für die gesamte Ausbringungsmenge, der den Grad der ökonomischen Wohlfahrt in der Wirtschaft zum Ausdruck bringt.   Güterpreis

1.37. Dieses Verfahren der Berechnung des gesamten .... über den Marktwert der produzierten Güter und Dienstleistungen ist die Basis für die offiziellen Sozialproduktsstatistiken. In einer so komplexen Wirtschaft wie der der USA bestehen jedoch eine Reihe von Schwierigkeiten, die in der hypothetischen Brot-Ziegelstein-Wirtschaft nicht auftauchen. Sie müssen gleichwohl gelöst werden, bevor eine korrekte Berechnung des gesamten Outputs durchgeführt werden kann.   Ausstoßes

1.38. Um zwei der Hauptprobleme bei der Messung des gesamten Ausstoßes zu verdeutlichen, betrachten wir die Produktion von nur drei Gütern: Autos, Maschinen zur Autoproduktion und Stahl. Um die Sache zu vereinfachen, nehmen wir an, Stahl werde nur zur Produktion von Autos und Maschinen verwendet und der Marktwert der produzierten Waren sei in diesem Jahr wie folgt gewesen:

Marktwert des hergestellten Stahls	$ 10 Mrd.
Marktwert der hergestellten Maschinen zur Autoproduktion	$ 0 Mrd.
Marktwert der hergestellten Autos	$ 30 Mrd.
Anmerkung: Marktwert des in Autos verbrauchten Stahls	$ 8 Mrd.

Aus diesen Daten ersehen Sie, daß ein Teil des produzierten Stahls zur Produktion von .... verwendet wurde. Da für $ 10 Mrd. Stahl hergestellt wurde und nur für $ 8 Mrd. Stahl bei der Autoproduktion verwendet wurde, müssen Stahllager in Höhe von $ ... Mrd. angelegt worden sein. Sie können außerdem erkennen, daß die Höhe der diesjährigen Produktion an Maschinen zur Autoproduktion gleich .... war.   Autos

2

null

1.39. Da Stahl bei der Automobilproduktion verarbeitet wird, stammt ein Teil des Marktwertes der Autos aus dem Wert des verbrauchten Stahls. Berechnet man folglich den gesamten Ausstoß aller drei Güter durch Addition der drei einzelnen Marktwerte, so wird ein Teil der Produktion von .... doppelt gezählt, nämlich   Stahl einmal mit seinem eigenen Marktwert und dann noch einmal als Teil des .... der Autos.

Marktwertes

1.40. Wenn wir den Marktwert des bei der Automobilproduktion verarbeiteten Stahls und den Marktwert der Autos zusammenzählen, ist der Wert des Stahls zweimal enthalten. Dies nennt man Doppelzählung, da der Wert des Stahls .... berücksichtigt wird. Summiert man im oben angeführten Beispiel einfach die Marktwerte aller Güter, so ergibt sich rechnerisch eine Produktion von $ .... Mrd. Das bedeutet jedoch eine Überhöhung der gesamten Produktion um .... Mrd. Dollar, die auf Grund der .... erfolgt.

zweimal

40

8 – Doppelzählung

1.41. Güter, die in der gleichen Periode, in der sie selbst produziert werden, bei der Produktion anderer Güter verbraucht werden, nennen wir Zwischenprodukte. Stahl ist ein Beispiel für ein ...., da er in der Periode, in der er produziert wurde, in die Automobilproduktion einging. Alle anderen Güter sind Endprodukte. Autos sind ...., denn sie (**werden/werden nicht**) in der gleichen Periode zur Produktion anderer Güter verbraucht.

Zwischenprodukt

Endprodukte
werden nicht

1.42. Es ist möglich, daß Teile der Produktion eines Gutes als Zwischenprodukte, andere Teile als Endprodukte gerechnet werden. In unserem Beispiel wurde ein Teil der Jahresproduktion an Stahl zur Automobilproduktion verwendet und ein Teil für zukünftigen Gebrauch gelagert. Der in die Produktion eingegangene Teil wird als ...., der auf Lager gelegte Teil als .... gezählt. Von der gesamten Stahlproduktion werden .... Mrd. als Zwischenprodukte und .... Mrd. Dollar als Endprodukte gerechnet.

Zwischenprodukt
Endprodukt
8
2

1.43. Da der Marktwert der Endprodukte den Marktwert der Zwischenprodukte einschließt, besteht eine Methode zur Vermeidung des Problems der .... darin, bei der Berechnung des gesamten Ausstoßes alle .... auszuschließen. Die Berechtigung für diesen Schritt ist daraus abzuleiten, daß solche Güter bereits im Output der .... enthalten sind, bei deren Produktion sie verarbeitet worden sind.

Doppelzählung
Zwischenprodukte

Endprodukte

1.44. Die Definition des gesamten Ausstoßes müßte also dahingehend modifiziert werden, daß es sich dabei um den Marktwert aller .... handelt, die während des Betrachtungszeitraums

Endprodukte

produziert wurden. In unserem Beispiel ist dann der Gesamtausstoß wie folgt zu berechnen:

Endprodukte an Stahl	$ .... Mrd.	2
Endprodukte an Maschinen zur Autoproduktion	$ .... Mrd.	0
Endprodukte an Autos	$ .... Mrd.	30
Gesamtausstoß an diesen Gütern	$ 32 Mrd.	

1.45. Daß diese Berechnungsweise vernünftig ist, läßt die Antwort auf folgende Frage erkennen:

Was hat die gesamte produktive Tätigkeit in diesem Jahr der Gesellschaft für den gegenwärtigen und zukünftigen Verbrauch erbracht? Die Antwort lautet: Automobile im Wert von .... Mrd. Dollar, Stahl zur künftigen Verwendung im Wert von $ .... Mrd., einen Gesamtausstoß von $ ... Mrd.
30
2
32

1.46. Derselbe Wert für die gesamte Ausbringungsmenge kann in einer etwas anderen Art aus der Beantwortung der folgenden Frage abgeleitet werden:

Was wurde während des Jahres von jedem Industriezweig an Wert dem Gesamtausstoß hinzugefügt, mit anderen Worten, wie hoch war die Wertschöpfung (value added) jeder Branche? In unserem Beispiel gehen wir am besten von der Automobilindustrie aus. Während des Jahres kaufte die Autoindustrie für $ .... Mrd. Stahl und verarbeitete ihn zu Autos im Werte von .... Mrd. Dollar. In diesem Prozeß trug die Autoindustrie .... Mrd. Dollar an .... zur Gesamtproduktion bei.
8
30
22 — Wertschöpfu

1.47. In dem Industriezweig für Maschinen zur Autoproduktion gab es keine Produktion, so daß die .... dieser Industrie gleich null war. In der Stahlindustrie betrug der zum Gesamtausstoß hinzugefügte Wert .... Mrd. Dollar.
Wertschöpfung

10

1.48. Es kann also der Gesamtausstoß auch durch Aufaddieren der .... jedes Industriezweiges ermittelt werden. Diese Methode muß zu demselben Ergebnis führen wie die Summierung aller produzierten ....
Wertschöpfung

Endprodukte

1.49. Das erste der beiden Probleme besteht also in der Vermeidung von .... Es tritt immer dann auf, wenn in der gleichen Periode, in der die Berechnung der Gesamtproduktion vorgenommen wird, einige Güter für die Produktion anderer Güter eingesetzt werden. Die Lösung dieses Problems kann dadurch erfolgen, daß bei der Berechnung des Outputs entweder der Marktwert aller produzierten .... oder die .... aller Industriezweige berücksichtigt werden.

Doppelzählungen

Endprodukte – Wertschöpfungen

1.50. Wenden wir uns dem zweiten Problem zu. Bei der Herstellung von Autos müssen neben dem Stahl auch Maschinen eingesetzt werden. In unserem Beispiel war der Wert der Maschinen zur Automobilproduktion gleich $ .... Mrd. Da die Maschinen in den Vorperioden hergestellt wurden, standen in diesem Jahr Maschinen (**zur Verfügung/nicht zur Verfügung**), obwohl keine neuen Maschinen produziert wurden.

0

zur Verfügung

1.51. Im Laufe des Prozesses der Produktion von Autos werden die Maschinen älter. Darüber hinaus sind sie einem gewissen Verschleiß ausgesetzt. Beide Faktoren führen zu einer (**Wertsteigerung/Wertminderung**) der Maschinen. Diese auf Veralten und Verschleiß zurückzuführende Wertminderung der Maschinen und anderer Kapitalgüter nennen wir Abschreibung.

Wertminderung

1.52. Die Wertminderung von Kapitalgütern, auch .... genannt, spiegelt die Tatsache wieder, daß sie um so (**mehr/weniger**) Output produzieren können, je älter sie sind und je mehr sie gebraucht wurden.

Abschreibung

weniger

1.53. Bei der Berechnung des gesamten Ausstoßes einer Wirtschaft muß die .... berücksichtigt werden, die an den in der Produktion eingesetzten Kapitalgütern entsteht.

Abschreibung

1.54. Eine vollständige Berechnung des Produktionsergebnisses einer beliebigen Periode muß daher den Marktwert der hergestellten Endgüter um die in dieser Periode auf die Kapitalgüter entfallende Abschreibung (**vermehren/vermindern**).

vermindern

1.55. Berücksichtigt man bei der Berechnung des Gesamtausstoßes die Abschreibungen nicht, so begeht man einen ähnlichen Fehler wie bei den Doppelzählungen. Man kann sich die Abschreibung als den für die Herstellung des laufenden Outputs verbrauchten Betrag an

..........gütern vorstellen. In dieser Beziehung sind Kapitalgüter den Zwischenprodukten ähnlich, jedoch werden .... in ihrer Produktionsperiode wieder verbraucht, während .... in Vorperioden hergestellt wurden.   Kapital-Zwischenprodukte Kapitalgüter

1.56. Da der Wert jedes Kapitalgutes bereits in seinem Herstellungsjahr als Teil der Gesamtproduktion gerechnet wurde, muß der in der laufenden Produktion verbrauchte Betrag jedes Kapitalgutes in Abzug gebracht werden, da andernfalls diese Beträge ein zweites Mal gezählt würden. Anders ausgedrückt, wenn die .... nicht vom laufenden Ausstoß abgezogen wird, heißt das, daß bereits in früheren Perioden hergestellter Ausstoß noch einmal als Teil des jetzigen Ausstoßes gerechnet wird.   Abschreibung

1.57. Da die Höhe der Abschreibungen nicht direkt zu erkennen ist, bestehen Schwierigkeiten für ihre genaue Messung. Vergleiche der Ausbringungsmenge verschiedener Perioden können daher durch Änderungen der Berechnungsmethoden für die Abschreibungen verzerrt werden. Aus diesem Grund halten viele Ökonomen bei Zeitvergleichen den nicht um die Abschreibung verminderten Wert des produzierten Ausstoßes für eine bessere Basis. Deshalb wird in den offiziellen Statistiken der Gesamtausstoß auf zwei Arten ausgewiesen: Mit und ohne Absetzung der ....   Abschreibungen

1.58. Die Gesamtproduktion einer Wirtschaft in einem Jahr ohne eine Absetzung der Abschreibung bezeichnen wir als Bruttosozialprodukt, häufig auch als BSP abgekürzt. Den Wert dieser Produktion, um die Abschreibungen vermindert, bezeichnen wir als Nettosozialprodukt (= NSP). Natürlich ist NSP + ... = BSP. Aus den oben erwähnten Gründen wird der Ausstoß häufiger in Form des BSP dargestellt, obwohl das .... für viele Zwecke besser geeignet ist.   Abschreibungen NSP

1.59. Sowohl das BSP als auch das NSP messen den .... aller Endprodukte (Endgüter und -dienstleistungen), die während einer gegebenen Periode produziert wurden. Der einzige Unterschied besteht darin, daß das .... die Abschreibungen einschließt, das .... jedoch ohne Abschreibungen ausgewiesen wird.   Marktwert BSP NSP

1.60. Wie allgemein üblich, wird bei einem Großteil der Analyse in diesem Buch mit dem Begriff des BSP gearbeitet. Sie sollten sich jedoch vor Augen halten, daß das .... aus Gründen statistischer   BSP

Genauigkeit, das .... aus Gründen konzeptueller Sauberkeit bevorzugt wird, obwohl es für viele Zwecke relativ unbedeutend ist, welches Maß man für den gesamten Ausstoß verwendet. NSP
In Anbetracht der Beschränkungen, die sich aus den statistischen Angaben ergeben, kann das zweite Problem — also die Berücksichtigung der Abnutzung von Kapitalgütern — nicht vollständig gelöst werden.

1.61. Fassen wir zusammen: Die Messung der Gesamtausbringungsmenge ist ein Versuch, das Niveau der wirtschaftlichen Wohlfahrt zu quantifizieren, also meßbar zu machen. Um ihre Bedürfnisse befriedigen zu können, verwenden die Wirtschaftssubjekte ihre .... für die Produktion von Waren. Da die Produktionsfaktoren .... sind, können nicht alle Bedürfnisse vollständig befriedigt werden. Wenn die Produktionsfaktoren jedoch .... eingesetzt werden, können mit dem vorhandenen Angebot an Faktoren die Bedürfnisse so weitgehend wie möglich befriedigt werden.

Ressourcen
Produktionsfaktoren
knapp
effizient

1.62. Da es viele verschiedene Güter gibt, ist es für die Berechnung des gesamten produzierten Sozialproduktes notwendig, die relative Bedeutung eines jeden Gutes zu bestimmen. In der Marktwirtschaft kann der .... jeder einzelnen Ware als Indikator ihrer relativen Bedeutung für die Konsumenten gewählt werden.

Preis

1.63. Die Verwendung der .... zur Messung der relativen Bedeutung verschiedener Güter führt als Maß für das Sozialprodukt zum Marktwert aller jährlich produzierten ....

Preise

Endprodukte

1.64. Das Sozialprodukt umfaßt nur den Marktwert der Endprodukte, da der Marktwert der .... bereits in demjenigen der Endprodukte enthalten ist.

Zwischenprodukte

Eine Summierung des Marktwertes aller Waren würde eine .... der Zwischenprodukte zur Folge haben.

Doppelzählung

1.65. Mit dem Problem der Doppelzählung der Zwischenprodukte ist das Problem der in der Produktion eingesetzten Kapitalgüter verwandt. Ihre Wertminderung nennen wir .... Will man ein richtiges Maß dessen erhalten, was der Gesellschaft aus ihrer ökonomischen Aktivität erwächst, müssen die Abschreibungen (**vom/zum**) Marktwert der Endprodukte (**abgezogen/addiert**) werden.

Abschreibung

vom — abgezogen

1.66. Da die Abschreibungen jedoch nur sehr schwer exakt erfaßt werden können, wird bei Zeitvergleichen im allgemeinen der Marktwert des Sozialproduktes ohne Abschreibungen benutzt. Diese Größe nennen wir .... Aus Gründen statistischer Sauberkeit wird es manchmal dem .... vorgezogen, obwohl es von der Konzeption her dazu weniger geeignet ist.   BSP
NSP

WIEDERHOLUNGSFRAGEN

Am Ende eines jeden Kapitels finden Sie fünf Wiederholungsfragen. Diese dienen dazu, Ihr Verständnis des Stoffes zu testen und sollen Sie dazu veranlassen, über seine Bedeutung nachzudenken. Viele dieser Fragen sind sehr schwierig; Sie sollten deshalb sicher sein, daß Sie alle möglichen Antworten gelesen haben und nicht nur verstehen, warum Ihre Antwort richtig ist, sondern auch, warum die anderen Antworten falsch sind, bevor Sie sich für eine Antwort entscheiden. Wählen Sie jeweils **eine** Antwort aus und beenden Sie den ganzen Test, bevor Sie am Ende des Buches die richtigen Lösungen nachschlagen. Gelegentlich werden Ihnen vielleicht mehrere Antworten richtig erscheinen. Entscheiden Sie sich dann für die jeweils **beste** Alternative. Wenn Sie sich für eine falsche Antwort entschieden haben, sollten Sie nicht zum nächsten Kapitel übergehen, bevor Sie verstehen, warum Ihre Antwort falsch war.

1.1. Der Grund dafür, daß die Menschen nicht alles haben können, was sie wollen, ist darin zu suchen, daß ...

a) die Regierung ihnen einen Teil ihres Einkommens wegsteuert.
b) die Werbung dazu führt, daß die Menschen mehr haben wollen als sie haben sollten.
c) die Ressourcen knapp sind.
d) die Menschen für die Zukunft sparen müssen.

1.2. Das Bruttosozialprodukt ist ein Maß für die Gesamtausbringungsmenge einer Volkswirtschaft, das ...

a) die Preise zur Gewichtung der Mengen der verschiedenen Güter und Dienstleistungen verwendet.
b) die Abschreibung als Teil der Gesamtausbringungsmenge einschließt.

c) den Marktwert aller Endprodukte darstellt.
d) Alle genannten Alternativen treffen zu.

1.3. Wenn Sie in einem gegebenen Jahr alle Verkäufe in einer Volkswirtschaft addieren, dann ist das Ergebnis ...

a) gleich dem BSP dieses Jahres.
b) größer als das BSP dieses Jahres.
c) niedriger als das BSP dieses Jahres.
d) ohne die Bewertung der Güter und Dienstleistungen durch die Konsumenten zustande gekommen.

1.4. Im vergangenen Jahr produzierte eine kleine Insel nur die folgenden Güter:

Fisch im Werte von	$ 150.000,–
Köder im Werte von	$ 35.000,–
Netze im Werte von	$ 20.000,–.

Im Verlaufe des Jahres mußten Netze im Werte von $ 10.000,– weggeworfen werden, da sie beschädigt worden waren. In dieser Volkswirtschaft waren BSP und NSP gleich ... .

a) $ 205.000,– und $ 215.000,–.
b) $ 170.000,– und $ 160.000,–.
c) $ 205.000,– und $ 105.000,–.
d) einer Größe, die man aus den vorhandenen Informationen nicht berechnen kann.

1.5. Anhand von Angaben über das BSP und die Bevölkerung eines Landes können Sie ... berechnen.

a) die gesamten Ressourcen
b) den Anteil eines jeden Einwohners am BSP
c) die Geldmenge, die ein jeder im Durchschnitt zur Verfügung hat
d) keine der unter a), b) und c) genannten Größen

2

AUSGABEN UND EINKOMMEN

2.1. Der Gesamtausstoß — so wie er durch das BSP gemessen wird — ist der .... aller in einem Jahr hergestellten Endprodukte. Ein großer Teil des Ausstoßes wird von den Produzenten an die Konsumenten, andere Unternehmen und an den Staat verkauft. Soweit stimmt der Output mit den Ausgaben für ....produkte überein.   Marktwert

End-

2.2. Da ein Großteil des Ausstoßes am Markt verkauft wird, ist dieser Teil gleich den dafür getätigten .... Was geschieht jedoch mit dem von den Unternehmen produzierten Ausstoß, der nicht in der Periode verkauft wird, für den der Ausstoß gemessen wird?   Ausgaben

2.3. Von Unternehmen hergestellte Waren, die nicht an Konsumenten, andere Unternehmen oder den Staat verkauft werden, nennen wir Lagerbestände. Wenn die Produzenten Lagerbestände eigener Produkte anlegen, behandeln wir das so, als kauften sie diese Güter für sich selbst. Daraus können wir dann die Unterstellung ableiten, daß selbst der in Form von .... gehaltene Ausstoß durch Ausgaben in gleicher Höhe gedeckt ist.   Lagerbeständen

2.4. Es ergibt sich also eine Übereinstimmung von gesamtem Ausstoß — d. h. dem Marktwert aller .... und den .... für solche Güter und Dienstleistungen.   Endprodukte Ausgaben

2.5. Wie wir noch in den folgenden Kapiteln sehen werden, ist es für viele Zwecke sinnvoll, die Endprodukte gemäß den Nachfragern zu unterscheiden. Deshalb wird das BSP häufig auch als Summe aller von Konsumenten, Unternehmungen und Staat getätigten .... für Endprodukte bezeichnet. Für 1968 wurde das BSP für die USA folgendermaßen aufgeteilt: Ausgaben

Nachfrager	Art der Ausgabe	Betrag
Konsumenten	Konsum	$ 534 Mrd.
Unternehmungen	Investitionen	130 Mrd.
Staat	Staatsausgaben	197 Mrd.
		$ 861 Mrd.

2.6. Wie diese Tabelle zeigt, werden die Ausgaben der Konsumenten als .... bezeichnet und machen den (**größten/kleinsten**) Teil der Gesamtausgaben für Endprodukte aus.

Konsum — größten

2.7. Die Ausgaben der Unternehmungen werden .... genannt. Diese Ausgabenkategorie enthält Posten wie Maschinen, Ausrüstungen und Lagerbestände. Ein charakteristisches Merkmal der Investitionsausgaben besteht darin, daß hier ein Teil der Produktion nichts zur gegenwärtigen Bedürfnisbefriedigung der Konsumenten leistet, sondern nur die Möglichkeit für eine bessere Bedürfnisbefriedigung in der Zukunft schafft.

Investitionen

2.8. Ausgaben für Maschinen und Ausrüstungen erhöhen die Produktionskapazität der Unternehmungen für .... Produktion. Der Aufbau von .... repräsentiert auf Lager gelegte, in dieser Periode hergestellte Güter, die zum zukünftigen Verbrauch zur Verfügung stehen.

zukünftige
Lagerbeständen

2.9. Die dritte Ausgabenkategorie sind die ....ausgaben. Diese Kategorie umfaßt jeden Kauf eines Gutes oder einer Dienstleistung seitens des Staates (Bund, Länder, Gemeinden). Ausgaben für den Bau von Straßen oder für das Schulwesen (**gehören/gehören nicht**) in diese Kategorie.

Staats-

gehören

2.10. Alle drei Ausgabenkategorien umfassen nur Käufe von End................. . Konsum, Investitionen und Staatsausgaben sind also Ausgaben für die in der laufenden Periode erstellten Güter.

-produkten

2.11. Der Kauf eines Gebrauchtwagens seitens eines Konsumenten wird (**als/nicht als**) Konsumausgabe erfaßt, weil er keine Ausgabe für ein in dieser Periode erstelltes Gut darstellt. Eine derartige Transaktion gibt nicht die Erstellung eines Gutes oder einer Dienstleistung zur Befriedigung von Bedürfnissen wieder, sondern lediglich den Transfer eines (**neuen/bereits vorhandenen**) Gutes von einer Person zu einer anderen.

nicht als

bereits vorhandenen

2.12. Ebenso kann man auch den Kauf einer Aktie nicht als Investitionsausgabe bezeichnen, da sie nicht den Kauf eines neuerstellten .... darstellt, das in der Zukunft einen größeren Konsum ermöglicht. Auch diese Transaktion ist lediglich (**ein Transfer/die Herstellung**) eines bereits vorhandenen Gegenstandes von einem Verkäufer zu einem Käufer.

    Gutes

    ein Transfer
    (Übertragung)

2.13. Ebenso wie bei den Konsumenten und Unternehmungen beziehen sich auch beim Staat nicht alle Ausgaben auf neue Endprodukte. Viele Posten des Staatshaushaltes stellen Transferzahlungen von der Regierung an Privatpersonen oder Gruppen dar, wie z. B. Wohlfahrtszahlungen an Arme. Der Kauf einer Rakete wird als .... erfaßt, während Zuschüsse zur Sozialversicherung .... sind.

    Staatsausgabe
    Transferzahlunge

2.14. In jedem Jahr ist also der an Hand des Marktwertes aller .... gemessene gesamte Ausstoß gleich den Gesamt-........ .... für Endprodukte, die von den Konsumenten, von den Unternehmungen und vom Staat getätigt werden.

    Endprodukte −
    gaben

2.15. Weiter oben hatten wir festgestellt, daß man den Gesamtausstoß häufig auch durch die Summe aller .... bei der Erzeugung von End- und Zwischenprodukten mißt. Die Wertschöpfung bei der Produktion einer Ware ist der Warenwert minus dem Wert aller bei seiner Produktion verbrauchten .... 1.)

    Wertschöpfunge

    Zwischen-
    produkte

2.16. Die Wertschöpfung besteht bei der Produktion von Brot z. B. im .... des Brotes minus den Wert aller .... wie beispielsweise Mehl, Hefe usw., die zum Brotbacken gebraucht werden. Bei Mehl ergibt sich die Wertschöpfung aus dem Wert des .... abzüglich dem Wert der Zwischenprodukte, die der Mehlherstellung dienen, also z. B. Weizen.

    Wert − Zwische
    produkte

    Mehls

2.17. Die Summe aller bei der gesamten Güterproduktion (also der End- und Zwischenprodukte) entstehenden Wertschöpfungen und

---

1.) Die in diesem Text verwendete Definition der Wertschöpfung schließt die Abschreibungen und indirekten Steuern ein im Gegensatz zum in **Deutschland üblichen Gebrauch, der Abschreibungen und indirekte Steuern ausschließt.** Vgl. hierzu A. Stobbe, Volkswirtschaftliches Rechnungswesen, 3. Aufl., Heidelberg 1972, S. 106.

der Marktwert aller .... sind gleichwertige Maßstäbe für   Endprodukte
den Gesamtausstoß.

2.18. Betrachten Sie z. B. die Gewinn- und Verlustrechnung eines Möbelherstellers in der folgenden Tabelle:

Einnahmen		Ausgaben	
Umsatz	$ 20.000,–	Holz, Farbe etc.	$ 7.000,–
		Löhne und Gehälter	6.000,–
		Zinsen	500,–
		Mieten	500,–
		Abschreibungen	2.000,–
		Gesamtkosten	$ 16.000,–
		Gewinn	4.000,–
Gesamteinnahmen	20.000,–	Gesamtausgaben	$ 20.000,–

Dabei fällt als erstes auf, daß die Gesamteinnahmen und die Gesamtausgaben einander .... sind. Sie sind jedoch nicht nur zufällig einander gleich, sie müssen es vielmehr sein. Der Grund dafür liegt darin, daß die Differenzen zwischen den Gesamteinnahmen und den Gesamtkosten als .... definiert worden ist.   gleich (beide $ 20.000)

Gewinn

Im Ergebnis müssen die Gesamtausgaben (einschließlich des Gewinns) gleich den .... sein. Das bedeutet also nur, daß sich der Eigentümer einer Unternehmung den Betrag selbst auszahlen kann, der noch verbleibt, wenn von den Einnahmen alle Kosten subtrahiert worden sind.   Gesamteinnahmen

2.19. Da die Gesamteinnahmen ex definitione den Gesamtausgaben entsprechen müssen, kann der Gewinn entweder positiv oder negativ sein. Wenn z. B. die Gesamtkosten die Gesamteinnahmen übersteigen, muß der Gewinn (**positiv/negativ**) sein.   negativ

2.20. Aus dem Konto des Möbelfabrikanten läßt sich die Wertschöpfung dieser Unternehmung errechnen. Die Wertschöpfung ist gleich dem Wert der hergestellten Güter abzüglich des Werts der verbrauchten ....   Zwischenprodukte

2.21. Die Wertschöpfung dieses Unternehmens ist also gleich dem Wert des produzierten Outputs ($ ....) minus dem Wert der Zwischenprodukte ($ ....), d. h. gleich $ ....

20.000,–
7.000,– – 13.00

2.22. Das Konto der Möbelfirma kann auch anders aufgestellt werden. Die Wertschöpfung wird dann dadurch ausgewiesen, daß von den Einnahmen und den Ausgaben der Wert der in der Produktion verarbeiteten .... subtrahiert wird, wie aus der folgenden Darstellung zu ersehen ist.

Zwischenprodukte

Umsatz	$ 20.000,–	Löhne + Gehälter	$ 6.000,–
minus:		Mieten	500,–
Käufe von Zwischenprodukten	7.000,–	Zinsen	500,–
		Abschreibungen	2.000,–
		Gewinn	4.000,–
Wertschöpfung	$ 13.000,–	Einkommen	$ 13.000,–

2.23. In der Wertschöpfung sind die Einkäufe von Holz, Farben usw. nicht mehr enthalten. Die Einnahmeseite weist die Wertschöpfung dieses Produzenten aus, die sich aus dem Marktwert der hergestellten Möbel minus dem Marktwert der verbrauchten .... ergibt. Vom gesamten Wert der produzierten Möbel rechnen wir (**alles/nur einen Teil**) der Möbelfabrik zu, und (**nichts/den Rest**) führen wir auf die Produzenten von Holz, Farben- und anderen Zwischenprodukten zurück.

Zwischenprodukte

nur einen Teil – den Rest

2.24. Auf der Ausgabenseite sind nur Einkommen verbucht. Es handelt sich um Zahlungen an die Eigentümer der Produktionsfaktoren, mit deren Hilfe die Wertschöpfung zustande kommt. Löhne und Gehälter werden als .... an solche Personen ausgezahlt, die der Unternehmung eine Arbeitsleistung zur Verfügung stellen.

Einkommen

2.25. Mieten sind ausgezahlte .... an die Eigentümer von Boden und Kapitalgütern, die der Unternehmer gemietet oder gepachtet hat.

Einkommen

2.26. Die Zinsen sind ausgezahlte ...., die einen Teil des Ertrages der vom Eigentümer des Unternehmens gekauften Böden und Kapitalgüter darstellen. Um diese Produktionsfaktoren bezahlen

Einkommen

zu können, mußte Geld geliehen werden. Für ihre Darlehen erhalten die Geldgeber Teile des Einkommens, das durch den Boden und die Kapitalgüter des Eigentümers erwirtschaftet wird. Dieses Einkommen bezeichnet man als	Zinsen

2.27. Abschreibungen werden als .... an den Unternehmer für den Verschleiß seiner Kapitalgüter gezahlt.	Einkommen

2.28. Der verbleibende Teil der in diesem Unternehmen entstandenen Wertschöpfung wird .... genannt. Dies ist die Belohnung des Unternehmers dafür, daß er investiert und sein Vermögen in dieser Unternehmung riskiert. Ebenso wie Löhne, Gehälter, Mieten, Zinsen und Abschreibungen ist der Gewinn eine Art	Gewinn

Einkommen

2.29. Wie die Gesamtsummen zeigen, sind die Wertschöpfung und das Gesamteinkommen einander .... Diese Übereinstimmung erwächst aus der Tatsache, daß alle nicht als Kosten verbrauchten Einnahmen vom Eigentümer der Unternehmung als Gewinn dafür einbehalten werden, daß er die Produktionsfaktoren kombiniert hat. Mit anderen Worten, die gesamte in der Unternehmung anfallende Wertschöpfung ist gleich den Einkommen, die für den Gebrauch der .... gezahlt werden, die diesen Wert geschaffen haben.	gleich

Produktionsfaktoren

2.30. Es muß also in jeder Unternehmung eine Übereinstimmung von .... und .... bestehen. Addiert man die Wertschöpfung aller Produzenten, so ergibt sich der gesamte Ausstoß, das Sozialprodukt. Addiert man in gleicher Weise alle von den Produzenten ausgezahlten Einkommen, so erhält man das gesamte Einkommen, das Volkseinkommen. Für die Volkswirtschaft als Ganzes muß also das Sozialprodukt gleich dem .... sein.	Wertschöpfung
Gesamteinkommen

Volkseinkommen

2.31. Wir haben gezeigt, daß für eine Volkswirtschaft das Sozialprodukt und das Volkseinkommen übereinstimmen (**müssen/können**), da die gesamte Wertschöpfung von jedem Produzenten in Form von verschiedenen ....-arten ausgezahlt wird. Darin sind auch die von den Produzenten für die Kombination der Produktionsfaktoren vereinnahmten .... enthalten.	müssen

Einkommens

Gewinne

21

2.32. Die meisten Unternehmen zahlen bestimmte Steuern, wie z. B. Umsatzsteuern, die nicht vom Einkommen berechnet werden. Man bezeichnet sie als indirekte Steuern, da dadurch die Einkommen nicht direkt besteuert werden. Im Möbelbeispiel mußte das Unternehmen für den Gebrauch der Produktionsfaktoren .... zahlen, aber es brauchte keine .... zu entrichten.
Einkommen – indirek Steuern

2.33. Nehmen wir z. B. an, der Möbelhersteller hätte indirekte Steuern – z. B. Umsatzsteuern – in Höhe von $ 1.000,– zahlen müssen. In diesem Fall nimmt seine Wertschöpfung folgende Gestalt an:

Umsatz	$ 20.000,–	Ein-kommen	$12.000,–
./. Käufe von Zwischen-produkten	7.000,–	Indirekte Steuern	1.000,–
Wertschöp-fung	$ 13.000,–		$ 13.000,–

In diesem Fall ist die Wertschöpfung ebenso hoch wie das Einkommen plus ....
indirekte Steuern

2.34. Für die gesamte Volkswirtschaft muß dann eine Übereinstimmung von Sozialprodukt und der Summe aller ...., vermehrt um die ...., bestehen.
Einkommen indirekten Steuern

2.35. Wir haben zunächst behauptet, daß in einer Volkswirtschaft der gesamte produzierte .... gleich allen .... ist.
Ausstoß – Einkom

2.36. Sobald jedoch indirekte Steuern erhoben werden, wird ein Teil der Wertschöpfung an die Eigentümer der Produktionsfaktoren (ausgezahlt/nicht ausgezahlt). Daraus folgt, daß das Volkseinkommen um den Betrag der .... unter dem Wert des Sozialprodukts bleibt.
nicht ausgezahlt indirekten Steuern

2.37. Wie schon aus dem Namen dieser Steuer hervorgeht, stellt sie – obwohl nicht vom Einkommen berechnet – eine .... Besteuerung der Einkommen dar. Allen Produktionsfaktoren zusammen wird ein Einkommen in der Höhe des Wertes des gesamten .... zugerechnet, jedoch wird dieses Einkommen nicht
indirekte Ausstoßes (Sozialprodukts)

vollständig an sie ausgezahlt, da der Staat in Form von Umsatz-, Verbrauchs- und ähnlichen Steuern einen Teil für sich beansprucht.

2.38. Wenn man also sowohl das tatsächlich an den Eigentümer der Produktionsfaktoren gezahlte als auch das indirekt weggesteuerte Einkommen berücksichtigt, ergibt sich wieder eine .... zwischen Sozialprodukt und Volkseinkommen. Übereinstimmung

2.39. In diesem Kapitel haben wir zwei grundlegende Gleichungen entwickelt. Eine besteht in der Gleichsetzung von Sozialprodukt und gesamten Ausgaben, die andere in der Übereinstimmung von Sozialprodukt und gesamten Einkommen. Die Bedeutung der Tatsache, daß das Sozialprodukt sowohl gleich den gesamten .... als auch gleich den gesamten .... ist, besteht in der daraus resultierenden Möglichkeit, den Grad ökonomischer Aktivität unter zwei verschiedenen Blickwinkeln zu sehen. Ausgaben – Einkommen

2.40. Das Sozialprodukt einer gegebenen Volkswirtschaft für ein gegebenes Jahr kann also auf zwei Arten gemessen werden, die beide (**zum selben/zu einem unterschiedlichen**) Ergebnis führen. Geradeso wie man einen Pfennig durch Wappen oder Zahl identifizieren kann, kann man das Sozialprodukt entweder durch die gesamten .... oder das gesamte .... messen. zum selben

Ausgaben – Einkommen

2.41. Betrachten wir die folgende Abbildung:

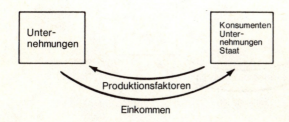

Die Eigentümer der Produktionsfaktoren stellen den Unternehmungen Ressourcen gegen Entgelt, ... genannt, zur Verfügung. Die am weitesten verbreitete Transaktion dieses Typs in unserer Wirtschaft ist die Zahlung von .... an die Nichtunternehmerhaushalte für die Arbeitsleistungen. Ein anderes Beispiel ist die Überweisung an andere Unternehmen für die Miete ihrer Gebäude. Einkommen

Löhnen und Gehältern

2.42. In unserer vereinfachten Darstellung fließt also ein Strom von Produktionsfaktoren von ihren Eigentümern an die .... und ein Strom von .... in umgekehrter Richtung von den Unternehmungen an die Besitzer der Produktionsfaktoren.

Unternehmungen – Einko

2.43. Sehen wir uns nun die folgende Abbildung an:

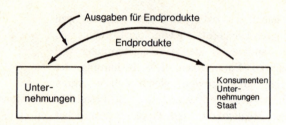

Diese Darstellung zeigt einen Fluß von .... und als Gegenleistung die dafür aufgewendeten ....

Endprodukten
Ausgaben

2.44. Werden beide Figuren kombiniert, wird der Kreislauf der Einkommens- und Ausgabenströme ersichtlich.

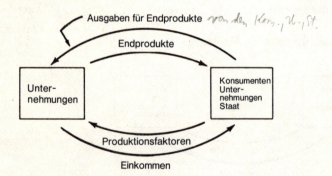

Das Einkommen wird bei der Produktion der Güter verdient und für diese Güter wieder .... Gleichzeitig stellen die Ausgaben für Endgüter und -dienstleistungen den Fonds dar, aus dem die Unternehmungen die .... zahlen.

ausgegeben

Einkommen

2.45. Da das BSP als Marktwert der Endgüter und -dienstleistungen definiert ist, entspricht es in der Höhe sowohl den gesamten

.... für Endprodukte aller Konsumenten, Unternehmungen und des Staates als auch den gesamten ...., die von den Eigentümern der bei der Produktion eingesetzten Produktionsfaktoren bezogen werden.

Ausgaben
Einkommen

2.46. Die folgende Tabelle zeigt sowohl die Ausgaben- wie auch die Einkommensströme in den USA, die sich als Folge der Produktion des .... des Jahres 1968 ergeben haben.

BSP
(Gesamtausstoßes)

Gesamtausgaben und Gesamteinkommen der USA 1968 (in Milliarden Dollar)

Ausgaben		Einkommen	
Konsum	534	Löhne und Gehälter	514
		Mieten	21
Investitionen	130	Zinsen	26
Staatsausgaben	197	Abschreibungen	74
		Gewinne u. andere Unternehmenseinkommen	152
		indirekte Steuern	79
		Statistische Abweichung	−5
Gesamtausgaben (BSP)	861	Gesamteinkommen (BSP)	861

2.47. Sowohl die Gesamtausgaben als auch die Gesamteinnahmen stellen gleichwertige Maßstäbe .... einer Volkswirtschaft dar. Es läßt sich infolgedessen feststellen, daß der Marktwert der im Jahre 1968 in den Vereinigten Staaten hergestellten Endprodukte gleich $ .... Mrd. war, indem man entweder die Ausgaben- oder die Einkommensseite dieser Tabelle betrachtet.

des BSP
(Gesamtausstoßes)

861

2.48. In Anbetracht der Vielzahl von Einnahmen- und Ausgabenbuchungen, die erfaßt werden müssen, um die in der Tabelle dargestellten Zahlen zu erfassen, kann es nicht überraschen, daß es bei der Messung der Ausgaben und Einnahmen statistische Fehler gibt. Auf Grund dieser Fehler sind die Zahlen für die Gesamtausgaben und die Gesamteinnahmen nicht genau gleich, obwohl die tatsächlichen Werte für diese Ströme .... sein müßten. Dieser Fehler bei der Messung, der im allgemeinen ziemlich geringfügig ist, wird in unserer Tabelle auf der Einkommensseite als statistische Abweichung aufgeführt. Im Jahre 1968 betrug diese statistische Abweichung $ .... Mrd., d. h. sie machte weniger als 1 Prozent des gesamten BSP aus.

gleich

5

2.49. Die anderen Posten der Einkommensseite stellen die Einkommen der Produktionsfaktoren dar, die dazu verwendet wurden, den Ausstoß des Jahres 1968 zu erstellen. So wurden z. B. als Gegenleistung für die Bereitstellung von Arbeitskraft an die Arbeitnehmer .... und .... in Höhe von $ 514 Mrd. ausgezahlt. An die Vermieter wurden als Gegenleistung für die Nutzung ihres Eigentums Mieten in Höhe von $ .... Mrd. gezahlt.   Löhne – Gehälter
21

2.50. Den Eigentümern der Ressourcen steht jedoch nicht das gesamte Einkommen zur freien Verfügung. Es wurde z. B. in diesem Kapitel bereits darauf hingewiesen, daß die .... Einkommen darstellen, das zwar von den Produktionsfaktoren verdient, aber an deren Eigentümer nicht ausgezahlt wird. Dieses Einkommen wird vom .... in der Form von Umsatz-, Verbrauchs- und anderen Steuern eingezogen.   indirekten Steuern

Staat

2.51. Zusätzlich zu den indirekten Steuern nimmt der Staat den Wirtschaftssubjekten auch Einkommen weg, indem er ihr Einkommen direkt besteuert. Direkte Steuern stellen ein weiteres Beispiel für .... dar, das die Wirtschaftssubjekte verdienen, jedoch nicht nach Belieben .... können.   Einkommen
ausgeben

2.52. Der Staat beeinflußt jedoch auch noch auf anderen Wegen als über die Vereinnahmung von Steuern die Einkommen, die den Einzelnen zur freien Verfügung stehen. Eine Art der Verwendung der Steuereinnahmen besteht in der Ergänzung der Einkommen bestimmter Bevölkerungsteile durch Transferzahlungen. Steuern stellen Zahlungen von Einzelnen an den .... dar, während Transferzahlungen vom Staat an .... vorgenommen werden.   Staat
Einzelne

2.53. Will man das Einkommen berechnen, das den Konsumenten für ihre Konsumausgaben zur Verfügung steht, so muß man die .... abziehen und die .... hinzuaddieren.   Steuern
Transferzahlungen

2.54. Ebenso wie im Falle der Konsumenten steht auch den Unternehmungen nicht das gesamte von ihnen erzielte Einkommen zur freien Verfügung. Ein Teil wird in der Form direkter Unternehmens................ an den Staat abgeführt. Je höher die direkten Unternehmenssteuern sind, desto niedriger ist das Einkommen, das den .... zur freien Verfügung steht.   -steuern

Unternehmungen

2.55. Über die Steuern hinaus zahlen die Unternehmungen im allgemeinen einen Teil ihres Einkommens auch in der Form von Dividenden an ihre Eigentümer aus. Wenn eine Unternehmung an ihre Eigentümer (die natürlich individuelle Konsumenten sind) .... zahlt, nimmt das verfügbare Einkommen der Unternehmungen (zu/ab), während das der Konsumenten (zunimmt/abnimmt).

Dividenden
ab – zunimmt

2.56. Will man berechnen, wie hoch das Einkommen ist, das den Unternehmungen für Investitionen zur Verfügung steht, muß man die Zahlungen berücksichtigen, die sie in der Form von .... an den Staat entrichten und in der Form von .... an die Konsumenten.

Steuern
Dividenden

2.57. Obwohl der Staat sein Einkommen nicht als Gegenleistung für die Bereitstellung von Produktionsfaktoren erhält, steht ihm infolge der verschiedenen ...., die er erhebt, Einkommen zur Verfügung. Es stehen jedoch nicht die gesamten Steuereinnahmen für den Kauf von Gütern und Dienstleistungen zur Verfügung, weil ein Teil dafür verwendet wird, die Einkommen von Konsumenten in der Form von ....zahlungen zu ergänzen.

Steuern

Transfer-

2.58. Das Einkommen, das die Regierungen für Staatsausgaben verwenden können, ist gleich den ....einnahmen minus den ....zahlungen.

Steuer-
Transfer-

2.59. In der tabellarischen Darstellung der Ausgaben- und Einnahmeströme wurde das Gesamteinkommen in verschiedene Einkommensarten aufgeteilt, wie z. B. Löhne und Gehälter, Mieten usw. Es ist gelegentlich nützlich, das Gesamteinkommen in die Summen aufzuteilen, die den Konsumenten für ....ausgaben, den Unternehmungen für ....ausgaben und den Regierungen für ....ausgaben zur Verfügung stehen.

Konsum-
Investitions-
Staats-

2.60. Das Einkommen, das den Konsumenten zur freien Verfügung steht, bezeichnet man als verfügbares Einkommen. Wir hatten bereits festgestellt, daß das .... Einkommen gleich dem Einkommen ist, das die Wirtschaftssubjekte direkt beziehen plus dem Einkommen, das sie von Unternehmungen in der Form von .... erhalten, abzüglich des Einkommens, das die Konsumenten an den Staat in der Form von .... bezahlen, plus dem Einkommen, das die Konsumenten vom Staat in der Form von .... erhalten.

verfügbare

Dividenden
Steuern

Transferzahlungen

2.61. Das Einkommen einschl. der Abschreibungen, über das die Unternehmungen verfügen können, bezeichnet man als nicht ausgeschüttete Gewinne.[1] Die nicht ausgeschütteten .... sind Gewinne natürlich gleich den Abschreibungen und Gewinnen, abzüglich der an den Staat bezahlten .... und der an die Konsumenten Steuern gezahlten .... Dividenden

2.62. Das verfügbare Einkommen des Staates ist gleich den gesamten an den Staat bezahlten .... abzüglich der an die Konsumenten Steuern gezahlten .... Transferzahlungen

2.63. Die Definitionen der verfügbaren Einkommen von Konsumenten, Unternehmen und Staat werden in der folgenden Tabelle dargestellt.

Löhne, Gehälter, Zinsen, Mieten		
+ Dividenden		verfügbares
− direkte Steuern	=	Einkommen
+ Transferzahlungen		der Konsumenten
Gewinne		
+ Abschreibungen		verfügbares
− direkte Unternehmenssteuern	=	Einkommen
− Dividenden		der Unternehmunge einschließlich Abschreibungen
Indirekte Unternehmenssteuern		
+ direkte Steuern		verfügbares
+ direkte Unternehmenssteuern	=	Einkommen
− Transferzahlungen		des Staates

2.64. Da das Gesamteinkommen als verfügbares Einkommen des einen oder anderen Sektors einer Volkswirtschaft auftritt, muß die Summe der verfügbaren Einkommen gleich dem Gesamt............ -ausstoß oder BSP sein.

2.65. Die folgende Tabelle zeigt Ausgaben und Einkommen im Jahre 1968 mit der Aufteilung des Einkommens, in die den einzelnen Sektoren zur Verfügung stehenden Einkommen.

---

[1] Es ist im Deutschen üblich, den Ausdruck „unverteilte Gewinne" zu verwenden. Diese enthalten aber noch die direkten Steuern, während die Abschreibungen ausgeschlossen sind. Vgl. A. Stobbe, a.a.O., S. 106 ff

Ausgaben und Einkommen der USA 1968 (Milliarden Dollar)

Ausgaben		Einkommen	
Konsum	534	Verfügbares Einkommen	
		... der Konsumenten	576
Investitionen	130	... der Unternehmungen	99
Staatsausgaben	197	... des Staates	191
		Statistischer Fehler	−5
Gesamtausgaben (BSP)	861	Gesamteinkommen (BSP)	861

Räumt man einen gewissen Spielraum für statistische Fehler ein, so zeigt diese Tabelle, daß sowohl die von den Konsumenten, Unternehmungen und dem Staat getätigten .... als auch die diesen Gruppen zur Verfügung stehenden .... gleich .... sind.

Ausgaben
Einkommen
dem BSP
($ 861 Mrd.)

WIEDERHOLUNGSFRAGEN

2.1. Für eine Volkswirtschaft als Ganzes gilt, daß die Investitionsausgaben ... .

a) nicht den Konsumenten zugute kommen.
b) in der Zukunft ein höheres Niveau des Konsums ermöglichen.
c) im wesentlichen gleich dem Kauf von Obligationen und Aktien sind.
d) ein Teil des BSP, nicht jedoch des NSP sind.

2.2. Die Gesamtausgaben für Endprodukte sind gleich dem BSP (Gesamtausstoß), weil ...

a) das Hergestellte auch verkauft werden muß.
b) dieser so definiert ist, daß die Abschreibungen nicht berücksichtigt werden.
c) die Definition des Gesamtausstoßes auch die Veränderung der Lagerbestände einschließt.
d) Transferzahlungen nicht eingeschlossen sind.

2.3. Das Gesamteinkommen ist gleich den Gesamtausgaben, weil ...

a) der Gewinn als Differenz zwischen den Erlösen und Kosten definiert ist.
b) die Wirtschaftssubjekte alles ausgeben, was sie einnehmen.

c) die indirekten Steuern so ausgestaltet sind, daß der Unterschied ausgeglichen wird.
d) die Wertschöpfungsberechnung Doppelzählungen vermeidet.

2.4. Das Nettosozialprodukt ist gleich den Nettoausgaben für Endprodukte und schließt damit ... aus.

a) Abschreibungen
b) Transferzahlungen
c) Verkäufe von gebrauchten Kapitalgütern
d) a), b) und c).

2.5. Jede einzelne Einnahme sollte als Teil des Gesamteinkommens einer Volkswirtschaft gelten, wenn ...

a) sie eine Gegenleistung für ein Gut oder eine Dienstleistung darstellt.
b) sie eine Gegenleistung für die Nutzung von Ressourcen bei der Erstellung des Gesamtausstoßes eines Jahres darstellt.
c) sie die Rückzahlung eines Darlehens ist.
d) sie die Wohlfahrt des Empfängers erhöht.

3

REALES UND MONETÄRES BSP

3.1. In Kapitel 1 wurde der Begriff des Gesamtausstoßes definiert und analysiert. Die wichtigste Schlußfolgerung bestand darin, daß das BSP (der Gesamtausstoß) gleich dem .... wert der .... produkte ist.

   Markt- — End-

3.2. In Kapitel 2 wurde gezeigt, daß das BSP entweder durch die .... für Endprodukte und Dienstleistungen gemessen werden kann, oder durch die ...., die von den Eigentümern der Produktionsfaktoren verdient werden, die bei der Erstellung der Endgüter und -dienstleistungen eingesetzt werden.

   Ausgaben
   Einkommen

3.3. Einer der wichtigsten Gründe für den Versuch, den Gesamtausstoß zu messen, besteht darin, daß dieser als Indikator für die ökonomische .... einer Nation gelten kann, und damit den Wirtschaftspolitikern eine Möglichkeit gibt, festzustellen, ob der Gesamtausstoß hoch oder niedrig ist, ob er steigt oder fällt.

   Wohlfahrt

3.4. Maßzahlen der gesamten Produktion einer Volkswirtschaft für irgendeine Periode bleiben sinnlos, so lange es nicht etwas gibt, womit sie verglichen werden können. Nehmen Sie z. B. an, jemand erzählt Ihnen, Japans Bruttosozialprodukt habe 1961 17 Trillionen Yen erreicht. Diese Zahl allein **(würde Ihnen/würde Ihnen keine)** Information über den Stand der ökonomischen Wohlfahrt in der japanischen Volkswirtschaft geben.

   würde Ihnen keine

3.5. Wenn Sie außerdem wissen, daß 1960 das japanische Bruttosozialprodukt 14 Trillionen Yen betrug, dann erhält die Zahl für 1961 einen Sinn. Sie können nun feststellen, daß das japanische BSP von 1960 bis 1961 **(gewachsen/gesunken)** ist. Wenn Sie außerdem wissen, daß das BSP der USA 1961 187 Trillionen Yen erreichte,

   gewachsen

31

besagt die Angabe für das japanische BSP, daß Japans jährlicher
Ausstoß beträchtlich (**größer/kleiner**) war als derjenige der USA.   kleiner

3.6. Aggregierte Messungen ökonomischer Aktivität (**zeigen also/
zeigen also nicht**) das absolute ökonomische Wohlfahrtsniveau an,   zeigen also nicht
sondern (**gewähren/gewähren keine**) Informationen über das relative   gewähren
Wohlfahrtsniveau.

3.7. Maßzahlen für das BSP einer Volkswirtschaft für eine gegebene
Periode sind mit anderen Worten für Vergleiche (**brauchbar/un-**   brauchbar
brauchbar). Am Beispiel des japanischen BSP sehen wir, daß eine
Maßzahl für das Sozialprodukt einer Volkswirtschaft in einem
bestimmten Jahr mit derselben Maßzahl eines anderen .... oder   Jahres
eines anderen .... verglichen werden kann. Als Einzelangabe ist   Landes
Japans BSP für 1961 (**eine/keine**) aussagekräftige Zahl.   keine

3.8. Nationale Berechnungen ökonomischer Aktivität, wie z. B. das
BSP, werden meistens für Zeitvergleiche angestellt, d. h., das BSP
und ähnliche Maßzahlen werden primär errechnet, um für eine
gegebene Wirtschaft Änderungen des .... im Zeitab-   Gesamtausstoßes
lauf aufzuzeigen. Darüber hinaus ist der Hauptteil dieses Buches der
Analyse solcher Faktoren gewidmet, die .... eine   im Zeitablauf
Änderung des BSP bewirken.

3.9. Der Gebrauch des BSP (oder ähnlicher Maßzahlen des
Ausstoßes) für zeitliche Vergleiche verursacht eine Reihe von
Schwierigkeiten, die sich aus der Tatsache ergeben, daß das BSP ein
Maß für den Markt .... der produzierten Endprodukte darstellt.   -wert
Dieser Marktwert ergibt sich aus den .... der Güter, mit deren   Preisen
Hilfe die relative Bedeutung jeder Gütereinheit für den Konsumenten
gemessen werden kann.

3.10. Den Preis einer Ware definieren wir als den Geldbetrag, der
zum Erwerb einer Wareneinheit bezahlt werden muß. Wenn Steine
als Geld verwendet würden, dann bestünde der Preis eines Autos in
der Anzahl von ...., die für das Auto gezahlt werden müssen.   Steinen

3.11. In einigen Gesellschaften sind Steine als Geld gebraucht
worden. In anderen sozialen Systemen, wie etwa Kriegsgefangenen-
lagern, wurden Zigaretten für diesen Zweck verwendet. In den USA
werden die von der Regierung herausgegebene Währung und andere,
schnell und billig in Währung umsetzbare Dinge (wie z. B. Schecks)
als .... benutzt.   Geld

3.12. Die grundlegende Währungseinheit der Vereinigten Staaten ist der Dollar. Daher besteht also der Preis eines Autos in der Anzahl von ...., die zu seinem Erwerb ausgegeben werden müssen.

Dollar

3.13. Wie werden die Preise verschiedener Waren in einer Marktwirtschaft wie derjenigen der USA bestimmt? Betrachten wir ein typisches Gut wie Mäntel. Sowohl die Konsumenten, die die Mäntel kaufen, als auch die Hersteller, die die Mäntel verkaufen, interessieren sich für den Preis der Mäntel. Im allgemeinen kann man damit rechnen, daß die Konsumenten um so (**mehr/weniger**) Mäntel kaufen und die Produzenten um so (**mehr/weniger**) Mäntel herstellen, desto höher der Preis eines Mantels ist.

weniger
mehr

3.14. Unterstellen wir, im nächsten Jahr seien die Einkommen und Präferenzen der Konsumenten und die Preise anderer Güter so, daß sie bereit wären, die folgenden Mengen an Mänteln zu folgenden Preisen zu kaufen oder nachzufragen:

Preis	nachgefragte Menge
$ 150	12 Mio
$ 200	10 Mio
$ 250	8 Mio
$ 300	6 Mio

Diese Nachfragetabelle zeigt, daß die nachgefragte Menge um so (**größer/kleiner**) ist, je höher der Preis der Mäntel ist.

kleiner

3.15. Gehen wir weiter davon aus, die Produzenten seien bereit, folgende Mengen zu verkaufen oder anzubieten:

Preis	angebotene Menge
$ 150	6 Mio
$ 200	7 Mio
$ 250	8 Mio
$ 300	9 Mio

Diese Angebotstabelle zeigt: Je höher der Preis ist, um so (**größer/kleiner**) ist die Angebotsmenge.

größer

3.16. Nehmen wir einmal einen Anfangspreis von $ 200 an. Aus den Ausgaben in den Nachfrage- und Angebotstabellen ersehen Sie, daß die Konsumenten zum Preis von $ 200 .... Millionen Mäntel nachfragen werden, während die Produzenten nur .... Millionen anbieten wollen. Zu diesem Preis übersteigt die .... Menge die .... Menge, und viele Konsumenten können ihre Kaufwünsche nicht realisieren.

zehn
sieben
nachgefragte
angebotene

3.17. In dieser Lage ist eine Anzahl von Verbrauchern bereit, einen höheren Preis zu zahlen, da sie sonst vielleicht keinen Mantel bekämen. Andere Nachfrager werden dies nicht tun. Da die Hersteller bei einem Preis von $ 200 mehr Kunden finden, als sie zu diesem Preis beliefern wollen, werden sie die Gelegenheit nutzen, die Preise (**zu erhöhen/zu senken**).

zu erhöhen

3.18. Solange die nachgefragte Menge die angebotene Menge übersteigt, wird in der Tat die Konkurrenz unter den Konsumenten und die natürliche Bereitschaft der Produzenten, (**höhere/niedrigere**) Preise zu nehmen, zu einem (**Anstieg/Sinken**) der Preise führen.

höhere
Anstieg

3.19. Werfen wir einen Blick auf die noch einmal angeführte Nachfrage- und Angebotstabelle, so stellen wir an diesem Beispiel fest, daß der Preis so lange eine steigende Tendenz aufweist, wie er unter $ ...... liegt.

250

Preis	nachgefragte Menge	angebotene Menge
$ 150	12 Mio	6 Mio
$ 200	10 Mio	7 Mio
$ 250	8 Mio	8 Mio
$ 300	6 Mio	9 Mio

3.20. Was geschähe im Falle eines Ausgangspreises von $ 300? Bei diesem Preis überstiege die .... Menge die .... Menge. Mit anderen Worten, die Produzenten fänden heraus, daß sie mehr Mäntel produzieren als sie absetzen können.

angebotene
nachgefragte

3.21. In dieser Situation werden Hersteller, die effizienter produzieren, zu niedrigeren Preisen anbieten und dennoch einen Gewinn erzielen. Um nun die Mäntel verkaufen zu können, werden die Hersteller ihre Preise senken und dabei einerseits die Konsumenten veranlassen, (**mehr/weniger**) Mäntel zu kaufen, und andererseits

mehr

weniger wirtschaftlich arbeitende Produzenten zur Aufgabe der Mantelproduktion zwingen.

3.22. Solange die angebotene Menge (**größer/kleiner**) als die nachgefragte Menge ist, führt die Konkurrenz unter den Anbietern, — vorausgesetzt, es besteht Wettbewerb —, zu einem Fallen der ....   größer

Preise

3.23. Solange der Preis daher über $ ..... liegt, tendiert er dazu zu fallen.   250

3.24. Nur bei einem Preis von $ ..... besteht keine Tendenz zu Preisänderungen, da zu diesem Preis die Angebotsmenge gerade gleich der Nachfragemenge ist.   250

3.25. In unserem Beispiel kann man also davon ausgehen, daß sich im nächsten Jahr der Mantelpreis auf einem Niveau von $ ..... bewegt.   250

3.26. Allgemein tendieren somit die Güterpreise bei Funktionieren des Marktes zu demjenigen Punkt, an dem die .... Menge der .... Menge gleich ist.   angebotene nachgefragten

3.27. Für ein besseres Verständnis des Funktionierens der Märkte und der Bestimmung von Preisen in einer Marktwirtschaft ist es erforderlich, Mikroökonomie zu studieren. Dabei zeigt es sich, wie die Nachfrager durch die Art ihrer Einkommensverwendung zur Bestimmung der Preise verschiedener Güter beitragen. Die Präferenzen der Konsumenten kommen in den (**Nachfrage-/Angebots-**) Tabellen für die verschiedenen Güter zum Ausdruck. Die sich auf freien Märkten ergebenden Preise spiegeln — wie schon in Kapitel I angedeutet — die relative Wertschätzung solcher Güter seitens der .... wider.   Nachfrage-

Konsumenten

3.28. Weil die Preise die relative Wertschätzung der Konsumenten für die verschiedenen Güter reflektieren, wird der Marktwert aller produzierten Güter und Dienstleistungen, also das ...., als Maßstab für die gesamte Produktion benutzt. Durch den Gebrauch des .... als Maßstab für den gesamten Ausstoß, wird das Gewicht, das wir einer Gütereinheit beimessen, durch den .... dieses Gutes bestimmt.   BSP BSP Preis

3.29. Da die Preise der verschiedenen Güter teilweise durch die Nachfrage der Konsumenten bestimmt werden und da die Angebotsmengen der Produzenten von Preisen abhängen, stellen wir fest, daß die Konsumenten (**einen/keinen**) erheblichen Einfluß auf die Produktionsmengen der verschiedenen Güter haben. Wenn Unternehmungen Waren herstellen, die keiner zu einem bestimmten Preis kauft, (**sind sie/sind sie nicht**) in der Lage, diese zu dem angenommenen Preis zu verkaufen; sie werden dann (**einen/keinen**) Profit erzielen.

einen

sind sie nicht
keinen

3.30. Da die Unternehmungen in einer Wettbewerbswirtschaft vom Motiv des Gewinnstrebens geleitet werden, tendieren sie dazu, Güter in Übereinstimmung mit den Präferenzen der .... zu produzieren, die wiederum in der Art und Weise zum Ausdruck kommen, wie die .... ihre .... ausgeben.

Konsumenten

Konsumenten –
Einkommen

3.31. Alles, was Sie zum Verständnis makroökonomischer Vorgänge über Mikroökonomie wissen müssen, läßt sich somit wie folgt zusammenfassen:

(a) Wenn – wie bereits im Beispiel des Marktes für Mäntel unterstellt – auf den Märkten Wettbewerbsbedingungen herrschen und wenn die nachgefragte Menge größer als die angebotene Menge ist, werden die Preise tendenziell (**steigen/sinken**). Das heißt, besteht Übernachfrage, so tendieren die .... dazu zu ....

steigen
Preise – steigen

(b) Wenn umgekehrt ein Überangebot vorliegt, tendieren die .... dazu zu ....

Preise – fallen

(c) Nur im Falle sich entsprechender Angebots- und Nachfragemengen ergibt sich keine Tendenz zur Änderung der ....

Preise

(d) Auf Konkurrenzmärkten bringen die herrschenden Preise die relativen ...., die die Konsumenten den Gütern beimessen, zum Ausdruck, und die produzierten Mengen entsprechen den Präferenzen der ....

Wertschätzungen

Konsumenten

3.32. Da Präferenzen und Einkommen im Laufe der Zeit Schwankungen unterliegen, ändern sich auch die .... -tabellen für die verschiedenen Güter. Stellen Sie sich z. B. die Nachfragetabelle für Schallplatten der Beatles im Jahre 1966 verglichen mit 1956 vor. Wenn sich die Nachfrage ändert, ist mit einer Änderung der .... zu rechnen.

Nachfrage

Preise

3.33. Entsprechend ändern sich im Falle einer Änderung der Produktionskosten bestimmter Güter deren .... tabellen. Stellen Sie sich z. B. die Angebotstabelle von Radios vor und nach der Erfindung des Transistors vor. Wenn sich die Angebotstabellen ändern, muß mit Änderungen der .... gerechnet werden.
    Angebots-

    Preise

3.34. Da sich die Angebots- und Nachfragetabellen der verschiedenen Güter in unterschiedliche Richtungen ändern können, ist außerdem damit zu rechnen, daß sich die .... dieser Güter nicht alle in dieselbe Richtung verändern.
    Preise

3.35. Da sich (**alle/nicht alle**) Preise im selben Ausmaß ändern oder auch nur in derselben Richtung, muß man zur Bestimmung der allgemeinen Preisbewegung für jede Periode das durchschnittliche Preisniveau feststellen.
    nicht alle

3.36. Nehmen wir z. B. an, es gäbe nur zwei Güter – Fleisch und Faschingsmasken –, deren Preise im letzten Jahr einen Dollar pro Pfund Fleisch und einen Dollar pro Maske betrugen. Angenommen, dieses Jahr sei der Fleischpreis $ 1,10 und der Maskenpreis $ 0,90. Was läßt sich nun über die allgemeine Preisbewegung aussagen? Wie Sie wissen, war der Durchschnitt beider Preise im letzten Jahr oder das durchschnittliche .... gleich $ ....
    Preisniveau – 1,00

3.37. Unklar ist jedoch, wie hoch eigentlich das diesjährige mittlere Preisniveau ist. Zunächst könnten Sie auf den Gedanken kommen, es sei das einfache arithmetische Mittel der beiden Preise, also
$$\frac{\$\,1{,}10 + \$\,0{,}90}{2} = \$ \ldots\ldots\,.$$
    1,00

Wenn nun aber viel Fleisch und nur wenige Masken im Jahr verkauft werden? Dann schlägt der Anstieg des Fleischpreises doch (**mehr/ weniger**) zu Buch als das Sinken der Maskenpreise.
    mehr

3.38. Wenn mehr Kilo Fleisch im Jahr verkauft werden als Masken, läßt sich also an diesem Beispiel feststellen, daß das durchschnittliche Preisniveau vom letzten Jahr auf dieses Jahr (**gesunken/gestiegen**) ist.
    gestiegen

3.39. Wenn zur Berechnung des mittleren Preisniveaus einfach das arithmetische Mittel der Einzelpreise verwendet wird, impliziert das die Vorstellung, jedes Gut (**sei/sei nicht**) gleich wichtig. Da dies den
    sei

37

Tatsachen nicht entspricht, muß man den Preis eines jeden Gutes um so (**mehr/weniger**) gewichten, je größer seine wirtschaftliche Bedeutung ist.

mehr

3.40. Maßstäbe für durchschnittliche Preisniveaus nennen wir Preisindizes. In den USA werden mehrere verschiedene Preisindizes berechnet, die das .... niveau unterschiedlicher Warengruppen messen. So mißt z. B. der .... der Konsumgüterpreise das mittlere Preisniveau der von den Konsumenten gekauften Waren und Dienstleistungen. Der Großhandels............ .... mißt das Preisniveau der im Großhandel umgesetzten Güter.

durchschnittliche P
Index

-preis-
index

3.41. Jeder Preisindex einer Warengruppe ist ein Durchschnitt der .... der einzelnen Güter in dieser Gruppe. Je bedeutender ein Gut ist, um so (**größer/kleiner**) ist der Einfluß seines Preises auf den Index. Ein geringfügiger Preisanstieg eines sehr wichtigen Gutes und ein großer Preisanstieg eines unbedeutenden Gutes (**können einen/ können keinen**) Anstieg des Preisindexes verursachen.

Preise
größer

können einen

3.42. Änderungen des durchschnittlichen Preisniveaus spielen beim Vergleich des Sozialproduktes für verschiedene Jahre eine große Rolle. Unterstellen wir, Sie wollten den gesamten Ausstoß der Vereinigten Staaten für die beiden Jahre 1960 und 1968 vergleichen. Dazu wollen Sie die Höhe des BSP für jedes Jahr herausfinden. Wie Sie schon wissen, ist das BSP der Marktwert des gesamten ...., und es kann sowohl als gesamte .... für Endprodukte gemessen werden als auch als gesamtes ausgezahltes ...., wobei darin die Abschreibungen und die indirekten Steuern enthalten sind.

Ausstoßes – Ausga

Einkommen

3.43. In den statistischen Tabellen des „Economic Report of the President" von 1969 finden Sie die Angabe, daß das BSP von $ 504 Mrd. in 1960 auf $ 861 Mrd. in 1968 gewachsen ist – eine jährliche Wachstumsrate von 7 v. H. Wenn das mittlere Preisniveau während dieser Zeit konstant geblieben wäre, dann könnte dieses jährliche Wachstum des BSP um 7 v. H. allein auf einen (**Preis-/Produktions-**) anstieg der Endprodukte zurückgeführt werden.

Produktions-

3.44. Aber nehmen wir den Fall, daß zwischen 1960 und 1968 das durchschnittliche Preisniveau um 7. v. H. jährlich anstieg, während die Produktion konstant blieb. Mit diesem Preisanstieg wäre der

Marktwert des Outputs, das BSP, (**größer geworden/ gleich geblieben**), obwohl sich die Produktion nicht ausgedehnt hat. | größer geworden

3.45. Dieses Beispiel macht deutlich, daß die Information, das BSP sei von 1960 auf 1968 um 7. v. H. gestiegen, (**immer/nicht immer**) bedeutet, daß ein Wachstum der Produktion stattgefunden hat. Man weiß nur, daß der .... -wert des Ausstoßes um 7 v. H. zugenommen hat. | nicht immer

Markt-

3.46. Eine Möglichkeit, herauszufinden, inwieweit das Wachstum des BSP auf einen Anstieg der Produktion zurückzuführen ist, besteht darin, daß man untersucht, um wieviel das durchschnittliche .... angestiegen ist. Wenn das Durchschnittsniveau konstant geblieben ist, kann man daraus folgern, daß das jährliche Wachstum des BSP von 7 v. H. (**vollständig/überhaupt nicht**) einem Produktionsanstieg zuzurechnen ist. Ist das mittlere Preisniveau mit einer Jahresrate von 5 v. H. gestiegen, dann kann man das einer Produktionserweiterung zurechenbare Sozialproduktswachstum nur mit (**2/5/7**) v. H. pro Jahr beziffern. | Preisniveau

vollständig

2

3.47. Was bedeutet es also, wenn man in diesem Beispiel das gesamte Wachstum des BSP auf Preissteigerungen zurückführen kann? Bedeutet es, daß die Produktion des Jahres 1968 den Konsumenten eine größere Bedürfnisbefriedigung verschaffte als die Produktion des Jahres 1960? Obwohl es denkbar ist, daß die Konsumenten in einem bestimmten Jahr eine größere Befriedigung aus der gleichen Menge an Gütern und Dienstleistungen ziehen als in einem anderen Jahr, impliziert die Tatsache der Preissteigerung dieser Waren nicht, daß dies auch jetzt der Fall ist. Damit soll gesagt werden, daß das allein durch Preissteigerungen verursachte Wachstum des BSP (**eine/keine**) verbesserte wirtschaftliche Wohlfahrt anzeigt. | keine

3.48. Ein auf Preissteigerungen zurückzuführendes Wachstum des BSP bedeutet ausschließlich, daß die Produktion jetzt für mehr Dollar umgesetzt wird als zuvor. Es läßt nicht auf eine verbesserte .... schließen. Unterstellen wir unveränderten Geschmack und unveränderte Präferenzen der Konsumenten, so bedeutet ein solches Wachstum nur, daß der Wert des Dollars (**gestiegen/gesunken**) ist. Denn jetzt benötigt man mehr Dollar für den Erwerb derselben Menge an Gütern und Dienstleistungen als vorher. | wirtschaftliche Wohlfahrt

gesunken

3.49. Der Grund dafür, Preissteigerungen eher als Sinken des .... Geld-
wertes denn als Wertanstieg der Produktion zu bezeichnen, liegt
darin, daß nicht das Geld, sondern Güter und Dienstleistungen der
Bedürfnisbefriedigung der Konsumenten dienen. Da der erreichte
Bedürfnisbefriedigungsgrad der Konsumenten nicht direkt gemessen
werden kann, muß man sich mit der Ausbringungsmenge als Maßstab
der wirtschaftlichen Wohlfahrt begnügen. Aus dieser Überlegung
leiten wir die Annahme ab, eine Steigerung der wirtschaftlichen
Wohlfahrt resultiere aus dem Wachstum der ...., nicht   Produktion
jedoch aus einem Anstieg der ....   Preise

3.50. Wenn Sie die offiziellen Angaben für das BSP der USA
ermitteln wollen, werden Sie feststellen, daß es auf zwei Arten
ausgewiesen wird: Einmal als BSP in laufenden Preisen — dabei
handelt es sich um den bisher in diesem Buch verwendeten Begriff —,
zum anderen als BSP in konstanten Preisen, womit der Effekt von
.... änderungen eliminiert und eine Grundlage für das   Preis-
Erkennen von Änderungen der realen .... gewonnen wird.   Produktion

3.51. Beim BSP zu konstanten Preisen handelt es sich um die mit
den Preisen eines bestimmten Ausgangsjahrs (des Basisjahres)
bewertete Produktion. So ist z. B. das BSP von 1960 in Preisen von
1958 einfach der Marktwert des 1960 produzierten Ausstoßes, der
mit den .... von 1958 bewertet wurde. Das BSP von 1960,   Preisen
bewertet mit Preisen des Jahres 1960, ist demnach des BSP zu
.... Preisen.   laufenden

3.52. Ebenso ist das BSP für 1965 in Preisen von 1958 der
Marktwert des im Jahre .... produzierten Outputs, der in Preisen   1965
von .... ausgedrückt ist. Das BSP für 1968 in Preisen von 1968 ist   1958
das BSP zu .... Preisen.   laufenden

3.53. Alle zwischen 1960 und 1968 auftretenden Preisänderungen
haben keinen Einfluß auf das BSP, soweit es in ....   konstanten
.... gemessen wird, da der Ausstoß eines jeden Jahres mit (**den**   Preisen
gleichen/verschiedenen) Preisen bewertet wird.   den gleichen

3.54. Wir hatten oben festgestellt, daß das BSP in laufenden Preisen
zwischen 1960 und 1968 jährlich um 7 v. H. zugenommen hat. In
der gleichen Zeit wuchs das BSP in Preisen von 1958 um 5 v. H. pro
Jahr. In diesen acht Jahren wuchs — mit anderen Worten — das reale
Sozialprodukt um .... Prozent und das Preisniveau stieg um .... v. H.   5 — 2
jährlich.

3.55. Um den Unterschied dieser beiden Sozialproduktkonzeptionen klar herauszuheben, nennt man das BSP zu laufenden Preisen häufig monetäres BSP und das BSP zu konstanten Preisen reales BSP. Der Ausdruck „monetäres BSP" betont, daß das BSP in .... Preisen die jährlichen Geldausgaben mißt. Der Terminus „reales BSP" weist darauf hin, daß das BSP zu .... Preisen das Wachstum der Jahresproduktion an Gütern und Dienstleistungen widerspiegelt.

laufenden

konstanten

3.56. Der Grund für verschiedenartige Entwicklungen von monetärem und realem Sozialprodukt liegt darin, daß Änderungen der .... zu Änderungen der Geldausgaben führen können, selbst wenn keine Produktionsänderungen stattfinden.

Preise

3.57. Es muß Nachdruck auf die Tatsache gelegt werden, daß Preise eine bedeutende Rolle bei der Konstruktion von monetärem BSP einerseits und realem BSP andererseits spielen. Beide BSP-Maße verwenden die Preise verschiedener Güter zur Bestimmung der relativen Bedeutung jeder Gütereinheit. Wenn die Ware A einen niedrigen und die Ware B einen hohen Preis hat, dann konstituiert eine Einheit von A einen relativ **(kleinen/großen)** Teil des Sozialproduktes und eine Einheit von B einen relativ **(kleinen/großen)** Teil.

kleinen
großen

3.58. Der einzige Unterschied zwischen monetärem und realem BSP besteht in der Verwendung unterschiedlicher .... für die Bewertung der Produktion eines gegebenen Jahres. Für die Produktion von 1970 werden z. B. für das monetäre BSP die Preise des Jahres .... verwendet, dagegen für das reale BSP die Preise eines beliebigen ....jahres.

Preise

1970
Basis-

3.59. Das monetäre BSP sollte für zeitliche Sozialproduktsvergleiche deswegen nicht gebraucht werden, weil es sowohl von .... – als auch ....änderungen beeinflußt wird. Wird stattdessen das reale BSP gewählt, so läßt sich eine Änderung des BSP ausschließlich auf Änderungen der .... zurückführen.

Produktions-
Preis- (oder umgekehrt)

Produktion

3.60. In Abb. 2.1. wird die quantitative Bedeutung dieser Unterscheidung zwischen monetärem und realem BSP dargestellt. Da in dieser Abbildung 1958 als Basisjahr genommen wurde, sind monetäres und reales BSP in diesem Jahr ....

einander gleich

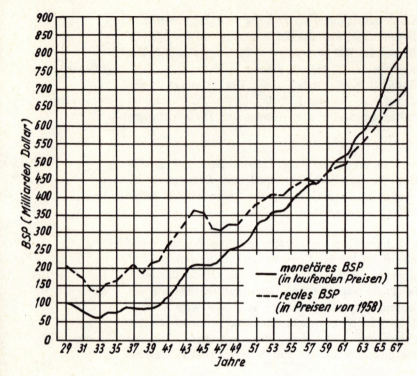

Abb. 3.1. Monetäres und reales BSP
1929 – 1968

3.61. Daß das monetäre BSP vor 1958 (**über/unter**) dem realen BSP und nach 1958 (**darüber/darunter**) lag, deutet einen allgemeinen (**Aufwärts-/Abwärts-**)Trend des durchschnittlichen Preisniveaus an.

unter
darüber
Aufwärts-

3.62. Das reale BSP erhält man durch Division des monetären BSP durch einen Preisindex aller Endprodukte. Dieser Index, den man auch den Deflationierungsfaktor für das Sozialprodukt nennt, mißt das durchschnittliche .... aller Endgüter und -dienstleistungen. Der BSP-Deflationierungsfaktor wird in Abbildung 3.2 dargestellt. Da 1958 als Basisjahr gewählt wurde, hat der .... für das Sozialprodukt für 1958 den Wert 1,00.

Preisniveau

Deflationierungsfa[ktor]

3.63. In den anderen Jahren ist der Deflationierungsfaktor aus Abbildung 3.2 von 1,00 verschieden. Dieser Unterschied geht auf die Tatsache zurück, daß das durchschnittliche .... in

Preisniveau

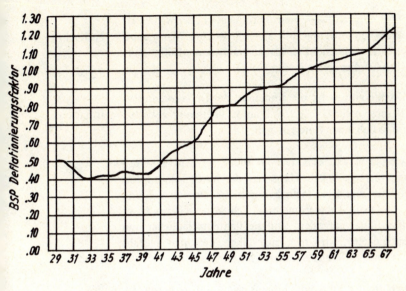

Abb. 3.2 BSP-Deflationierungsfaktor 1929 – 1968
(1958 = 1.00)

diesen Jahren verschieden vom Niveau des Jahres 1958 war. So
betrug z. B. der Wert für 1968, wie aus Abbildung 3.2 ersichtlich ist,
.... Das bedeutet, daß das durchschnittliche Preisniveau 1968   1,22
ungefähr .... Prozent über dem Niveau von 1958 lag.   22

3.64. Der .... für das BSP ist ein Preis-   Deflationierungsfaktor
.... Er stellt einen Vergleich des Preisniveaus eines gegebenen   index
Jahres mit dem Preisniveau des ....jahres dar.   Basis-

3.65. Einen Anstieg des Preisniveaus nennt man Inflation. Dementsprechend bezeichnet man ein Sinken des Preisniveaus als Deflation.
Der Preisindex in Abbildung 3.2 ist seit 1933 fast jedes Jahr
(gestiegen/gesunken). Aus dieser Information könnte man den   gestiegen
Schluß ziehen, daß nahezu während der gesamten Periode
.... herrschte.   Inflation

3.66. Obwohl mehr oder weniger alle Nationalökonomen darin
übereinstimmen, daß es während dieser Periode viele Jahre mit
inflationären Preissteigerungen gab, wird von vielen Wissenschaftlern
eingewendet, daß Änderungen des Preisindexes in der Regel leicht
nach oben verzerrt sind. Damit ist gemeint, daß der Deflationierungs-

faktor für das BSP dazu tendiert, die Inflationsrate in der Wirtschaft (**zu hoch/zu niedrig**) auszuweisen. Mit anderen Worten: Man glaubt, daß auch in Zeiten tatsächlicher Preisniveaustabilität der Deflationierungsfaktor wahrscheinlich leicht (**steigt/sinkt**).

zu hoch

steigt

3.67. Welche Gründe gibt es für die Annahme, der Deflationierungsfaktor des BSP zeige mehr .... an als überhaupt auftritt? Betrachten wir den Fall einer Ware wie z. B. Filme.

Inflation

3.68. Gehen wir davon aus, der Preis für Filme sei zwischen 1929 und 1968 unverändert geblieben. Hätte nun der Käufer eines Films 1929 oder 1968 für sein Geld mehr bekommen? Da sich während dieser Periode die Qualität der Filme erheblich verbessert hat (z. B. gibt es jetzt Farbfilme, außerdem sind sie lichtempfindlicher und schneller zu entwickeln), wird man zugestehen, daß man im Jahr (**1929/1968**) das bessere Geschäft gemacht hätte.

1968

3.69. Tatsächlich ist der Preis von Filmen seit 1929 gestiegen. Da sich aber in der gleichen Periode auch Verbesserungen der .... einstellten, ist es gar nicht klar, ob Sie sich vielleicht nicht — trotz der Preissteigerungen — beim Kauf eines Filmes im Jahre 1968 immer noch besser standen als 1929.

Qualität

3.70. Wenn die Qualitätsverbesserung gerade gleich dem Preisanstieg gewesen wäre, dann hätten wir folgern können, daß es — unterstellt, Filme seien die einzige Ware — (**eine/keine**) Inflation gegeben hätte.

keine

3.71. Die tatsächliche Preissteigerung eines Gutes stellt nur dann ein richtiges Maß für eine reale Preiserhöhung dar, wenn dieses Gut in seiner ganzen Beschaffenheit (**gleich bleibt/sich verändert**). Verbessert sich dagegen die Qualität einer Ware, dann ist die Preissteigerung in Wirklichkeit (**größer/kleiner**), als es den Anschein hat.

gleich bleibt

kleiner

3.72. Wenn man den Fächer der Waren mit beträchtlichen Qualitätsverbesserungen untersucht, wird die Bedeutung dieses Problems offensichtlich. Trotz des üblichen Geredes „es ist nicht mehr die Qualität wie vor dem Krieg" ist es offensichtlich, daß Verbesserungen der .... solch unterschiedlicher Waren wie Autos und medizinische Dienstleistungen, Schreibmaschinen und Bekleidung, Schallplatten und Verpackung und Verteilung von Lebensmittel es sehr problematisch erscheinen lassen, die wirkliche Rate an .... aus dem Preisindex abzulesen.

Qualität

Inflation

3.73. Da es nun praktisch unmöglich ist, die Qualitätsverbesserungen der meisten Waren zu messen, muß bei der Konstruktion eines Preisindex unvermeidlich ein großer Teil der Qualitätsänderungen vernachlässigt werden. Aus diesem Grunde sehen viele Nationalökonomen Änderungen im Preisindex als tendenziell .... an.

überhöht

3.74. Obwohl niemand eine solide Begründung für ein solches Urteil hat, betrachten gleichwohl viele Wissenschaftler einen ein- bis zweiprozentigen jährlichen Anstieg des Preisniveaus noch immer als „wahre" Preisstabilität. Das wäre korrekt, wenn die durchschnittliche jährliche Verbesserung der .... sich innerhalb dieser Bandbreite bewegte.

Qualität

3.75. Wenn man diese Beurteilung akzeptiert, dann läßt sich die oben gemachte Schlußfolgerung nicht länger aufrechterhalten, daß praktisch die gesamte Zeit seit 1933 eine Periode der .... gewesen sei. Diese These beruht auf der Tatsache, daß der Deflationierungsfaktor für das BSP während dieser Zeit fast durchweg (**stieg/sank**).

Inflation

stieg

3.76. Die Aussage aus Abb. 3.2 wird in Abb. 3.3 etwas anders dargestellt. Abb. 3.2 zeigt (**den Stand/die Veränderung**) des Deflationsfaktors für das BSP in den auf der Abszisse abgetragenen Jahren. Daraus läßt sich die jährliche prozentuale Veränderung des BSP-Deflationierungsfaktors berechnen, die wir auch die Inflationsrate nennen. Abb. 3.3 weist nun für jedes Jahr seit 1929 die .... aus.

den Stand

Inflationsrate

3.77. Eine sorgfältige Analyse der Abb. 3.3 zeigt, daß in .... der 39 dargestellten Jahre die Inflationsrate mehr als 2 v. H. und in .... Jahren weniger als 2 v. H. betrug. Bezieht man daher eine mögliche Qualitätsverbesserung von etwa 1 − 2 v. H. pro Jahr in die Rechnung ein, dann hat es in einer (**großen/kleinen**) Anzahl der in Abb. 3.3 dargestellten Jahre kein Inflationsproblem gegeben.

18

21

großen

3.78. Obwohl in den meisten der ausgewiesenen Jahre die Veränderungsrate des BSP-Deflationierungsfaktors nicht die .... bis .... Prozent überstieg, die von vielen Nationalökonomen noch als „wirkliche" Preisstabilität angesehen werden, bleibt noch immer eine große Anzahl von Jahren mit erheblicher Inflation übrig.

ein

zwei

3.79. Diese Tatsache betont die Bedeutung der Unterscheidung zwischen realem und monetärem BSP. In den Jahren mit größerer

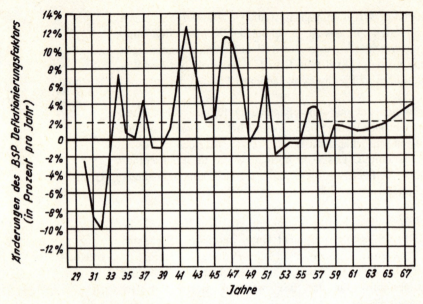

Abb. 3.3 Änderungen des Deflationierungsfaktors für das BSP 1930 – 1968

Inflation wäre der Anstieg der Produktion beträchtlich überschätzt worden, wenn man ausschließlich das .... BSP als Maßstab für die Produktionsmenge zugrunde gelegt hätte.   monetäre

3.80. Um über die Zeit hinweg Vergleiche der produzierten Mengen anstellen zu können, bei denen der Einfluß von Preisniveauänderungen eliminiert ist, muß das .... BSP zugrunde gelegt werden, also die zu .... Preisen gemessene Produktion.   reale
konstanten

WIEDERHOLUNGSFRAGEN

3.1. Der Preis eines jeden Gutes tendiert dazu, ...

a) im Zeitablauf zu steigen.
b) sich auf ein Niveau zuzubewegen, bei dem die angebotenen und nachgefragten Mengen gleich groß sind.
c) zu steigen, wenn die Angebotsmenge größer als die Nachfragemenge ist.
d) Alle genannten Antworten treffen zu.

3.2. Wenn in einer Periode das monetäre BSP schneller sinkt als das reale BSP, dann muß das durchschnittliche Preisniveau ...

a) gesunken sein.
b) schneller gesunken sein als die Produktion.
c) gestiegen sein.
d) schneller gestiegen sein als die Produktion.

3.3. Da bei den erzeugten Gütern Qualitätsveränderungen meistens nicht berücksichtigt werden, ...

a) ist es besser, das monetäre anstelle des realen BSP zu verwenden.
b) muß die Inflationsrate immer höher sein als 2 v. H.
c) gibt es einen Unterschied zwischen realem und monetärem BSP.
d) tendiert der offizielle Preisindex dazu, eine stärkere Inflation auszuweisen, als tatsächlich gegeben ist.

3.4. Die Entwicklung von Preisen und Produktion sah für eine Volkswirtschaft, die nur Spielkarten und Quark herstellt, folgendermaßen aus:

	Basisjahr	laufendes Jahr
Spielkarten		
Produktion	150	100
Preis	$ 1.00	$ 2.00
Quark		
Produktion	700	1.000
Preis	$ 0.50	$ 0.40

Füllen Sie die folgende Tabelle aus!

	Basisjahr	laufendes Jahr
monetäres BSP	...	...
reales BSP	...	...
Deflationierungsfaktor des BSP	...	...

3.5. Wenn sich das BSP im vergangenen Jahr um $ 100 Mrd. erhöht hat, ...

a) muß die Gesamtproduktion gestiegen sein.
b) muß es dem durchschnittlichen Konsumenten besser gehen.
c) kann der Deflationierungsfaktor des BSP nicht abgenommen haben.
d) müssen entweder der Deflationierungsfaktor des BSP oder das reale BSP oder aber beide Größen gestiegen sein.

TATSÄCHLICHES UND POTENTIELLES BSP

4.1. Bis jetzt haben wir uns mit dem Problem befaßt, wie die Gesamtproduktion einer Volkswirtschaft gemessen werden kann, nicht jedoch mit der Frage, welche Faktoren die Höhe dieser Gesamtproduktion bestimmen. Bevor wir uns mit diesem Problem auseinandersetzen, sollten jedoch die folgenden Punkte klar sein:

a) Das BSP ist der .... der Endprodukte, die in einem Jahr hergestellt wurden.   Marktwert

b) Es kann entweder mit Hilfe der Gesamt..................... für Endprodukte gemessen werden oder mit Hilfe der Gesamt ...., die bei der Herstellung dieser Gesamtproduktion verdient werden.   -ausgaben

-einkommen

c) Für einen Zeitvergleich des BSP ist es erforderlich, das .... BSP zu verwenden, das Veränderungen von Ausgaben und Einkommen ausschließt, soweit sie auf Veränderungen des ....niveaus beruhen.   reale

Preis-

4.2. Da es wichtig ist, immer das .... BSP zu verwenden, wenn man Zeitvergleiche vornimmt, ist in diesem Buch bei der Verwendung des BSP im Zusammenhang mit Zeitvergleichen immer das reale BSP gemeint. Wenn z. B. festgestellt wird, daß das BSP im Jahre 1968 um 5 v. H. größer war als 1967, heißt das, daß das .... BSP und nicht das .... BSP um 5 v. H. höher war. Wenn Sie jedoch in den Zeitungen Berichte über Veränderungen des BSP lesen, ist es wichtig, daß Sie sich vergewissern, welcher dieser beiden Begriffe verwendet wird.   reale

reale
monetäre

4.3. Das reale BSP liefert ein Maß der tatsächlich produzierten Ausbringungsmenge. Wie hoch das reale BSP in einem gegebenen Jahr ist, hängt von der Menge der für Produktionszwecke eingesetzten .... ab und davon, wie effizient diese .... eingesetzt werden.

Produktionsfakto‹
Produktionsfakto‹

4.4. Nun gab es unglücklicherweise Perioden, in denen weniger Produktionsfaktoren eingesetzt wurden als zur Verfügung standen. Deswegen war in solchen Perioden das reale BSP **(gleich/unter)** dem Niveau, das beim Einsatz aller verfügbaren Ressourcen produziert worden wäre. Das bei Einsatz aller Produktionsfaktoren erreichbare Produktionsniveau nennen wir potentielles BSP.

unter

4.5. Wenn das tatsächliche gleich dem potentiellen BSP ist, dann gelangen die .... der Wirtschaft voll zum Einsatz. Werden die verfügbaren Produktionsfaktoren ganz genutzt, dann entspricht das tatsächliche BSP dem .... BSP.

Produktionsfakto‹

potentiellen

4.6. In Abb. 4.1 wird für die Zeit von 1929 bis 1968 der Prozentsatz derjenigen Personen dargestellt, die – obwohl arbeitswillig und arbeitsfähig – arbeitslos waren. Diesen Prozentsatz bezeichnen wir als Arbeitslosenquote. Das Jahr mit der höchsten .... war .... 1953 war die Arbeitslosenquote erheblich geringer, nur .... Prozent, verglichen mit .... Prozent im Jahre 1933.

Arbeitslosen-
quote – 1933
3 – 25

4.7. In einer Wirtschaft wie z. B. in den USA, in der eine gewisse Mobilität herrscht, wird es immer eine Verlagerung von Produktionsfaktoren von einem Ort zum anderen geben. Solche Umsetzungen der Faktoren nehmen eine gewisse Zeit in Anspruch und ergeben eine vorübergehende Arbeitslosigkeit. Wenn also immer einige Produktionsfaktoren wandern, dann kann die .... niemals gleich Null sein. Wenn Sie sich Abb. 4.1 ansehen, werden Sie erkennen, daß in den Jahren 1929 bis 1968 die Arbeitslosenquote **(mehrmals/niemals)** auf Null gesunken ist.

Arbeitslosen-
quote

niemals

4.8. Da die aus der Mobilität der Produktionsfaktoren resultierende Arbeitslosigkeit in einer freien Marktwirtschaft als normal angesehen wird, definiert man Vollbeschäftigung üblicherweise als den Zustand, in dem die Anzahl der Arbeitslosen etwa drei bis vier Prozent*) der Erwerbstätigen beträgt. Erkennt man diese Definition an, dann herrschte 1953 ...., und im Jahre 1937 **(gab es ebenfalls/ gab es keine)** Vollbeschäftigung.

Vollbeschäftigun‹
gab es keine

*) Anm. des Übersetzers: Diese Sätze gelten inzwischen in der BRD als weit überhöht. Man spricht von Vollbeschäftigung bei Arbeitslosenquoten von 0,8 bis höchstens 1,5 Prozent.

4.9. Vollbeschäftigung wird in bezug auf den Produktionsfaktor Arbeit definiert, weil im allgemeinen keine verläßlichen Informationen über die Beschäftigung der anderen Produktionsfaktoren existieren. Vollbeschäftigung existiert also ex definitione dann, wenn der Anteil der Arbeitslosen an den Erwerbstätigen etwa .... bis .... Prozent ausmacht.

drei
vier

4.10. Die Konzeptionen des potentiellen BSP und der Vollbeschäftigung gehören logisch zusammen. Das heißt, das .... BSP ist als der Ausstoß definiert, den man erhält, wenn Vollbeschäftigung herrscht. Für eine Übereinstimmung zwischen tatsächlichem und potentiellem BSP ist es also nicht erforderlich, daß die .... gleich Null ist. Das potentielle BSP ist die Ausbringungsmenge, die hergestellt wird, wenn die Arbeitslosenquote im Bereich zwischen .... und .... liegt.

potentielle

Arbeits-
losenquote

drei — vier

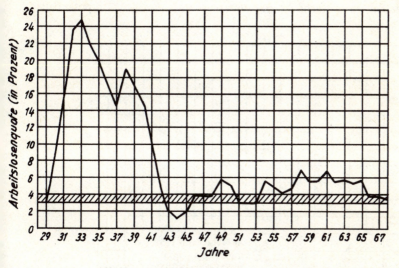

Abb. 4.1 Arbeitslosenquote (1929 – 1968)

4.11. Wenn Sie noch einmal Abb. 4.1 betrachten, stellen Sie fest, daß die Arbeitslosenquote in den Jahren 1943 bis 1945 unter drei v. H. gefallen ist. Obwohl man also den Zustand der .... im Falle einer Arbeitslosenquote von drei bis vier v. H. schon als erreicht ansieht, ist (es/es nicht) unmöglich, selbst diesen Satz noch zu unterschreiten.

Vollbe-
schäftigung
es nicht

4.12. Es darf dabei allerdings nicht übersehen werden, daß diese Jahre mit einer Arbeitslosenquote von weniger als drei v. H. Kriegsjahre waren, in denen die Märkte nicht mehr normal funktionierten. Abgesehen von dieser Periode (**gab es nur ein/gab es kein**) Jahr mit einer Arbeitslosenquote unter drei v. H.

gab es kein

4.13. Von Vollbeschäftigung spricht man im allgemeinen, wenn die Arbeitslosenquote sich in einem Bereich von .... bis .... v. H. bewegt. Einfachheitshalber wollen wir fortan jedoch immer dann von einer Periode der Vollbeschäftigung sprechen, wenn es „keine Arbeitslosigkeit" gibt. Es wäre jedoch (**korrekter/weniger korrekt**), wenn man den schwerfälligen Satz „keine Arbeitslosigkeit von mehr als drei bis vier v. H. der Beschäftigten" verwendete.

drei — vier

korrekter

4.14. Aus Abb. 4.1 geht hervor, daß es zwischen 1929 und 1968 viele Jahre mit Arbeitslosenquoten von mehr als vier v. H. gab. In diesen Jahren fiel das tatsächliche BSP unter das .... BSP.

potentielle

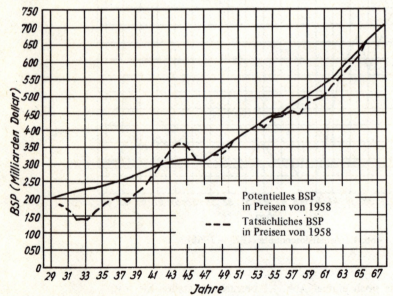

Abb. 4.2 Tatsächliches und potentielles BSP, 1929 – 1968 (in Preisen von 1958)

4.15. Es sind Berechnungen darüber angestellt worden, wie hoch das BSP in solchen Jahren gewesen wäre, wenn Vollbeschäftigung

geherrscht hätte. Das Ergebnis solcher Studien, also das .... | potentielle
.... BSP, wird zusammen mit dem tatsächlichen BSP in Preisen von 1958 in Abb. 4.2 ausgewiesen.

4.16. Der Unterschied zwischen tatsächlichem und potentiellem BSP besteht in dem Verlust an ...., der durch den Nichteinsatz von Produktionsfaktoren in Zeiten der Unterbeschäftigung hervorgerufen wird. | Produktion

4.17. Um zu verstehen, wie bedeutsam das sein kann, betrachten Sie die folgenden, aus den Abb. 4.1 und 4.2 für das Jahr 1961 entnommenen Zahlen:

	BSP (i. Preisen v. 1958)	Arbeitslosenquote
Tatsächliches BSP	$ 497 Mrd.	6,7 v. H.
Unterstellte Vollbeschäftigungssituation	$ 530 Mrd.	4,0 v. H.

1961 war die Arbeitslosenquote gleich .... Prozent und das tatsächliche BSP gleich $ .... Mrd. Wenn die Arbeitslosenquote nur vier v. H. betragen hätte, dann hätte das tatsächliche BSP nicht $ 497 Mrd., sondern .... Mrd. Dollar ausgemacht. | 6,7
| 497
| 530

4.18. 1961 wurden daher $ .... Mrd. an Produktion eingebüßt, weil Produktionsfaktoren auf Grund der .... ungenutzt blieben. Wenn Sie sich nun klarmachen, daß dieser Verlust größer als das gesamte BSP sowohl von Australien als auch von Kanada im Jahre 1961 war, dann erkennen Sie, wie hoch die Kosten der Arbeitslosigkeit sein können. | 33
Arbeitslosigkeit

4.19. Im Gegensatz zu 1961 herrschte 1968 Vollbeschäftigung. Wie Sie wissen, bedeutet das, daß im Jahre 1968 das tatsächliche BSP gleich dem .... war. | potentiellen BSP

4.20. Für einen Vergleich der Jahre 1961 und 1968 erweist sich die folgende Tabelle als nützlich:

53

	1961	1968
Arbeitslosenquote	6,7 v. H.	3,6 v. H.
potentielles BSP (in Preisen v. 1958)	$ 530 Mrd.	$ 707
tatsächliches BSP (in Preisen v. 1958)	$ 497 Mrd.	$ 707
Produktionsverlust	$ 33 Mrd.	$ 0

In der Zeit von 1961 bis 1968 ist die Arbeitslosigkeit von ..... auf ..... v. H. der Beschäftigten gefallen. Die Lücke zwischen tatsächlichem und potentiellem BSP hat sich infolgedessen von $ ..... Mrd. auf $ .... Mrd. vermindert.

6,7 − 3,6

33 − 0

4.21. Daraus läßt sich folgern, daß die Erhöhung der Ausbringungsmenge zwischen 1961 und 1968 zum Teil aus der Tatsache resultiert, daß einige Ressourcen, die 1961 .... waren, im Jahre .... zur Erhöhung der Ausbringungsmenge beigetragen haben.

unbeschäftigt
1968

4.22. Bei überdurchschnittlicher Arbeitslosigkeit liegen Ressourcen, die für die Befriedigung der Wünsche der .... verwendet werden könnten, brach. Im Jahre 1961 wäre es also möglich gewesen, die Konsumenten besserzustellen, wenn die .... Ressourcen eingesetzt worden wären.

Konsumenten

unbeschäftigten

4.23. Häufig wird die Ansicht vertreten, daß es weitere Kosten einer hohen Arbeitslosigkeit gibt, die dadurch entstehen, daß der Produktions- und Einkommensverlust nicht gleichmäßig von allen Gruppen der Gesellschaft getragen wird. Diejenigen Personen, die ihre Arbeit verlieren, erleiden (**große/kleine**) Einkommensverluste, während diejenigen, die weiterarbeiten können, aus der Erhöhung der Arbeitslosenquote wenn überhaupt, dann nur geringe ....-verluste erleiden.

große

Einkommens

4.24. Die folgende Tabelle zeigt, wie sich die Arbeitslosenquote[1]bei verschiedenen Gruppen und Schichten der Bevölkerung zwischen 1961 und 1968 entwickelt hat.

---

1 Anteil der Arbeitslosen an der Zahl der Erwerbsfähigen

Ausgewählte Arbeitslosenquoten in den Jahren 1961 und 1968

	1961 (i. v. H.)	1968
Arbeitslose insgesamt	6,7	3,6
Weiße	6,0	3,2
Nichtweiße	12,4	6,7
Angestellte	3,3	2,0
Arbeiter	9,2	4,1

Diese Zahlen zeigen, daß sich für einzelne Schichten der Bevölkerung eine Veränderung der Gesamtarbeitslosenquote (**gleich/unterschiedlich**) auswirkt.   unterschiedlich

4.25. Zwischen 1961 und 1968 ist die Arbeitslosenquote bei den Weißen um ..... v. H. Punkte gesunken, während die Arbeitslosenquote bei den Nichtweißen um ..... v. H. Punkte abgenommen hat. In ähnlicher Weise hat die Arbeitslosenquote der Angestellten um ..... Prozentpunkte abgenommen, während sie bei den Arbeitern um ..... Prozentpunkte gesunken ist.

2,8
5,7
1,3
5,1

4.26. Im allgemeinen scheint es so zu sein, daß bei einer Erhöhung der Arbeitslosigkeit diejenigen Gruppen am stärksten betroffen sind, die (**überdurchschnittliche/unterdurchschnittliche**) Einkommen erzielen (also die Nichtweißen und die Arbeiter). Ebenso profitieren diese Gruppen (**am meisten/am wenigsten**) davon, wenn die Arbeitslosigkeit vermindert wird.

unterdurchschnittlich

am meisten

4.27. Da Veränderungen der Arbeitslosenquote hauptsächlich die unteren Einkommensbezieher treffen, werden durch eine hohe Arbeitslosenquote gerade diejenigen am stärksten betroffen, die den daraus resultierenden Einkommensverlust (**am ehesten/am wenigsten**) verkraften können.

am wenigsten

4.28. Die Konsequenz einer Erhöhung der Arbeitslosenquote von drei bzw. vier v. H. auf sechs bzw. sieben v. H. bedeutet für viele Menschen, die bereits (**überdurchschnittliche/unterdurchschnittliche**) Einkommen beziehen, erhebliche (**Einkommensverluste/Einkommensgewinne**). Eine hohe Arbeitslosigkeit führt infolgedessen dazu, daß die bereits bestehenden ernsten Probleme des Hungers, der Armut und der Kriminalität, von denen die unteren Einkommensschichten betroffen sind, weiter vergrößert werden.

unterdurchschnittliche
Einkommensverluste

4.29. Eine hohe Arbeitslosigkeit stellt offensichtlich ein schweres wirtschaftliches Problem dar. Es führt zu namhaften Verlusten an ...., der für die Befriedigung der Wünsche der .... verwendet werden könnte. Dieser Verlust ist um so bedauerlicher, als hauptsächlich die (**höheren/unteren**) Einkommensbezieher von einer überdurchschnittlichen Arbeitslosigkeit betroffen sind.

Ausstoß –
Konsumenten
unteren

4.30. Arbeitslosigkeit tritt natürlich auf, wenn das .... BSP niedriger ist als das .... BSP. Aus diesem Grunde muß bei zunehmendem potentiellen BSP das tatsächliche BSP ebenfalls steigen, wenn .... vermieden werden soll.

tatsächliche
potentielle

Arbeitslosigkeit

4.31. Häufig werden für die Arbeitslosigkeit Faktoren verantwortlich gemacht, die eine Steigerung des potentiellen BSP hervorrufen. Gemäß dieser Ansicht läßt sich .... vermieden, wenn man verhindert, daß das .... BSP steigt.

Arbeitslosigkeit
potentielle

4.32. Das potentielle BSP kann man sich auch als das Durchschnitts-BSP des einzelnen Erwerbstätigen, multipliziert mit der Anzahl der Arbeiter, vorstellen. Dann steigt das potentielle BSP, wenn sich entweder das Durchschnitts-BSP des einzelnen Erwerbstätigen oder die Zahl der .... erhöht.

Erwerbstätigen

4.33. Das Durchschnitts-BSP je Erwerbstätigem bezeichnet man im allgemeinen als Arbeitsproduktivität. Wenn sich die Ausbringungsmenge, die der einzelne Erwerbstätige durchschnittlich produziert, erhöht, sagt man, die Arbeits-.................. sei gestiegen.

produktivität

4.34. Diejenigen, die sich Sorgen um die Auswirkungen eines Wachstums des potentiellen BSP auf die Arbeitslosigkeit machen, befürchten, daß die Arbeiter nicht mehr benötigt werden, wenn sich die Arbeits-.................. erhöht, oder daß neu hinzukommende Arbeitskräfte keine Arbeitsplätze finden, wenn sich die Arbeits-.................. erhöht.

produktivität

produktivität

4.35. Wenn diese Sorge berechtigt ist, muß es Gründe dafür geben, daß das tatsächliche BSP nicht ebenso schnell wachsen kann wie das potentielle BSP. Solange es möglich ist, das tatsächliche BSP zu erhöhen, besteht der beste Weg zu einer Verhinderung der Arbeitslosigkeit nicht darin, daß man das Wachstum des .... verhindert, sondern daß man sicherstellt, daß das .... BSP ebenso schnell wächst wie das ....

potentiellen
BSP
tatsächliche --
potentielle

BSP. Auf diese Weise ist es möglich, ... zu verhindern und gleichzeitig ein steigendes BSP zu erreichen.

Arbeitslosigkeit

4.36. In den vergangenen Dekaden hat in den Vereinigten Staaten ein erhebliches Wachstum sowohl bei der Arbeitsproduktivität als auch der Erwerbstätigenzahl stattgefunden. Das Wachstum des potentiellen BSP beruht also auf einer Steigerung des durchschnittlichen .... je .... und der Zahl der ....
....

BSP – Erwerbstätige
Erwerbstätigen

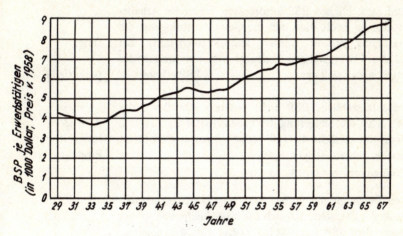

Abb. 4.3 BSP je Erwerbstätigen 1929 – 1968 (Preise v. 1958)

4.37. Abb. 4.3 stellt das Wachstum der Arbeitsproduktivität seit 1929 dar. Fast während des gesamten Zeitraums ist das durchschnittliche BSP je Erwerbstätigen (**gestiegen/gesunken**), so daß die Arbeits-.............. im Jahre 1968 etwa (**zwei/drei/vier**) mal so groß war wie 1929. Das entspricht einer durchschnittlichen Zunahme von zwei v. H. pro Jahr.

gestiegen
produktivität – zwei

4.38. Die Arbeits-.............. hat sich zwischen 1929 und 1968 etwa verdoppelt. Es wäre also möglich gewesen, 1968 das gleiche BSP wie 1929 mit nur .... sovielen Arbeitskräften herzustellen.

produktivität

halb

4.39. Hätte sich die Gesamtausbringungsmenge zwischen 1929 und 1968 nicht erhöht, hätten wir 1968 eine außerordentlich hohe

..........quote. Aus Abb. 4.1, die die Arbeitslosigkeit für diesen Zeitraum darstellt, können wir ersehen, daß die Arbeitslosenquote 1968 (höher/nicht höher) war als 1929.

Arbeitslosen-

nicht höher

4.40. Das heißt, daß die Steigerung der Produktivität zwischen 1929 und 1968 uns nicht dazu gezwungen hat, eine höhere ....quote zu akzeptieren. Sie hat vielmehr ein höheres .... ermöglicht.

Arbeitslosen- — BSP

4.41. Die gleichen Gedanken lassen sich mit dem Begriff des potentiellen und tatsächlichen BSP ausdrücken. Wenn die Arbeitsproduktivität steigt, so heißt dies, daß die Gesamtausbringung, die bei Vollbeschäftigung erstellt werden kann, (steigt/fällt). Bei gegebener Zahl der Erwerbstätigen bedeutet also ein Steigen der Arbeitsproduktivität, daß sich das .... BSP erhöht.

steigt

potentielle

4.42. Wächst das tatsächliche BSP nicht genauso schnell wie das potentielle BSP, führt die Steigerung der Produktivität zu .... Wenn das tatsächliche BSP jedoch genauso groß bleibt wie das potentielle, führen Steigerungen der .... zu höheren Einkommen und Ausgaben.

Arbeitslosigkeit
Produktivität

4.43. Obwohl es Zeiträume mit großer Arbeitslosigkeit gegeben hat, läßt sich doch aus der Tatsache, daß sich das tatsächliche BSP immer wieder dem potentiellen BSP angepaßt hat, (siehe Abb. 4.2) ableiten, daß Produktivitätssteigerungen nicht auf Grund größerer .... verloren gehen müssen. Sie können vielmehr sowohl ein höheres .... BSP als auch ein höheres potentielles BSP zur Folge haben.

Arbeitslosigkeit
tatsächliches

4.44. Auch die Zahl der Erwerbsfähigen ist in der Zeit von 1929 bis 1968 gestiegen. 1968 gab es mehr als 82 Millionen Erwerbsfähige, verglichen mit 50 Millionen im Jahre 1929. Das entspricht einer durchschnittlichen jährlichen Wachstumsrate von 1 1/4 v. H. Selbst wenn die Arbeitsproduktivität konstant geblieben wäre, hätte es ein durchschnittliches jährliches Wachstum des BSP in Höhe von .... v. H. geben müssen, um ein Steigen der .... zu vermeiden.

1 1/4 — Arbeitslosigk

4.45. Da das potentielle BSP gleich der Arbeitsproduktivität, multipliziert mit der Zahl der Erwerbsfähigen ist, ist die Wachstumsrate des potentiellen BSP annähernd gleich der Wachstumsrate der

Arbeits............................ plus der Wachstumsrate der Zahl der	-produktivität Erwerbsfähigen

4.46. Seit 1929 ist die Arbeitsproduktivität jährlich um durchschnittlich 2 v. H. gestiegen, während sich die Zahl der Erwerbsfähigen durchschnittlich um 1 1/4 v. H. erhöht hat. Das potentielle BSP hat infolgedessen mit einer durchschnittlichen jährlichen Wachstumsrate von .... v. H. zugenommen. Da sowohl im Jahre 1929 als auch 1968 potentielles und tatsächliches BSP gleich waren, muß auch die durchschnittliche jährliche Wachstumsrate des tatsächlichen BSP gleich .... v. H. gewesen sein.

3 1/4

3 1/4

4.47. Offensichtlich ist die Zunahme der Erwerbsfähigenzahl auf das Bevölkerungswachstum zurückzuführen. Was verursacht jedoch die Zunahme der Arbeitsproduktivität? Ein Faktor ist hierbei der Ausbildungsstand und die Geschicklichkeit der Arbeitskräfte. Je höher der Stand der allgemeinen Bildung und der Fachausbildung der Arbeitskräfte ist, um so höher ist auch ihre ....

Produktivität

4.48. Bildung und technische Fertigkeiten werden manchmal als „human capital" bezeichnet. Ähnlich wie der Bestand an Kapitalgütern (Maschinen etc.) kann auch der Bestand an .... durch Investitionen erhöht werden. Wenn man einen Teil der Ausbringung für Erziehung und Ausbildung verwendet, ist es möglich, den Bestand an .... und damit die .... zu erhöhen.

human capital

human capital
Produktivität

4.49. Ein zweiter Faktor, der zu der Erhöhung der Arbeitsproduktivität beigetragen hat, ist die Zunahme des Kapitalgüterbestandes. Je mehr Kapitalgüter zur Verfügung stehen, desto mehr .... kann eine Arbeitskraft erzeugen und desto größer ist ihre ....

Ausbringung
Produktivität

4.50. Die Menge der Kapitalgüter hat sich im Zeitablauf als Ergebnis der ....ausgaben der Unternehmungen erhöht.

Investitions-

4.51. Ein dritter Faktor, der das Steigen der Arbeitsproduktivität verursacht hat, ist der technische Fortschritt. Dieser stellt im Hinblick auf die Produktion eine Verbesserung des technischen und organisatorischen Wissens dar. Die Erfindung des Transistors und der Übergang zur Massenproduktion sind Beispiele für einen .... Fortschritt, der die Arbeits............... erhöht hat.

technischen
produktivität

4.52. Für jeden gegebenen Zeitraum wird das potentielle BSP einer Volkswirtschaft durch Entwicklungen in der Vergangenheit bestimmt. In diesem Jahr wird z. B. die Zahl der Erwerbstätigen in den USA durch das (**gegenwärtige/vergangene**) Bevölkerungswachstum bestimmt. Die Geburten dieses Jahres können die Erwerbstätigenzahl nur (**in der Gegenwart/in der Zukunft**) beeinflussen.

vergangene

in der Zukunft

4.53. Auch die Arbeitsproduktivität wird durch die in der Vergangenheit liegenden .... für Erziehungswesen und Ausbildung, Fabriken und Maschinen, Forschung und Entwicklung bestimmt. Die Ausgaben für diese Posten, die in der Gegenwart getätigt werden, beeinflussen lediglich die zukünftige Arbeits- ....

Ausgaben

produktivität

4.54. Ereignisse, die in der laufenden Periode stattfinden, können das potentielle BSP zukünftiger Perioden beeinflussen. Für die laufende Periode kann das potentielle BSP jedoch als bereits festgelegt betrachtet werden. Das bedeutet, daß langfristig das potentielle BSP als (**feststehend/variabel**) bezeichnet werden kann, weil dann der Zeitablauf und damit der technische Fortschritt sowie das Wachstum des Bestandes an Produktionsfaktoren in die Rechnung einbezogen werden müssen. Kurzfristig kann das potentielle BSP jedoch als (**feststehend/variabel**) angesehen werden, weil hier das ganze Interesse nur auf die gegenwärtige Periode gerichtet ist.

variabel

feststehend

4.55. Kurzfristig gesehen ist die Höhe des BSP begrenzt. In jeder normalen Periode kann das .... BSP nicht größer sein als das .... BSP. Da bei kurzfristiger Betrachtung das potentielle BSP .... ist, beziehen sich die wichtigsten wirtschaftspolitischen Probleme auf die Lücke zwischen tatsächlichem und potentiellem BSP.

tatsächliche
potentielle
fix

4.56. Langfristig gibt es keine Grenze für das BSP. Durch Investitionen in das Bildungswesen, in Kapitalgüter und Forschung ist es möglich, die Arbeits.......... und damit das .... BSP zu erhöhen. Die langfristigen wirtschaftspolitischen Fragestellungen beziehen sich deshalb auf das Problem, ob in einer Wirtschaft genügend investiert wird, so daß das .... BSP rasch genug wachsen kann.

-produktivität
potentielle

potentielle

4.57. In den folgenden Kapiteln werden wir uns hauptsächlich mit kurzfristigen wirtschaftspolitischen Fragestellungen befassen. Zwei

Fragen, die dabei beantwortet werden sollen, sind: Warum ist das .... BSP manchmal kleiner als das .... BSP? Und was geschieht, wenn man versucht, das tatsächliche BSP über das potentielle .... zu erhöhen?

tatsächliche
potentielle
BSP

WIEDERHOLUNGSFRAGEN

4.1. Die Fähigkeit einer Volkswirtschaft, Güter und Dienstleistunger (Output) zu erstellen, ...

a) bezeichnet man als potentielles BSP.
b) ist diejenige Ausbringungsmenge, die bei Vollbeschäftigung erstellt wird.
c) steigt, wenn sich die Arbeitsproduktivität erhöht.
d) Alle drei Feststellungen treffen zu.

4.2. Wenn sowohl die Zahl der Erwerbstätigen als auch die Arbeitsproduktivität steigen, ...

a) erhöht sich das BSP.
b) nimmt die Arbeitslosigkeit zu.
c) tritt entweder a) oder b) oder aber beides ein.
d) Keine der genannten Alternativen trifft zu.

4.3. Wenn in einer Volkswirtschaft Vollbeschäftigung herrscht, muß die Gesamtausbringung immer zunehmen, wenn ...

a) das potentielle BSP zunimmt.
b) die Arbeitslosigkeit zunimmt.
c) das monetäre BSP wächst.
d) Keine der genannten Alternativen trifft zu.

4.4. Investitionen und der technische Fortschritt ...

a) erhöhen die Arbeitsproduktivität, nicht jedoch das potentielle BSP.
b) führen zu Arbeitslosigkeit, es sei denn, die Zahl der Erwerbstätigen sinkt.
c) ermöglichen je Erwerbstätigen ein höheres BSP.
d) Alle genannten Alternativen treffen zu.

4.5. Die Definition von Vollbeschäftigung besagt im allgemeinen: ...

a) Niemand ist arbeitslos.
b) Niemand, der arbeiten möchte, ist arbeitslos.
c) Niemand, der arbeiten möchte, ist arbeitslos bis auf einen kleinen Prozentsatz der Erwerbstätigen, die auf Grund der normalen Marktbedingungen vorübergehend arbeitslos sind.
d) Zwei v. H. der Erwerbstätigen sind arbeitslos.

GESAMTNACHFRAGE UND GESAMTANGEBOT – I

5.1. Der jährliche Ausstoß der USA ist in den vergangenen Jahren kräftig gewachsen. Das ist durch Erhöhungen des .... Ausstoßes ermöglicht worden.   potentiellen

5.2. Zeitweilig wurde jedoch dieses Wachstum von starken Erhöhungen des Preisniveaus begleitet. Es gab also Zeiten, in denen die Wirtschaft dem Problem der .... gegenüberstand.   Inflation

5.3. In anderen Perioden sank die tatsächlich hergestellte Jahresproduktion oder wuchs nicht so schnell, wie es an sich möglich gewesen wäre. In solchen Zeiten fiel die tatsächliche Ausbringung unter die .... Ausbringung, da ein Teil der Produktionsfaktoren nicht .... war.   potentielle
beschäftigt

5.4. Welches sind die Ursachen der Inflation und der Unterbeschäftigung? Warum tendieren die .... in manchen Perioden dazu zu steigen, und warum werden in anderen Perioden nicht alle .... eingesetzt? In diesem Kapitel werden Sie erste Antworten auf diese Fragen finden.   Preise

Produktionsfaktoren

5.5. Um eine Antwort auf diese wichtigen Fragen zu finden, empfiehlt sich die Einführung eines einfachen Modells einer Volkswirtschaft. Ein Modell gibt Beziehungen zwischen einer Anzahl von ökonomischen Variablen wieder wie z. B. dem BSP, dem durchschnittlichen Preisniveau etc. Um sinnvoll verwendet werden zu können, müssen die in einem .... dargelegten Beziehungen eine vernünftige enge Annäherung an den zu untersuchenden Aspekt der ökonomischen Wirklichkeit darstellen. Gleichzeitig muß das Modell jedoch so einfach sein, daß das Verständnis der Wirklichkeit erleichtert wird. Das bedeutet, das .... einer Volkswirtschaft   Modell

Modell

muß deren wesentliche Züge (**herausstellen/ausschließen**), um realistisch zu sein. Es muß andererseits überflüssige Details der Wirklichkeit (**herausstellen/ausschließen**), um so einfach zu sein, daß das Verständnis erleichtert wird.

herausstellen

ausschließen

5.6. Die Modelle haben deshalb einen so großen Wert für Wirtschaftswissenschaftler, weil sie es ihnen ermöglichen, die (**wichtigeren/weniger wichtigen**) Variablen und Beziehungen einer Volkswirtschaft zu isolieren und sich darauf zu konzentrieren.

wichtigeren

5.7. Wenn nun dieses Modell entwickelt wird, werden die Vereinfachungen ausdrücklich genannt, so daß deutlich wird, in welcher Beziehung dieses Modell von der Realität abweicht. Selbst wenn ein Modell jedoch die Wirklichkeit (**exakt/nicht exakt**) abbildet, kann es doch dazu beitragen, die Antworten zu finden, die wir im Hinblick auf .... und .... gesucht haben.

nicht exakt

Inflation
Arbeitslosigkeit

5.8. Da in den USA eine Marktwirtschaft besteht, hängen die Produktionsmengen, die die Unternehmen produzieren wollen, und die Preise, zu denen sie ihre Produkte absetzen können, von den gesamten .... für Güter ab, die Konsumenten, Unternehmungen und der Staat bei verschiedenen Preisniveaus tätigen wollen.

Ausgaben

5.9. Wie Sie schon im Kapitel 2 gelernt haben, müssen die gesamten Ausgaben dem monetären BSP entsprechen. Eine Änderung der Gesamtausgaben muß eine Änderung des .... BSP zur Folge haben. Aber, wie Sie dann aus Kapitel 2 ersehen konnten, muß eine Änderung der Gesamtausgaben (**immer/nicht unbedingt**) von einer Änderung des realen BSP begleitet werden.

monetären

nicht unbedingt

5.10. Wenn z. B. die Gesamtausgaben um fünf v. H. zunehmen, dann muß das .... BSP ebenfalls um fünf v. H. wachsen, bleibt das Preisniveau konstant, dann muß auch das .... BSP um fünf v. H. zunehmen. Wenn jedoch auch das Preisniveau um fünf v. H. steigt, wie hoch ist dann die Zunahme des realen BSP? Gleich (**null/fünf**) Prozent.

monetäre
reale

null

5.11. Folglich hat eine Vergrößerung der gesamten Ausgaben immer einen Anstieg des .... BSP zur Folge; sie kann, muß jedoch nicht mit einem Wachstum des .... BSP verbunden sein.

monetären
realen

5.12. Um zu verstehen, wann gestiegene Gesamtausgaben von einer Zunahme des realen BSP begleitet werden, und wann von einer

Steigerung des Preisniveaus, ist es nützlich, sich in Gedanken die Gesamtausgaben vorzustellen, die getätigt würden, wenn die Preise sich nicht verändern. Wir nennen dies die Gesamtnachfrage. (Manchmal spricht man auch von „realer Gesamtnachfrage", da sie sich auf Ausgaben in konstanten Preisen bezieht.) Obwohl recht einfach, ist dieser Begriff doch sehr bedeutsam. Sie sollten sich vergewissern, daß Sie die Definition jetzt kennen. Die im Falle von .... getätigten Gesamtausgaben nennen wir Gesamt................. .

unveränderten Preisen
-nachfrage

5.13. Wie beeinflußt eine Änderung der Gesamtnachfrage das Preisniveau und das reale BSP? Nehmen wir an, die Volkswirtschaft befindet sich in der Ausgangslage im Zustand der Vollbeschäftigung. Dann muß natürlich das reale BSP dem .... BSP entsprechen.

potentiellen

5.14. Unterstellen wir nun eine Vergrößerung der Gesamtnachfrage. Das heißt, im Falle unveränderter Preise sind die Konsumenten, Unternehmungen und der Staat bereit, **(mehr/weniger)** Güter zu kaufen als vorher.

mehr

5.15. Da sich die Wirtschaft ursprünglich im Zustand der Vollbeschäftigung befand, wäre es den Produzenten **(möglich/nicht möglich)**, die Produktion auszudehnen, da ungenutzte, verfügbare Produktionsfaktoren **(vorhanden/nicht vorhanden)** sind.

nicht möglich

nicht vorhanden

5.16. Eine Zunahme der Gesamtnachfrage bedeutet also, daß die Käufer zu Basispreisen, d. h. zu den Preisen der Ausgangslage **(mehr/weniger)** Güter und Dienstleistungen zu kaufen versuchen, als überhaupt produziert werden können. In einer solchen Situation drückt der Wettbewerb unter den Käufern das Preisniveau nach **(oben/unten)**.

mehr

oben

5.17. Dieses Beispiel zeigt, daß immer dann, wenn die Gesamtnachfrage das in Basispreisen gemessene potentielle BSP übersteigt, das Preisniveau **(steigt/fällt)**. Inflation tritt also immer dann ein, wenn der Umfang der .... größer ist als das in Basispreisen gemessene ....

steigt
Gesamtnachfrage
potentielle BSP

5.18. Nehmen wir an, die Gesamtnachfrage würde sinken, anstatt zu steigen. Das heißt, daß die Nachfrager zu Basispreisen **(mehr/ weniger)** Güter und Dienstleistungen kaufen wollen als zuvor. Da Vollbeschäftigung unterstellt ist, bedeutet das, daß die Käufer zu

weniger

den Basispreisen (**mehr/weniger**) nachfragen als hergestellt werden kann.　　　weniger

5.19. Wenn die Märkte gut funktionieren, müßte jetzt die Konkurrenz unter den Herstellern die Preise (**herauf/herunter**) drücken. Auf vielen Märkten reagieren die Preise jedoch nicht sofort auf eine Verminderung der Ausgaben. Zwar reagieren die Anbieter auf Ausgabesteigerungen bei Vollbeschäftigung mit einer .... der Preise; sie sind jedoch häufig nicht willens, bei einer Verminderung der .... die Preise zu senken.

herunter-

Erhöhung
Ausgaben

5.20. Wenn Sie die Abb. 5.1 und 5.2 betrachten, stellen Sie z. B. fest, daß in der Periode von 1958 bis 1965 das BSP (**größer/kleiner**) als das potentielle BSP war und das Preisniveau (**gefallen/nicht gefallen**) ist.

kleiner
nicht gefallen

5.21. Impliziert das, daß in diesem Zeitraum überhaupt keine Preise gesunken sind? (**Ja/Nein**) Es bedeutet nur, daß das durchschnittliche .... nicht gesunken ist, obwohl die Gesamtnachfrage geringer war als das potentielle BSP zu Basispreisen.

Nein
Preisniveau

5.22. In den meisten Perioden, in denen das tatsächliche BSP unter dem potentiellen BSP lag, ist das Preisniveau nicht gefallen. Daraus läßt sich schließen, daß das Preisniveau dahin tendiert, (**starr/flexibel**) zu sein, wenn die Gesamtnachfrage unter das potentielle BSP absinkt.

starr

5.23. Eine sorgfältige Analyse der Abbildungen 5.1 und 5.2 zeigt, daß der offizielle Preisindex in den meisten Jahren, in denen das tatsächliche BSP unter dem potentiellen BSP lag, nicht gefallen sondern gestiegen ist. Sie sollten sich jedoch daran erinnern, daß der Deflationierungsfaktor des BSP Veränderungen in der Qualität des Ausstoßes nicht voll berücksichtigt; er tendiert deshalb dahin, die Inflationsrate um ein bis zwei Prozent zu (**über-/unter-**)treiben. Man sollte deshalb eine leichte Erhöhung des Deflationierungsfaktors des BSP, wie sie sich für die Zeit von 1958 bis 1960 feststellen läßt, (**als/nicht als**) Inflation im eigentlichen Sinne bezeichnen.

über-

nicht als

5.24. Im Falle von Arbeitslosigkeit ist das Preisniveau nicht völlig starr. Hier läßt sich ein Fallen des Preisniveaus feststellen. In Abbildung 5.1 können Sie erkennen, daß in der Zeit von 1930 bis 1933 das tatsächliche BSP (**auf der gleichen Höhe wie das/weit unter dem**) potentiellen BSP lag. Es war dies eine Zeit, in der die Gesamt-

weit unter dem

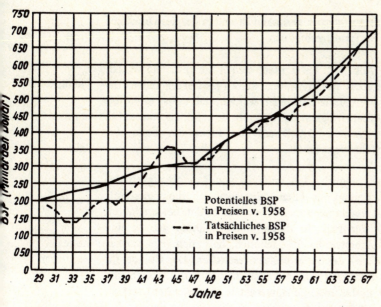

Abb. 5.1 Tatsächliches und potentielles BSP, 1929 – 1968 (Preise von 1958)

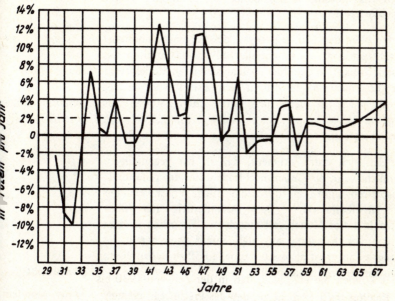

Abb. 5.2 Änderungen des Deflationierungsfaktors für das BSP 1930 – 1968

nachfrage sehr rasch und stark gesunken ist und in der der Druck auf
das Preisniveau sehr **(groß/gering)** war.   groß

5.25. Wenn Sie Abb. 5.2. betrachten, stellen Sie fest, daß in den
Jahren 1930 bis 1933 das Preisniveau stark **(gestiegen/gefallen)** ist.   gefallen
Dies kann als Beweis dafür angesehen werden, daß selbst wenn das
Preisniveau bei Arbeitslosigkeit dahin tendiert, ... zu sein, es bei   starr
einem genügend großen Druck auf die Preise im Falle der
Arbeitslosigkeit **(fällt/nicht fällt)**.   fällt

5.26. Es ist auch möglich, daß im Falle von Arbeitslosigkeit das
Preisniveau stärker steigt, als die ein oder zwei v. H., die man als mit
der Preisstabilität vereinbar ansieht. Das war in den beiden Jahren
1934 und 1937 der Fall. In diesen beiden Jahren gab es eine
(hohe/niedrige) Arbeitslosigkeit; dennoch ließ sich ein starkes   hohe
(Ansteigen/Absinken) des Preisniveaues feststellen. Die Gründe für   Ansteigen
ein Ansteigen des Preisniveaus in Fällen, in denen das tatsächliche
BSP niedriger ist als das potentielle, werden in Kapitel 12 erörtert.

5.27. Trotz einiger Ausnahmen, insbesondere in den 30er Jahren,
war es jedoch im allgemeinen so, daß immer dann, wenn das tatsächliche BSP unter das potentielle BSP abfiel, das ....   Preisniveau
unverändert geblieben ist.

5.28. Wir hatten oben den Schluß gezogen, daß bei einem Überhang
der Gesamtnachfrage über das potentielle BSP zu Basispreisen das
Preisniveau **(steigt/sinkt)**. In dem hier zu analysierenden Modell stellt   steigt
sich dasselbe Ergebnis ein. Es erhöht sich also sowohl in der
Wirklichkeit als auch in dem hier untersuchten Modell das   Gesamtnachfrage
Preisniveau, wenn die .... das ....   potentielle BSP
zu Basispreisen übersteigt.

5.29. Sie werden sich daran erinnern, daß in der gegenteiligen
Situation, nämlich wenn die Gesamtnachfrage unter das potentielle
BSP zu Basispreisen sinkt, das durchschnittliche Preisniveau der
Tendenz nach **(flexibel/starr)** ist. Diese Besonderheit einer Volks-   starr
wirtschaft wird in unser Modell mit eingebaut. Wir gehen in dem
Modell also von der Annahme aus, daß immer dann, wenn die
Gesamtnachfrage geringer ist als das potentielle BSP zu Basispreisen,
das Preisniveau **(sinkt/steigt/gleichbleibt)**.   gleichbleibt

5.30. In der Realität trifft es nicht zu, daß das Preisniveau niemals
fällt. In unserem Modell jedoch **(wird/wird nicht)** davon ausgegan-   wird

gen, daß das Preisniveau niemals fällt. Wenn Sie nochmals Abb. 5.2 betrachten, so können Sie sehen, daß der Deflationierungsfaktor für das BSP (**selten/oft**) gesunken ist. Die unserem Modell zugrundeliegende Annahme, das Preisniveau sei nach unten (**flexibel/starr**), ist folglich die Regel, aber nicht immer (**richtig/falsch**).

selten
starr
richtig

5.31. In der Realität steigt manchmal das Preisniveau, wenn die Gesamtnachfrage geringer ist als das potentielle BSP. In dem hier verwendeten Modell soll jedoch dieser Fall ausgeschlossen werden. In der Realität sind also (**hin und wieder/niemals**) Preissteigerungen eingetreten, wenn die Gesamtnachfrage unter dem potentiellen BSP zu Basispreisen lag, im Modell aber wird angenommen, daß in dieser Situation die Preise (**steigen/nicht steigen**).

hin und wiede

nicht steigen

5.32. Zusammengefaßt wird also in dem nachstehend diskutierten Modell unterstellt, daß im Falle einer das potentielle BSP übersteigenden Gesamtnachfrage das Preisniveau (**flexibel/starr**) ist und die Preise (**steigen/sinken/gleichbleiben**). Es wird außerdem angenommen, daß das Preisniveau unter anderen Umständen (**steigt/nicht steigt**).

flexibel
steigen
nicht steigt

5.33. Weiterhin wird in dem Modell die Annahme gemacht, das Preisniveau sei nach unten (**flexibel/starr**), was heißen soll, daß es (**fällt/nicht fällt**), wenn die Gesamtnachfrage unter das potentielle BSP zu Basispreisen absinkt.

starr
nicht fällt

5.34. Die Unterstellung eines nach unten starren Preisniveaus ist eine realistische Annahme, da Preisniveausenkungen bisher eher die (**Regel/Ausnahme**) als die (**Regel/Ausnahme**) gewesen sind. Darüber hinaus war das Verhalten des BSP in bezug auf das potentielle BSP in der Realität nicht grundlegend anders, wenn das Preisniveau fiel. Das ist darauf zurückzuführen, daß die Tendenz des Preisniveaus zur Starrheit nach unten die Preissenkungen innerhalb zu (**großer/kleiner**) Grenzen gehalten hat, so daß das tatsächliche BSP nicht mit dem potentiellen BSP im Gleichgewicht bleiben konnte.

Ausnahme   Regel

kleiner

5.35. Wenn sich die Volkswirtschaft in der Ausgangslage im Zustand der Vollbeschäftigung befindet, bedeutet ein Absinken der Nachfrage, daß, zu Basispreisen gerechnet, die Käufer (**mehr/weniger**) kaufen wollen als produziert werden kann.

weniger

5.36. Da die Preise beim Absinken der Nachfrage auf dem Ausgangsniveau verharren, sind die Produzenten (**in der Lage/nicht**

nicht in der Lage

in der Lage), so viele Güter und Dienstleistungen zu verkaufen wie zuvor. Deshalb lohnt es sich auch nicht mehr, eine so große Menge an .... einzusetzen wie vorher und so viele .... zu erstellen.

Produktionsfaktor
Güter und Dienstleistungen

5.37. Dieses Beispiel zeigt, daß im Falle des Absinkens der Gesamtnachfrage unter das potentielle, zu Basispreisen bewertete Sozialprodukt ein Teil der Produktionsfaktoren nicht .... wird und das tatsächliche BSP unter das .... fällt, sofern die Preise nach unten starr sind.

eingesetzt
potentielle BSP

5.38. Unterbeschäftigung ist also die Folge einer unter das .... zu Basispreisen sinkenden ....

potentielle BSP
Gesamtnachfrage

5.39. Zusammenfassend läßt sich sagen: Ob es Inflation, Arbeitslosigkeit oder Vollbeschäftigung ohne Inflation gibt, hängt vom Verhältnis zwischen .... und .... zu Basispreisen ab:
a) im Falle von Übernachfrage gibt es ....
b) sinkt die Gesamtnachfrage unter das potentielle BSP, dann tritt .... ein.
c) ist die Gesamtnachfrage gerade im Gleichgewicht mit dem potentiellen Angebot zu Basispreisen, dann herrscht .... ohne ....

Gesamtnachfrage
potentiellem BSP

Inflation

Arbeitslosigkeit

Vollbeschäftigung Inflation

5.40. Der Zustand der Volkswirtschaft hängt also entscheidend von der Höhe der .... ab. In Abb. 5.3 wird die

Gesamtnachfrage

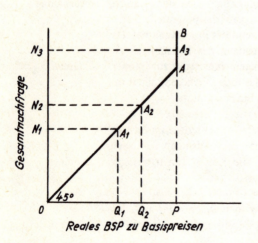

Abb. 5.3 Gesamtangebot

Abhängigkeit der Höhe des BSP von verschiedenen Niveaus der Gesamtnachfrage dargestellt.

5.41. In Abb. 5.3 ist auf der horizontalen Achse (Abszisse) das .... zu Basispreisen abgetragen. Jeder Punkt auf dieser Achse bedeutet einen Betrag an realem BSP, der durch den Abstand vom Nullpunkt gemessen wird.

reale BSP

5.42. So zeigt z. B. der Punkt Q_1 einen Umfang an realem BSP entsprechend der Länge von 0 bis Q_1 an. Das schreiben wir einfach $0Q_1$. Offensichtlich stellt Q_2 dann ein (**größeres/kleineres**) BSP dar als Q_1, da $0Q_2$ eine (**größere/kleinere**) Strecke ist als $0Q_1$.

größeres
größere

5.43. Der Punkt P auf der Abszisse stellt das Niveau des potentiellen BSP dar. In der in Abb. 5.3 widergegebenen Volkswirtschaft ist also das höchste erreichbare reale BSP gleich der Strecke ....

0P

5.44. Die vertikale Achse (Ordinate) in Abb. 5.3 mißt die ...., die den gesamten .... entspricht, die zu Basispreisen vorgenommen werden. Punkt N_3 z. B. bedeutet ein Gesamtnachfrageniveau von ($N_2N_3/0N_3$). Der Abschnitt N_2N_3 zeigt, um wieviel $0N_3$ größer ist als ....

Gesamtnachfrage
Ausgaben
$0N_3$
$0N_2$

5.45. In Abb. 5.3 sehen Sie eine geknickte Kurve, die, bei 0 beginnend, nach A geht und dann vertikal in Richtung B läuft. Diese Linie 0AB stellt das reale BSP zu Basispreisen (welches auf der .... abgetragen ist) als Ergebnis jedes möglichen Niveaus der Gesamtnachfrage (die auf der .... verzeichnet ist) dar.

Abszisse
Ordinate

5.46. Die Linie 0AB ist die Kurve des Gesamtangebots. Sie stellt also die Höhe des realen BSP zu Basispreisen dar, das bei jedem möglichen Niveau der .... angeboten wird.

Gesamtnachfrage

5.47. Wenn Sie somit das Niveau der Gesamtnachfrage kennen, können Sie die Höhe des realen BSP aus der Kurve des .... ersehen.

Gesamtangebots

5.48. Nehmen Sie z. B. in Abb. 5.3 eine Gesamtnachfrage von $0N_1$ an. Der zu diesem Nachfrageniveau gehörende Punkt auf der Gesamtangebotskurve ist .... Dieser Punkt liegt genau über dem Punkt .... auf der Abszisse. Das heißt, daß das angebotene reale BSP eine Höhe von .... hat.

A_1
Q_1
$0Q_1$

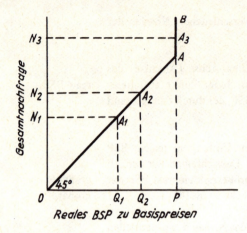

Abb. 5.3. Gesamtangebot

5.49. Wie aus Abb. 5.3 abzulesen ist, bildet der Abschnitt OA der Gesamtangebotskurve einen ..... Grad-Winkel mit den beiden Achsen. Aus diesem Grunde ergibt jedes, einem Punkt auf OA zuzuordnende Nachfrageniveau einen Betrag an realem BSP in gleicher Höhe. ON_1 ist beispielsweise der gleiche Betrag wie ....

45-

OQ_1

5.50. Wenn die Gesamtnachfrage von ON_1 auf ON_2 anwächst, dann steigt das reale BSP von .... auf .... Weil die Linie OA eine $45°$-Linie ist, entspricht der Steigerung N_1N_2 der Gesamtnachfrage ein gleichhoher Anstieg des realen BSP von ....

OQ_1 OQ_2

Q_1Q_2

5.51. Wie Sie wissen, sind wir in unserem Modell von der Annahme eines (**flexiblen/starren**) Preisniveaus für den Fall ausgegangen, daß die Gesamtnachfrage unter das potentielle BSP zu Basispreisen sinkt. Deswegen führt eine Verminderung der Gesamtnachfrage zu einem gleichhohen Rückgang der (**Ausbringung/Preise**). Das spiegelt in Abb. 5.3 die $45°$-Gerade wider, entlang derer eine Änderung der aggregierten Nachfrage von einer .... Änderung des realen BSP begleitet wird.

starren

Ausbringung

gleich großen

5.52. Ein Absinken der Gesamtnachfrage unter das reale BSP zu Basispreisen wird statt der (**Ausbringung/Preise**) die (**Ausbringung/Preise**) zurückgehen lassen. Eine Ausweitung der Gesamtnachfrage von einem Niveau unterhalb des potentiellen BSP zu Basispreisen wird nicht die Preise, sondern die Ausbringung erhöhen.

Preise
Ausbringung

5.53. Im Falle der Unterbeschäftigung wird also eine Ausdehnung der gesamten Nachfrage die Unternehmer (**veranlassen/nicht veranlassen**), die Preise zu erhöhen. Stattdessen werden sie mehr .... einsetzen und die .... vergrößern, um die gestiegene Nachfrage befriedigen zu können. Auch das läßt sich anhand der 45°-Geraden verfolgen, entlang derer eine steigende Gesamtnachfrage mit einer .... Steigerung des realen BSP einhergeht.

nicht veranlassen
Produktionsfaktoren
Ausbringung

gleich großen

5.54. Herrscht also Unterbeschäftigung, dann sind die Preise (**flexibel/starr**), und die Gesamtangebotskurve ist eine (**45 Grad-/vertikale**) Linie.

starr   45 Grad-

5.55. Nach dem Punkt A verläuft die Gesamtangebotskurve als .... Gerade. Das heißt, ganz gleich wie groß auch immer die Gesamtnachfrage ist, das reale BSP kann kurzfristig nicht über das durch Punkt .... angegebene Niveau hinauswachsen, wobei dieser Punkt direkt unter dem Punkt A liegt.

vertikale

P

5.56. Ist z. B. die Gesamtnachfrage in Abb. 5.3 gleich ON_3, dann ist .... der dazugehörige Punkt auf der Angebotskurve. Dieser liegt direkt oberhalb von Punkt .... auf der horizontalen Achse, was bedeutet, daß das reale BSP gleich ..... ist.

A_3
P
OP

5.57. Der Grund dafür, daß die Gesamtangebotskurve oberhalb von P vertikal verläuft, liegt darin, daß OP die Höhe des potentiellen BSP darstellt. Wie groß die Gesamtnachfrage auch immer sein mag, das reale BSP kann nicht größer als das .... BSP sein. Selbst wenn die Nachfrage größer ist als ON_3, ist das durch die Angebotskurve angezeigte reale BSP doch ...., was dem potentiellen BSP entspricht.

potentielle

OP

5.58. Der Unterschied zwischen einem Zuviel und einem Zuwenig an Gesamtnachfrage wird in Abb. 5.4 dargestellt, die zwei typische Fälle enthält. Hier mißt – genau wie in Abb. 5.3 – die Abszisse das .... zu Basispreisen. Auf der Ordinate ist die .... abgetragen.

reale BSP
Gesamtnachfrage

Die Gesamtangebotskurve hat wiederum zwei Abschnitte: Der eine bildet im Nullpunkt mit jeder Achse einen .....-Grad-Winkel, der andere ist eine Vertikale über Punkt P auf der Abszisse, womit das Niveau des .... BSP gekennzeichnet ist.

45

potentiellen

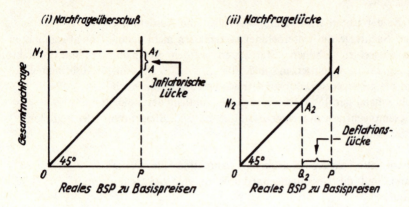

Abb. 5.3 Gesamtangebot

5.59. Im Falle (i) macht die Gesamtnachfrage einen Betrag in Höhe von ON_1 aus. Dieser gehört zu dem Punkt ...... auf der Gesamtangebotskurve. Wenn also die Gesamtnachfrage gleich ON_1 ist, ist das reale BSP gleich ......, und das ist das Niveau des .... BSP. Da das reale BSP gleich OP ist, herrscht in diesem Beispiel (ein/kein) Zustand der Vollbeschäftigung.

A_1

OP potentiellen

ein

5.60. Da nun A_1 auf dem vertikalen Abschnitt der Angebotskurve liegt, wissen Sie sofort, daß ON_1 (größer/kleiner) ist als OP. Das heißt, die Gesamtnachfrage ist (größer/kleiner) als das potentielle BSP.

größer
größer

5.61. Der Betrag, um welchen die Gesamtnachfrage das potentielle BSP übersteigt, ist .... Da eine Überschußnachfrage zur .... führt, nennen wir diesen Betrag in Abb. 5.3 die .... Lücke.

AA_1
Inflation
inflatorische

5.62. Immer wenn eine .... Lücke auftritt, besagt dies, daß die von den Konsumenten, Unternehmungen und dem Staat zu Basispreisen nachgefragte Ausbringung (größer/kleiner) ist als die mit den verfügbaren Produktionsfaktoren produzierbare. Eine solche Situation führt zu (Unterbeschäftigung/Vollbeschäftigung) mit ....

inflatorische

größer

Vollbeschäftigung
Inflation

5.63. Betrachten wir die Darstellung (ii). Hier beträgt die Nachfrage ON_2. Die Gesamtangebotskurve zeigt uns in diesem Fall das dazugehörige reale BSP mit .... an. Da diese Strecke (**größer/ kleiner**) ist als OP, ist das tatsächliche BSP (**größer/kleiner**) als das potentielle BSP.

$0Q_2$ kleiner
kleiner

5.64. Die Differenz zwischen tatsächlichem und potentiellem BSP ist in diesem Fall gleich der Strecke .... Wir bezeichnen sie in Abb. 5.4 als Deflationslücke.

Q_2P

5.65. Die .... mißt den Verlust an BSP, der daraus resultiert, daß wegen einer ungenügenden .... ein Zustand der .... entsteht.

Deflationslücke
Gesamtnachfrage
Unterbeschäftigung

5.66. Die beiden Fälle zeigen, daß es von der Höhe der .... abhängt, ob bei gegebenem potentiellem BSP Inflation oder Arbeitslosigkeit eintritt. Nur dann, wenn die Gesamtnachfrage gerade gleich dem potentiellen BSP zu Basispreisen ist, gibt es .... ohne .... Später werden die unserem Modell zugrunde liegenden Annahmen modifiziert. Dann werden Sie verstehen, warum es auch Zeiten mit steigendem Preisniveau trotz leichter Unterbeschäftigung gibt. Vorläufig werden wir jedoch das einfache Modell beibehalten.

Gesamtnachfrage

Vollbeschäftigung
Inflation

WIEDERHOLUNGSFRAGEN

5.1. Die Ausgaben, die Haushalte, Unternehmungen und Staat zu Basispreisen vornehmen wollen, ...

a) müssen gleich dem realen BSP zu Basispreisen sein.
b) stellen die Gesamtnachfrage dar.
c) sind im allgemeinen größer als die Gesamtnachfrage.
d) verursachen im allgemeinen Inflation.

5.2. Wenn die Gesamtnachfrage größer ist als das potentielle BSP, ...

a) muß das potentielle BSP zunehmen.
b) muß das reale BSP zunehmen.
c) muß die Arbeitslosigkeit zunehmen.
d) muß das Preisniveau steigen.

5.3. Bei Arbeitslosigkeit führt eine Verminderung der Gesamtnachfrage in erster Linie ...

a) zu einem Sinken des realen BSP.
b) zu einem Sinken des Preisniveaus.
c) zu einem Sinken des potentiellen BSP.
d) zu einer Verschiebung der Gesamtnachfragekurve.

5.4. Der Grund dafür, daß ein Steigen der Gesamtnachfrage nicht immer zu einer gleich großen Steigerung des realen BSP führt, ist darin zu sehen, daß ...

a) das potentielle BSP die obere Grenze für das tatsächliche BSP darstellt.
b) es nicht genügend Produktionsfaktoren gibt, um alle Niveaus des tatsächlichen BSPs zu realisieren.
c) die Unternehmer und die Besitzer der Produktionsfaktoren auch in der Weise reagieren können, daß sie die Preise der Produktionsfaktoren und der Güter und Dienstleistungen erhöhen, anstatt die Ausbringung zu steigern.
d) Alle drei genannten Alternativen treffen zu.

5.5. Ob Arbeitslosigkeit herrscht oder Inflation, wird bestimmt durch ...

a) die Höhe der Gesamtnachfrage.
b) die Höhe des potentiellen BSP.
c) das Verhältnis der Deflationslücke zu der inflatorischen Lücke.
d) die Höhe der Gesamtnachfrage im Verhältnis zum potentiellen BSP.

GESAMTNACHFRAGE UND GESAMTANGEBOT – II

6.1. Im vorigen Kapitel sind wir zu dem Schluß gekommen, daß es von der Beziehung zwischen .... und .... zu Basispreisen abhängt, ob in einer Volkswirtschaft Arbeitslosigkeit oder Inflation herrscht.
    Gesamtnachfrage potentiellem BSP

6.2. Wenn die Gesamtnachfrage größer ist als das potentielle BSP zu Basispreisen, gibt es ....
    Inflation

6.3. Ist die Gesamtnachfrage geringer als das potentielle BSP zu Basispreisen, hat dies .... zur Folge.
    Arbeitslosigkeit

6.4. Nur dann, wenn die .... weder größer noch kleiner ist als das potentielle BSP, kann es Vollbeschäftigung ohne Inflation geben.
    Gesamtnachfrage

6.5. Was bestimmt das Niveau der Gesamtnachfrage? Sie werden noch wissen, daß wir die Gesamtnachfrage als die gesamten .... definierten, die von Konsumenten, Unternehmungen und dem Staat bei unveränderten Preisen getätigt werden. Mit anderen Worten: Es handelt sich um die Summe aus Konsum, Investitionen und Staatsausgaben zu Basispreisen.
    Ausgaben

6.6. Sehen wir uns zunächst die Konsumausgaben an. Ganz offensichtlich wird die Höhe der Ausgaben für Güter und Dienstleistungen einer beliebigen Familie von vielen Faktoren beeinflußt, z. B. der Familiengröße, dem Alter der Familienmitglieder, den Präferenzen etc. Aber einer Einflußgröße kommt bei der Erklärung der Ausgabenunterschiede zwischen verschiedenen Familien eine besondere Bedeutung zu, nämlich dem Einkommen. Je höher das Einkommen ist, über das eine Familie verfügt, um so **(mehr/weniger)** gibt sie wahrscheinlich aus.
    mehr

6.7. Analysiert man die Gesamtausgaben aller Konsumenten, so erklärt diese Einflußgröße auch die meisten im Laufe der Zeit aufgetretenen Änderungen. Der Hauptgrund für die in der Vergangenheit erfolgten Steigerungen der Konsumausgaben ist im Wachstum der gesamten .... der Konsumenten zu suchen.　　Einkommen

6.8. Das gesamte den Konsumenten für Ausgabenzwecke zur Verfügung stehende Einkommen nennt man verfügbares Einkommen (der Konsumenten). Je größer das .... Einkommen ist, um　　verfügbare
so größer sind aller Wahrscheinlichkeit nach die gesamten
..................-ausgaben.　　Konsum

6.9. Nun hängt zwar die Höhe der Konsumausgaben eines beliebigen Jahres von der Höhe des .... Einkommens ab, doch　　verfügbaren
müssen diese beiden Größen nicht unbedingt gleich groß sein. Da die meisten Menschen einen Teil ihres Einkommens sparen, sind die Konsumausgaben gewöhnlich (**größer/kleiner**) als das verfügbare　　kleiner
Einkommen.

6.10. Weil die Konsumausgaben vom verfügbaren Einkommen abhängen, können wir auch sagen, die Konsumausgaben sind eine Funktion des verfügbaren Einkommens. Aus diesem Grunde wird die Relation von Konsumausgaben zum verfügbaren Einkommen als Konsumfunktion bezeichnet. Die Konsum-.................. gibt für　　funktion
jedes Niveau des verfügbaren Einkommens die dazugehörende Höhe
der .... an.　　Konsumausgaben

6.11. Die Konsumfunktion kann als Diagramm dargestellt werden wie in Abb. 6.1. In diesem Diagramm ist auf der Abszisse das
.... abgetragen worden, auf der Ordi-　　verfügbare Einkom
nate stehen die ....　　Konsumausgaben

6.12. Die Gerade OB ist eine vom Nullpunkt ausgehende ..... 　　45-
Grad-Linie. Daraus folgt, daß jeder auf dieser Geraden liegende Punkt Beträge an Konsumausgaben und verfügbarem Einkommen
wiedergibt, die .... sind.　　einander gleich

6.13. Die Gerade C ist die Konsumfunktion. Sie zeigt uns die zu jedem Niveau des verfügbaren Einkommens gehörende Größe der
.... an. Beträgt z. B. das verfügbare Einkommen　　Konsumausgaben
OY_2, dann sind die Konsumausgaben gleich ....　　OC_2

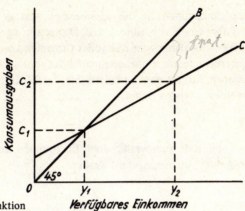

Abb. 6.1 Die Konsumfunktion

6.14. Die Gerade OB weist die zu jeder Einkommenshöhe gehörenden Konsumausgaben aus, die aus einer vollkommenen Verausgabung des verfügbaren Einkommens resultieren würden. Ist das verfügbare Einkommen gleich OY_2, dann sind die Konsumausgaben **(größer/geringer)** als das Einkommen, d. h. Teile des Einkommens OY_2 werden gespart. Der aus OY_2 gesparte Betrag entspricht der vertikalen Strecke zwischen der Geraden OB und der ....- funktion.

geringer

Konsum

6.15. Ist das verfügbare Einkommen OY_1, dann wird **(das ganze/ nicht alles)** Einkommen ausgegeben, da sich auf diesem Einkommensniveau die Konsumfunktion und die 45°-Linie schneiden. Für jede Einkommenshöhe unter OY_1 liegen die Konsumausgaben **(über/unter)** dem verfügbaren Einkommen. Einige Konsumenten geben zusätzlich zu ihrem verfügbaren Einkommen Teile früherer Ersparnisse aus.

das ganze

über

6.16. In Abb. 6.1 wird anhand der .... dargestellt, wie die Konsumausgaben vom .... abhängen.

Konsumfunktion
verfügbaren
Einkommen

6.17. Das verfügbare Einkommen ist nun wiederum eng verwandt mit dem in der Volkswirtschaft insgesamt entstandenen Einkommen. In Kap. I hatten wir schon betont, daß das Gesamteinkommen und der Marktwert der gesamten Produktion wegen des Kreislaufs von Einkommen und Ausgaben .... sein müssen. Daher muß das verfügbare Einkommen eine Verbindung mit dem Marktwert der gesamten Produktion, d. h. mit dem ...., aufweisen.

gleich groß

BSP

6.18. Das verfügbare Einkommen ist das Einkommen, das den .... für Käufe von Gütern und Dienstleistungen zur Verfügung steht. Wenn Sie daher vom BSP (oder Gesamteinkommen) das von den Unternehmungen einbehaltene und das vom Staat vereinnahmte Einkommen subtrahieren, erhalten Sie das Einkommen der Konsumenten, also deren ....

Konsumenten

verfügbares Einkommen

6.19. Das Verhältnis von BSP zum verfügbaren Einkommen der Konsumenten kann wie folgt zusammengefaßt werden:

BSP
abzüglich:
von Unternehmen einbehaltene Einkommen = { Abschreibung
+ Gewinne
./. direkte Unternehmungssteuern
./. Dividenden

abzüglich:
vom Staat vereinnahmtes Einkommen = { Steuern
./. Transferzahlungen

ist gleich: .... =
.... { Löhne, Gehälter, Zinsen, Mieten
+ Dividenden
./. direkte Steuern
+ Transferzahlungen

verfügbares Einkom der Konsumenten

6.20. Aus dieser Aufstellung ersieht man, daß das von jedem der drei Sektoren einer Volkswirtschaft verdiente Einkommen (**gleich/nicht gleich**) dem von jedem Sektor einbehaltenen Einkommen ist.

nicht gleich

6.21. Der Unternehmenssektor z. B. behält nur einen Teil der aus den Investitionen in Kapitalgüter und Boden verdienten Abschreibungen und Gewinne. Ein Teil wird an den Staat in Form direkter Unternehmungs-................... abgeführt, einen Teil bekommen die Eigentümer, die auch Konsumenten sind, als .... ausgezahlt.

steuern

Dividenden

6.22. Der Staat erhält ein Einkommen aus der Einnahme von ...., das er für Käufe von Gütern und Dienstleistungen

Steuern

verwenden kann. Zusätzlich zu den in Kapitel 1 schon angeführten indirekten Steuern nimmt er direkte Steuern von den Unternehmungen und den Haushalten ein. Die bei den Haushalten erhobenen Steuern umfassen Einkommenssteuern und Zahlungen für soziale Sicherheit.

6.23. Nicht das gesamte dem Staat auf dem Wege von Steuerzahlungen zufließende Einkommen steht für Käufe von Gütern und Dienstleistungen zur Verfügung, da ein Teil an die Konsumenten in Form von .... überwiesen wird. Deswegen ist das für den Staat verfügbare Einkommen gleich .... minus ....   Transferzahlungen Steuern Transferzahlungen

6.24. Das verfügbare Einkommen der Konsumenten als der vom BSP übrig bleibende Teil setzt sich zusammen aus den von den Konsumenten verdienten Einkommen plus Einkommensüberweisungen von den Unternehmungen und vom Staat minus Einkommensabführungen an den Staat. Das verdiente Einkommen erscheint in der Gestalt von Löhnen, ..., ... und .... Die Einkommenszahlungen seitens der Unternehmungen sind die ...., die Einkommenstransfers seitens des Staates sind die ....   Gehältern, Zinsen Mieten Dividenden Transferzahlungen

6.25. Das verfügbare Einkommen des Konsumenten entspricht also dem .... minus einbehaltene Einkommen der Unternehmungen, minus Steuern, plus Transferzahlungen. Je größer das BSP ist, um so **(größer/kleiner)** ist ceteris paribus auch das verfügbare Einkommen.   BSP größer

6.26. Da das Niveau des verfügbaren Einkommens eng mit dem Niveau des BSP zusammenhängt, kann der Konstruktion einer Konsumfunktion sowohl das BSP als auch das verfügbare Einkommen zugrunde gelegt werden. Oben hatten wir eine Konsumfunktion abgebildet, bei der sich die Konsumausgaben aus der Höhe des .... ableiten ließen. Beziehen wir in unsere Überlegungen den Zusammenhang von verfügbarem Einkommen zum BSP ein, dann können wir die Höhe der .... darstellen, die sich bei einer beliebigen Höhe des BSP ergibt.   verfügbaren Einkommens Konsumausgaben

6.27. Die Konsumfunktion auf der Basis des BSP wurde in Abb. 6.2 eingezeichnet. Darin zeigt die Abszisse zugleich das .... wie auch das verfügbare Einkommen. Die Konsumfunktion auf der Grundlage des realen BSP wird durch die Gerade C dargestellt. Wenn   reale BSP

das BSP $0Q_1$ ausmacht, gibt die Konsumfunktion die dazugehörigen
Konsumausgaben mit .... an.

$0C_1$

6.28. Die Gerade C* zeigt die Konsumausgaben für den Fall, daß auf
der horizontalen Achse statt des BSP das verfügbare Einkommen
abgetragen wird. Da das verfügbare Einkommen (**größer/kleiner**) als
das BSP ist, wird jeder gegebene Betrag des BSP — wie z. B. $0Q_1$ —
einem kleineren Betrag an verfügbarem Einkommen entsprechen, in
unserem Beispiel $0Y_1$. Die durch die Gerade C wiedergegebenen
Konsumausgaben bei einer BSP-Höhe von $0Q_1$ sind ....

kleiner

$0C_1$

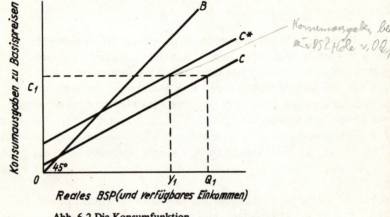

Abb. 6.2 Die Konsumfunktion

Die durch C* angegebenen Konsumausgaben bei dem verfügbaren
Einkommen $0Y_1$ (**müssen/brauchen nicht**) den gleichen Betrag
ausmachen.

müssen

6.29. Aus diesem Grund liegt C zwar parallel, aber (**oberhalb/unterhalb**) von C*. Nehmen wir an, ein verfügbares Einkommen von $ 500
Mrd. führt zu Konsumausgaben von $ 400 Mrd. Bei einem BSP von
$ 500 Mrd. liegt das verfügbare Einkommen (**über/unter**) $ 500 Mrd.
Daher betragen bei einem BSP in Höhe von $ 500 Mrd. die
Konsumausgaben (**mehr/weniger**) als $ 400 Mrd.

unterhalb

unter

weniger

6.30. Die Konsumfunktion C zeigt also, wie eine Komponente der
Gesamtnachfrage vom Niveau des BSP abhängt. Je höher das reale
BSP ist, um so (**höher/niedriger**) sind auch die Ausgaben, die die
Konsumenten zu Basispreisen tätigen wollen.

höher

6.31. Der Einfachheit halber soll angenommen werden, daß die Investitions- und Staatsausgaben von der Höhe des BSP unabhängig sind. Das heißt also, daß die .... und .... ausgaben sich nicht ändern, unabhängig davon, wie hoch das BSP ist.

Investitions- Staats

6.32. Die Unabhängigkeit dieser beiden Ausgaben vom BSP wird in Abb. 6.3. gezeigt. Das Diagramm (i) stellt die Investitionsfunktion I als (**horizontale/vertikale**) Gerade dar. Das heißt z. B., daß unabhängig davon, ob das BSP bei $0Q_1$ oder $0Q_2$ liegt, die Investitionsausgaben gleich ..... sind.

horizontale

$0I_1$

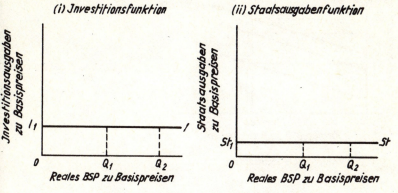

Abb. 6.3 Investitions und Staatsausgaben

6.33. Das Diagramm (ii) zeigt die Staatsausgabenfunktion St als eine .... Gerade. Sei es, das BSP liege bei $0Q_1$, bei $0Q_2$ oder bei irgendeiner anderen Höhe, die Staatsausgaben betragen ....

horizontale
$0St_1$

6.34. Da die Gesamtnachfrage den Gesamt.................. entspricht, die zu Basispreisen vorgenommen werden, entspricht sie der Summe aus .... , ... und .... -ausgaben.

-ausgaben

Konsum- Investitions-
Staats-

6.35. Die ....kurve erhält man, indem man die Konsum-, Investitions-, und Staatsausgabenfunktionen aus den Abb. 6.2. und 6.3. addiert. Man erhält dann die in Abb. 6.4. dargestellte GN-Kurve.

Gesamtnachfrage-

6.36. In Abb. 6.4. ist die C-Kurve die .... aus Abb. 6.2. Sie gibt für die verschiedenen Niveaus des realen BSP die Konsum.................. wieder, die von den Konsumenten vorgenommen werden.

Konsumfunktion

-ausgaben

6.37. Die C+I-Kurve erhält man, indem man zu den Konsumausgaben, die durch die C-Kurve für jede Höhe des realen BSP angegeben werden, die ....ausgaben addiert, welche durch die Investitionsfunktion in Abb. 6.3. (i) dargestellt werden. Die C+I-Kurve gibt die zu jedem Niveau des realen BSP gehörende Summe von .... − und ....-ausgaben an, die zu Basispreisen vorgenommen werden.

Investitions-

Investitions-
Konsum-

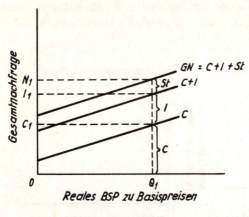

Abb. 6.4 Gesamtnachfrage

6.38. Die GN-Kurve schließlich erhält man, indem zu der .... Kurve die Staatsausgaben hinzuzählt werden, die durch die St-Kurve in Abb. 6.3. (ii) wiedergegeben werden. Die GN-Kurve gibt die Höhe der .... an, die sich zu Basispreisen bei den verschiedenen BSP- Niveaus ergibt.

C+I-

Gesamtnachfrage

6.39. Gehen wir von einem realen BSP von $0Q_1$ aus. Zu diesem realen BSP gehören Konsumausgaben von ...., Investitionsausgaben von .... und Staatsausgaben von .... Die Summe der Ausgaben, also die Gesamtnachfrage, ist gleich ....

OC_1
C_1I_1 I_1N_1
ON_1

6.40. Kombiniert man die Kurve der Gesamtnachfrage mit der Kurve des Gesamtangebots, die wir in Abb. 5.3 entwickelt haben, dann ergibt sich die Möglichkeit, das daraus hervorgehende Niveau des realen BSP zu erkennen und anzugeben, ob eine .... eintritt oder ein Zustand der .... herrscht. Das wollen wir in Abb. 6.5 ausführen.

Inflation
Arbeitslosigkeit

6.41. Wir wollen in Abb. 6.5 von einem Sozialprodukt von $0Q_0$ ausgehen und überlegen, was geschieht. Bei diesem Niveau des realen BSP ist die Gesamtnachfrage gleich ...., also (größer/kleiner) als das reale BSP. Das heißt, daß die von den Konsumenten bei diesem Niveau nachgefragte Menge an Gütern (größer/kleiner) ist als die tatsächlich produzierte Menge.

ON_0 größer

größer

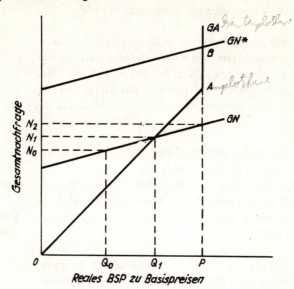

Abb. 6.5

6.42. Bei einem realen BSP von $0Q_0$ gibt es .... Produktionsfaktoren. Da die Gesamtnachfrage das reale BSP übersteigt, setzen die Unternehmer (mehr/keine) zusätzlichen Produktionsfaktoren ein und erhöhen die (Preise/Produktion).

unbeschäftigte

mehr
Produktion

6.43. Das reale BSP verbleibt also nicht bei $0Q_0$, da bei diesem Niveau die Gesamtnachfrage (größer/kleiner) ist als das Gesamtangebot. Das Verhalten der Unternehmer verursacht in einer solchen Situation ein (Wachstum/Sinken) des realen BSP.

größer

Wachstum

6.44. Solange das reale BSP unter $0Q_1$ liegt, ist die Gesamtnachfrage (größer/kleiner) als das Gesamtangebot, und das reale BSP (steigt/sinkt).

größer   steigt

6.45. Nehmen wir an, das reale BSP habe ursprünglich OP betragen. Hier ist die Gesamtnachfrage gleich ...., also (größer/kleiner)

ON_2 kleiner

als das reale BSP. Die Unternehmer stellen fest, daß sie mehr Güter produzieren, als sie verkaufen können. Sie (**vergrößern/vermindern**) deshalb das reale BSP, indem sie weniger Produktionsfaktoren einsetzen und die Produktion einschränken.

vermindern

6.46. Solange das reale BSP größer ist als $0Q_1$, bewirkt das Verhalten der Unternehmer eine (**Vergrößerung/Verringerung**) des BSP.

Verringerung

6.47. Da das reale BSP wächst, wenn es unter $0Q_1$ liegt, und sinkt, wenn es über $0Q_1$ hinausgeht, ist zu erwarten, daß sich das reale BSP auf das Niveau .... einpendelt. Dabei handelt es sich um einen Zustand, in dem die Gesamtnachfrage und das Gesamtangebot .... sind. Wir sprechen vom Gleichgewichtsniveau des realen BSP.

$0Q_1$

gleich groß

6.48. Das Niveau des realen BSP, bei dem die Gesamtnachfrage gleich dem Gesamtangebot ist, nennt man das .... des realen BSP. Eine Volkswirtschaft befindet sich im Gleichgewicht, wenn keine Tendenzen zu Änderungen bestehen. In Abb. 6.5 ist offensichtlich $0Q_1$ das einzige .... des realen BSP.

Gleichgewichts-
niveau

Gleichgewichts-
niveau

6.49. Unterstellen wir nun, in Abb. 6.5. verschiebe sich die Kurve der gesamten Nachfrage nach GN* und schneide die Gesamtangebotskurve im vertikalen Abschnitt AB. In dieser Lage entdecken die Unternehmer, daß die Käufer zu Basispreisen (**mehr/weniger**) Güter und Dienstleistungen kaufen wollen, als überhaupt produziert werden können. Da die Unternehmungen die Produktion nicht so weit ausdehnen können, daß die Gesamtnachfrage zu befriedigen ist, tritt (**Unterbeschäftigung/Inflation**) ein.

mehr

Inflation

6.50. Kurz gesagt, ob Inflation, Arbeitslosigkeit oder keines von beiden herrscht, hängt von der Lage der ....- und der .... kurve ab.

Gesamtnachfrage-
Gesamtangebots-

6.51. Im Falle einer Gesamtnachfragekurve GN* besteht eine .... Lücke in Höhe von ....., während im Falle einer Gesamtnachfragekurve GN eine ....lücke in Höhe von .... besteht.

inflatorische A
Deflations- Q_1

6.52. In der bisherigen Analyse hatten wir angenommen, daß die .... ausgaben die einzige Komponente der Gesamtnachfrage

Konsumwaren, die sich zusammen mit dem realen BSP verändert. Dagegen hatten wir angenommen, daß sowohl die Investitions- als auch die Staatsausgaben vom realen BSP (**unabhängig/abhängig**) sind.   unabhängig

6.53. Die Investitionsausgaben sind aber in der Realität von der Höhe des realen BSP nicht unabhängig. Die Unternehmungen werden vom Gewinnmotiv geleitet. Sie nehmen infolgedessen Investitionsausgaben nur dann vor, wenn sie erwarten können, daraus einen .... zu erzielen. Wie gewinnträchtig jedoch eine Investition erscheint, hängt von den Erwartungen der Unternehmer im Hinblick auf die Nachfrage nach dem Gut ab, das mit Hilfe des neu eingesetzten Kapitals erzeugt werden soll. Je optimistischer die erwartete Nachfrage eingeschätzt wird, desto höher ist auch der ...., den man aus dieser Investition zu erzielen hofft.   Gewinn

Gewinn

6.54. Wenn das reale BSP hoch ist, ist wahrscheinlich auch die erwartete Nachfrage hoch. Deshalb erscheinen auch mehr .... ausgaben gewinnversprechend.   Investitions-

6.55. Im Falle eines hohen realen BSP stellen die Unternehmungen außerdem fest, daß ihre Produktionsanlagen (**voll/nicht voll**) ausgelastet sind. Die Vornahme neuer Investitionen wird deshalb (**dringlicher/weniger dringlich**) erscheinen als im Falle einer niedrigen Ausbringung und einer unter der Kapazitätsgrenze liegenden Auslastung.   voll

dringlicher

6.56. Je höher das reale BSP ist, desto (**höher/niedriger**) sind deshalb auch die Investitionsausgaben.   höher

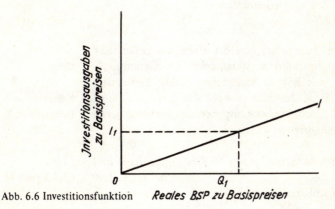

Abb. 6.6 Investitionsfunktion

6.57. Es ist möglich, eine Investitionsfunktion zu konstruieren, die die Abhängigkeit der Investitionsausgaben vom realen BSP wiedergibt. Sie wird in Abb. 6.6 dargestellt. In diesem Diagramm stellt die I-Kurve die Investitions.................... dar. Sie gibt für jedes Niveau des .... die Investitionsausgaben zu Basispreisen wieder.
-funktion
realen BSP

6.58. Liegt das reale BSP z. B. bei $0Q_1$, so liegen die .... bei ....
Investitionsausgaben $0I_1$

6.59. Auch wenn man annimmt, daß sowohl die Konsum- wie auch die Investitionsausgaben von der Höhe des .... abhängig sind, ist es möglich, eine Gesamtnachfragekurve zu konstruieren, indem man die C-, I- und St-Kurven addiert. Diese Konstruktion wird in Abb. 6.7 dargestellt.
realen BSP

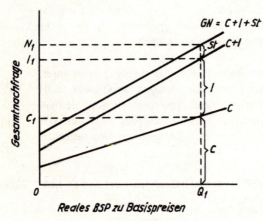

Abb. 6.7 Gesamtnachfrage

6.60. Ebenso wie im Falle einer von der Höhe des realen BSP unabhängigen Investitionsfunktion (**steigt/sinkt**) die Gesamtnachfrage, wenn sich das reale BSP zu Basispreisen erhöht. Der einzige Unterschied besteht darin, daß jetzt sowohl die .... als auch die ....ausgabenkomponenten zunehmen, wenn das reale BSP zu Ausgangspreisen wächst.
steigt

Konsum-
Investitions-

6.61. Auch hier gilt, daß der Schnittpunkt der Gesamtnachfrage- und Gesamtangebotskurve die ....höhe des realen BSP bestimmt. Das wird in Abb. 6.8. gezeigt.
Gleichgewichts-

88

6.62. Ein reales BSP in Höhe von $0Q_0$ entspricht nicht dem
Gleichgewichtsniveau, weil Gesamt.............. und Gesamt- -nachfrage
.... nicht gleich groß sind und das reale BSP deshalb dahin -angebot
tendiert, (**zu steigen/zu fallen**). zu steigen

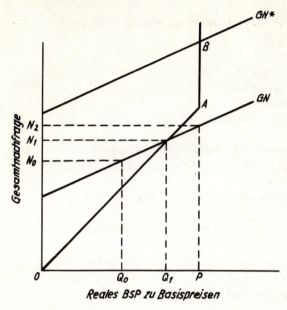

Abb. 6.8 Gesamtnachfrage und Gesamtangebot

6.63. Ist das reale BSP gleich 0P, ist die/das Gesamt.............. angebot
höher als die/das Gesamt.............. und das reale BSP tendiert nachfrage
dahin, zu (**steigen/fallen**). Auch 0P kann also nicht den .... fallen   Gleichge-
.... wert des realen BSP darstellen. wichts-

6.64. Der einzige Wert des realen BSP, der einem Gleichgewichtsniveau entsprechen kann, ist .... Bei dieser Höhe gibt es jedoch $0Q_1$
eine ....lücke in Höhe von .... Deflations- Q_1P

WIEDERHOLUNGSFRAGEN

6.1. Bei einer gegebenen Höhe des BSP zu Basispreisen, hängen die
Konsumausgaben, die die Haushalte vornehmen wollen, von der
Höhe der ... ab.

a) Steuern
b) Transferzahlungen
c) Dividenden
d) Alle genannten Alternativen treffen zu.

6.2. Wenn das reale BSP zu Basispreisen steigt, wird die Gesamtnachfrage ...

a) abnehmen.
b) um eine größere Menge ansteigen.
c) um die gleiche Menge ansteigen.
d) um eine geringere Menge ansteigen.

6.3. Wenn in einer Volkswirtschaft keine Vollbeschäftigung herrscht und die Gesamtnachfrage und das reale BSP nicht gleich groß sind, ...

a) wird sich die Gesamtnachfrage verändern, das reale BSP wird jedoch gleichbleiben.
b) wird sich das reale BSP verändern, die Gesamtnachfrage wird jedoch gleichbleiben.
c) werden sich sowohl die Gesamtnachfrage wie auch das reale BSP verändern.
d) befindet sich diese Volkswirtschaft im Gleichgewicht.

6.4. Wenn in einer Volkswirtschaft Vollbeschäftigung herrscht und die Gesamtnachfrage und das reale BSP nicht gleich groß sind, ...

a) werden die Preise steigen.
b) wird die Gesamtausbringung sinken.
c) wird entweder a) oder b) eintreten.
d) werden sowohl a) wie auch b) eintreten.

6.5. In einer Volkswirtschaft herrscht Vollbeschäftigung ohne Inflation, wenn die Gesamtnachfrage gleich ... ist.

a) dem Gesamtangebot
b) dem realen BSP
c) dem potentiellen BSP
d) den Gesamtausgaben

7

DER MULTIPLIKATOR

7.1. In den Kapiteln 5 und 6 haben Sie gelernt, daß bei gegebenem potentiellen BSP die Höhe des realen BSP von der Höhe der .... abhängt. — Gesamtnachfrage

7.2. Wenn die Gesamtnachfrage hinter dem potentiellen BSP zu Basispreisen zurückbleibt, dann ist das reale BSP **(kleiner als das/gleich dem)** potentielle(n) BSP, und ein Teil der Produktionsfaktoren bleibt .... — kleiner als das; unbeschäftigt

7.3. Übersteigt die Gesamtnachfrage das potentielle BSP zu Basispreisen, dann ist das reale BSP **(größer als das/gleich dem)** potentielle(n) BSP, und es gibt .... — gleich dem; Inflation

7.4. Nur wenn die Gesamtnachfrage gleich dem potentiellen BSP zu Basispreisen ist, herrscht weder .... noch .... — Unterbeschäftigung; Inflation (oder umgekehrt)

7.5. In der Darstellung des einfachen Modells einer Volkswirtschaft in Abb. 7.1 liegt das Gleichgewichtsniveau des realen BSP bei dem Punkt, an dem die Gesamtnachfragekurve die Gesamtangebotskurve schneidet. Im Falle der aggregierten Nachfragekurve GN_1 liegt der Gleichgewichtspunkt des realen BSP bei ..... . — 0Q

7.6. Wenn das reale BSP vom Gleichgewicht abweicht, ist die Gütermenge, die Konsumenten, Unternehmungen und Staat zu kaufen wünschen, **(gleich/nicht gleich)** der Menge der produzierten Güter und Dienstleistungen. In diesem Fall passen die Unternehmer die Produktion an, um den Ansprüchen der Gesamtnachfrage genügen zu können, und das reale BSP paßt sich dem .... an. — nicht gleich; Gleichgewichtspunkt

7.7. In Abb. 7.1 kann also das reale BSP auf die Dauer nicht von OQ abweichen, jedenfalls solange nicht, wie die Gesamtnachfragekurve gleich .... ist. Abgesehen von kurzfristigen Abweichungen vom Gleichgewicht kann sich das reale BSP nur dann ändern, wenn sich die .... kurve verlagert.

GN_1

Gesamtnachfrage

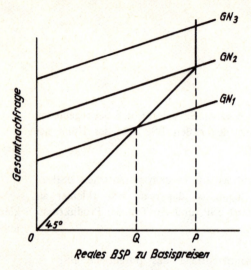

Abb. 7.1 Gesamtnachfrage und Gesamtangebot

7.8. Wenn sich die Kurve der aggregierten Nachfrage von GN_1 nach GN_2 verschiebt, wächst das reale BSP von .... auf ....

OQ OP

7.9. Wäre die Gesamtnachfrage im Ausgangszustand GN_3 gewesen, dann wäre es zur Beseitigung der Inflationslücke notwendig, daß die Gesamtnachfragekurve sich nach (unten/oben) verlagert. Verschiebt sie sich nach GN_2, wird die Inflation vermieden. Verschiebt sie sich nach GN_1, tritt zwar ebenfalls keine Inflation ein, die Folge ist jedoch ....

unten

Unterbeschäftigu

7.10. Die Gesamtnachfrage umfaßt die Ausgaben, die Konsumenten, Unternehmungen und Staat zu Basispreisen tätigen. Je höher das reale BSP ist, desto (größer/kleiner) ist die Gesamtnachfrage. Ein Grund hierfür besteht darin, daß bei einer Steigerung des realen BSP auch das .... Einkommen steigt und damit auch die .... ausgaben.

größer

verfügbare
Konsum-

7.11. Im letzten Kapitel hatten wir zunächst angenommen, daß die Investitionsausgaben unabhängig vom .... sind.   realen BSP

Gegen Ende des Kapitels wurde diese Annahme durch die realistischere Annahme ersetzt, daß die .... ausgaben ebenso wie die Konsumausgaben zunehmen, wenn das .... steigt. In diesem Kapitel werden wir hauptsächlich diese realistische Annahme zugrundelegen.   Investitions- reale BSP

7.12. Eine Vergrößerung des realen BSP führt zu einem Anstieg der .... Eine solche Änderung der Gesamtnachfrage wird induzierte Ausgabenänderung genannt, da sie von einer Änderung des .... induziert oder hervorgerufen wird.   Gesamtnachfrage

realen BSP

7.13. Einen Anstieg der Gesamtnachfrage, der durch andere Faktoren als die Vergrößerung des realen BSP verursacht wird, nennt man eine autonome Ausgabenänderung. Der Unterschied zwischen einer induzierten und einer autonomen Änderung der Gesamtnachfrage liegt also darin, daß eine .... Änderung durch eine Änderung des realen BSP hervorgerufen wird, eine .... Änderung dagegen von anderen Faktoren verursacht wird.   induzierte

autonome

7.14. Wenn die Investitionsausgaben und deshalb auch die Gesamtnachfrage infolge eines Wachstums des realen BSP ansteigen, bezeichnen wir das als eine .... Nachfragesteigerung. Erfolgt die Ausdehnung des Investitionsvolumens, weil eine neue Erfindung Investitionen in Maschinen gewinnbringender erscheinen läßt, dann handelt es sich um eine .... Erhöhung der Gesamtnachfrage.   induzierte

autonome

7.15. In bezug auf die Gesamtnachfragekurve, bezeichnen wir eine Bewegung entlang der Kurve bei Änderungen des realen BSP als eine .... Gesamtnachfrageänderung.   induzierte

7.16. Wie kann man eine autonome Änderung der gesamten Nachfrage graphisch darstellen? Gehen wir davon aus, daß alle Konsumenten plötzlich einen größeren Teil ihres Einkommens ausgeben. Das bedeutet, daß bei jedem beliebigen Niveau des realen BSP die gesamten Konsumausgaben (**höher/niedriger**) sind als zuvor. Oder anders ausgedrückt, die Konsumfunktion verschiebt sich nach (**oben/unten**).   höher

oben

7.17. Ein solches verändertes Verhalten der Konsumenten wird in Fig. 7.2 (i) dargestellt, in der sich die .... von C_1 nach C_2 verlagert.

Konsumfunktion

7.18. Da sich die Gesamtnachfrage aus dem Konsum, den Investitionen und den Staatsausgaben zusammensetzt, verursacht eine Verschiebung der Konsumfunktion von C_1 nach C_2 eine .... der ....-kurve von GN_1 nach GN_2. Dabei ist natürlich (**eine/keine**) autonome Änderung der Investitions- und Staatsausgaben unterstellt worden.

Verschiebung
Gesamtnachfrage
keine

7.19. In diesem Beispiel rief eine Änderung der Konsumentenpräferenzen eine Änderung der Gesamtnachfrage und damit eine (**Verlagerung/Bewegung entlang**) der Gesamtnachfragekurve hervor. In der Tat wird jede .... Änderung der Konsumausgaben eine Verschiebung der Gesamtnachfragekurve zur Folge haben.

Verlagerung
autonome

7.20. Nehmen wir nun an, die Konsumenten machten sich über eine mögliche Depression Gedanken und entschieden sich dafür, mehr aus dem gegenwärtigen Einkommen zu sparen, also weniger zu konsumieren, um für den Notfall gerüstet zu sein. Das wäre eine .... Ausgabenänderung und würde sowohl eine (**Verlagerung/Bewegung entlang**) der Konsumfunktion als auch der Gesamtnachfragekurve bedingen.

autonome
Verlagerung

7.21. Angenommen, die Depression sei tatsächlich eingetreten und das Absinken des BSP und des verfügbaren Einkommens verursache

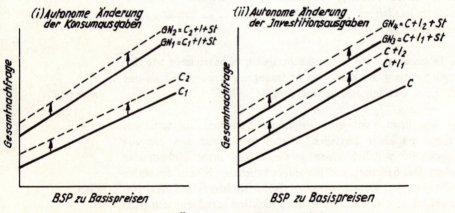

Abb. 7.2 Autonome Änderungen der Gesamtnachfrage

eine Verminderung der Konsumausgaben. Das ist dann eine .... Ausgabenänderung und zieht sowohl eine (**Verlagerung/Bewegung entlang**) der Konsumfunktion als auch der Kurve der Gesamtnachfrage nach sich.

induzierte
Bewegung entlang

7.22. Änderungen der Investitionsausgaben können analog analysiert werden. Von Schwankungen des realen BSP hervorgerufene Änderungen sind .... Änderungen, von anderen Faktoren verursachte Änderungen bezeichnet man als ....

induzierte
autonom

7.23. Nehmen wir an, eine Reihe von neuen Erfindungen ließe Investitionen in Kapitalgüter gewinnbringender erscheinen. Diese Steigerung der Rentabilität der Investitionen bedeutet, daß die Unternehmungen bei allen BSP-Niveaus (**höhere/niedrigere**) Investitionsausgaben tätigen werden als vorher. Deshalb verlagert sich die Investitions-.................. nach oben.

höhere

funktion

7.24. Obwohl in Abb. 7.2 (ii) die ....funktion unverändert bleibt, hebt die .... funktion die $C + I_1$-Kurve auf $C + I_2$ und die Kurve der Gesamtnachfrage von .... auf ....

Konsum-
Investitions-
GN_3 GN_4

7.25. Die Konsum- und die Investitionsausgaben werden von einer Anzahl von Faktoren beeinflußt, zu denen auch das Niveau des realen BSP gehört. Ändert sich das reale BSP, so wird dadurch eine .... Änderung der Konsum- und Investitionsausgaben hervorgerufen. Das äußert sich als eine (**Verlagerung/Bewegung entlang**) der Gesamtnachfragekurve.

induzierte
Bewegung entlang

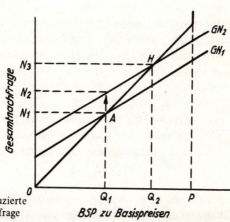

Abb. 7.3 Autonome und induzierte Änderungen der Gesamtnachfrage

7.26. Eine Änderung eines der anderen Faktoren bedingt eine .... Änderung der Konsum- und/oder der Investitionsausgaben. Das äußert sich dann als (**Verlagerung/Bewegung entlang**) der Kurve der Gesamtnachfrage.

autonome
Verlagerung

7.27. Wie wirkt sich eine autonome Änderung der Gesamtnachfrage aus? In Abb. 7.3 wird ein autonomer Anstieg durch eine nach oben gerichtete Verlagerung der Gesamtnachfragekurve von GN_1 nach GN_2 wiedergegeben. Auf der Ordinate ist das Maß dieser Verlagerung angegeben; es beträgt ....

N_1N_2

7.28. Der Effekt dieser Verschiebung der Gesamtnachfragekurve besteht darin, daß sich der Schnittpunkt der Nachfragekurve mit der Gesamtangebotskurve von .... nach .... verlagert. Das bedeutet also, daß das Ergebnis der Verlagerung von GN_1 nach GN_2 darin besteht, daß die gesamte Nachfrage von .... auf .... steigt.

A   H

ON_1 ON_3

7.29. Die autonome Erhöhung der Gesamtnachfrage in der Höhe von .... führt also zu einem Gesamtanstieg der aggregierten Nachfrage von .... Wie Sie deutlich erkennen können, ist der Gesamtanstieg (**größer als die/gleich der**) autonome(n) Erhöhung. Da Unterbeschäftigung herrscht, ist der Anstieg des realen BSP (**größer als die/gleich der**) autonome(n) Erhöhung der Gesamtnachfrage.

N_1N_2
N_1N_3
größer als die
größer als die

7.30. Wie kommt es nun, daß eine autonome Vergrößerung der Gesamtnachfrage zu einer insgesamt größeren Ausweitung der Gesamtnachfrage und des realen BSP führen kann? Da Unterbeschäftigung besteht, resultiert aus dem autonomen Anstieg der Gesamtnachfrage zunächst ein gleichhoher Anstieg des .... Aber diese Vergrößerung des realen BSP induziert ein weiteres Steigen der Gesamtnachfrage. Oder anders ausgedrückt, ein autonomer Anstieg der Gesamtnachfrage führt zu einer Ausweitung des realen BSP, die nun ihrerseits eine .... Vergrößerung der Gesamtnachfrage bewirkt.

realen BSP

induzierte

7.31. Diese induzierte Vergrößerung der Gesamtnachfrage hat jetzt einen weiteren Anstieg des realen BSP zur Folge, der wiederum zu einer weiteren .... Vergrößerung der Gesamtnachfrage führt.

induzierten

7.32. Dieser Prozeß kann aus Abb. 7.4 abgelesen werden. Hier ergibt die autonome Erhöhung der Gesamtnachfrage von AB zunächst einen gleichgroßen Anstieg des realen BSP von ..... . Daraus resultiert nun eine induzierte Vergrößerung der Gesamtnachfrage von ....., die wiederum zu einer Ausweitung des realen BSP von ..... führt. Das setzt sich fort, bis der Punkt ..... erreicht ist.

BC
CD
DE
H

7.33. Insgesamt steigt die aggregierte Nachfrage also um die .... Erhöhung von AB plus den .... Änderungen der Gesamtnachfrage von CD, EF etc.

autonome
induzierten

7.34. Analog dazu setzt sich die Vergrößerung des realen BSP zusammen aus ....., ..., ... etc.

BC DE FG

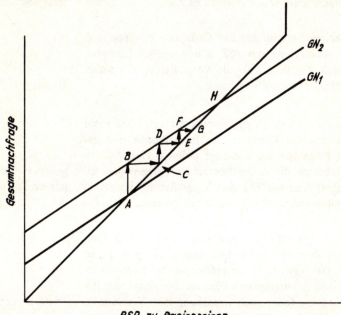

Abb. 7.4 Der Multiplikator

7.35. Abb. 7.4 macht deutlich, daß eine autonome Änderung der Gesamtnachfrage einen vervielfachenden Effekt auf das reale BSP hat. Diesen vervielfachenden Effekt nennt man auch kurz den Multiplikator. Der Multiplikator gibt an, wieviel mal der Gesamtanstieg des realen BSP größer ist als die .... Erhöhung der Gesamtnachfrage.

autonome

7.36. Wenn ein autonomer Nachfrageanstieg von 10 Mrd. Dollar eine Gesamtausweitung des realen BSP von 30 Mrd. Dollar verursacht, dann ist der .... gleich drei. Führt eine autonome Verminderung der Gesamtnachfrage von 5 Mrd. Dollar zu einem Rückgang des realen BSP um insgesamt 10 Mrd. Dollar, dann ist der .... gleich ....

Multiplikator

Multiplikator

7.37. Der Grund für die Existenz eines Multiplikators ist darin zu sehen, daß eine autonome Vergrößerung der Gesamtnachfrage eine Ausweitung des realen BSP bedingt, die ihrerseits zu einer .... Ausdehnung der Gesamtnachfrage führt, wodurch das .... vergrößert wird, was wiederum zu einem .... usw.

induzierten

reale BSP

7.38. Zunächst könnten Sie nun auf den Gedanken kommen, daß dieser Prozeß der Ausweitung des BSP sich unendlich fortsetzt. Abb. 7.4 zeigt jedoch deutlich, daß jede Vergrößerung des realen BSP (**größer/kleiner**) ist als die vorhergehende.

kleiner

7.39. Das kommt daher, daß eine Vergrößerung des realen BSP nicht gleichgroße Erhöhungen des Konsums, der Investitionen und der Staatsausgaben zur Folge hat. Sie induziert vielmehr eine Ausweitung der Gesamtnachfrage, die vergleichsweise (**größer/geringer**) ist. Das heißt, (**die gesamte/nur ein Teil der**) Vergrößerung des realen BSP bzw. des Gesamteinkommens wird wieder ausgegeben.

geringer

nur ein Teil der

7.40. Im allgemeinen geben die Konsumenten (**einen Teil des/den gesamten**) Anstieg(s) der verfügbaren Einkommen aus und sparen (**einen Teil/nichts**). Das Verhältnis: Vergrößerung der Konsumausgaben zur Vergrößerung des verfügbaren Einkommens nennt man die marginale Konsumneigung (oder auch Grenzhang zum Verbrauch), kurz MKN. Da ein Teil des zusätzlichen verfügbaren Einkommens gespart wird, muß die .... kleiner als 1 sein.

einen Teil des

einen Teil

MKN

7.41. Zur Vereinfachung nehmen wir an, daß der gesamte Anstieg des realen BSP sich als Anstieg des verfügbaren Einkommens niederschlägt. Gemäß dieser Annahme ist dann das Verhältnis von induzierter Vergrößerung der Konsumausgaben zu der Vergrößerung des realen BSP die .... Wenn beispielsweise eine Ausdehnung des realen BSP von 3 Mrd. Dollar eine Ausdehnung der Konsumausgaben von 2 Mrd. Dollar induziert, dann ist die MKN gleich ..... . Unter unserer vereinfachten Annahme ist also das Verhältnis:

MKN

2/3

$$\frac{\text{Veränderung der Konsumausgaben}}{\text{Veränderung des realen BSP}} = \ldots\ldots\ldots ,$$ MKN

oder, wenn wir das Sysmbol Δ für „Veränderung" wählen,[1]

$$\frac{\Delta C}{\Delta BSP} = \ldots\ldots\ldots .$$ MKN

7.42. Die MKN sagt aus, in welchem Umfang (**autonome/induziertes**) Konsumausgaben durch eine Änderung des realen BSP hervorgerufen werden. Wenn die MKN gleich 1/2 ist, dann führt ein Absinken des realen BSP um 100 Mrd. Dollar zu einem Absinken der Konsumausgaben von ..... Mrd. Dollar.

induzierte

50

7.43. Analog zu diesem Konzept drückt die auf einen Anstieg des realen BSP bezogene marginale Investitionsneigung (MIN) aus, wie hoch die von einer Änderung des realen BSP induzierten ....ausgaben sind. In Symbolen ausgedrückt also:

Investitions-

$$\frac{\Delta I}{\Delta BSP} = \ldots\ldots\ldots .$$ MIN

7.44. Wenn eine Veränderung des realen BSP um 10 Mrd. eine Erhöhung der Investitionsausgaben von 1 Mrd. nach sich zieht, dann ist die MIN = ...

1/10 (0,1)

7.45. Bei der vereinfachenden Annahme, daß die Investitionsausgaben von der Höhe des realen BSP unabhängig sind, führt eine Steigerung des realen BSP nicht zu einer .... der Investitionsausgaben. Das bedeutet, daß die MIN gleich .... ist.

Erhöhung
null

7.46. Von den Staatsausgaben nimmt man nicht an, daß sie in einer vorherbestimmbaren Weise auf Änderungen des realen BSP reagieren. Wir gehen also davon aus, daß eine Änderung des realen BSP (**eine/keine**) Änderung der Staatsausgaben auslöst. In Symbolen:

keine

$$\frac{\Delta St}{\Delta BSP} = 0$$

7.47. Der Umfang der induzierten Gesamtnachfrage, den ein sich änderndes reales BSP bewirkt, hängt also zum einen von der ....

MKN

[1] Δ = griechisch Delta

und zum anderen von der .... ab. Wenn z. B. die MKN 4/10 und die MIN 1/10 ausmachen, führt eine Vergrößerung des realen BSP von 10 Mrd. Dollar zu einer Konsumausgabensteigerung von .... Mrd. Dollar, einer Investitionsausgabensteigerung von .... Mrd. Dollar und einer Erhöhung der Gesamtnachfrage um .... Mrd. Dollar.

MIN

4
1
5

7.48. Die aus dem gestiegenen realen BSP resultierende Nachfragesteigerung ist von der Summe von .... und .... abhängig. In Symbolen:

MKN   MIN

$$\frac{\Delta \text{GN}}{\Delta \text{BSP}} = \ldots\ldots + \ldots\ldots$$

MKN   MIN

7.49. Die Summe aus MKN und MIN kann man auch als marginale Ausgabenneigung in bezug auf eine Sozialproduktänderung (abgekürzt MAN) bezeichnen. In Symbolen:

$$\frac{\Delta \text{ GN}}{\Delta \text{BSP}} = \ldots\ldots \text{. Dabei ist MAN} = \ldots\ldots + \ldots\ldots .$$

MAN   MKN

7.50. Da eine induzierte Veränderung der Gesamtnachfrage kleiner ist als die sie bedingende Veränderung des realen BSP, ist die MAN (**größer als/gleich/kleiner als**) eins.

kleiner als

7.51. Eben weil die MAN kleiner als eins ist, werden die sukzessive erfolgenden Steigerungen des realen BSP im Multiplikatorprozeß immer (**größer/kleiner**). Das läßt sich aus Tabelle 7.1 erkennen, die den Multiplikatoreffekt einer .... Erhöhung der Konsumausgaben um 10 ausweist, wobei eine MKN von 4/10 und eine MIN von 1/10 unterstellt wurde.

kleiner
autonomen

7.52. Tabelle 7.1 zeigt die nacheinander auftretenden Änderungen der Konsumausgaben (=Δ C), der Investitionsausgaben (=Δ I), der Gesamtnachfrage (= Δ GN) und des realen BSP (= Δ BSP). In diesem Beispiel wird von der Annahme ausgegangen, daß eine ausreichende Menge unbeschäftigter Produktionsfaktoren vorhanden ist, so daß eine Vergrößerung der Gesamtnachfrage immer eine Vergrößerung des .... zur Folge hat.

realen BSP

7.53. In der ersten Periode ist Δ C gleich ...., wobei es sich um die .... Vergrößerung der Konsumausgaben handelt, die den

10
autonome

Multiplikatorprozeß auslöst. Da keine autonome Änderung der Investitionen erfolgt, ist ΔI in der ersten Periode gleich ...., ΔGN ist gleich ...., und ΔBSP ist gleich .... .

null
10 10

7.54. Die Ausdehnung des realen BSP infolge der Konsumausweitung in der ersten Periode bewirkt nun eine .... Erhöhung der Gesamtnachfrage in der zweiten Periode.

induzierte

Tabelle 7.1

Der Multiplikator einer autonomen Vergrößerung der Konsumausgaben

$$\begin{aligned} MKN &= 4/10 \\ MIN &= 1/10 \\ MAN &= 5/10 \end{aligned}$$

PERIODE	ΔC	ΔI	ΔGN	ΔBSP	
1	10,0	0,0	10,0	10,0	
2	4,0	1,0	5,0	5,0	
3	2,0	0,5	2,5	2,5	
4	....	....	....	....	$1,0 \cdot 0,25 \cdot 1,25 \cdot 1,25$
5	0,5	0,125	0,625	0,625	
6	0,25	0,0625	0,3125	0,3125	
.	.	.	.	.	
.	.	.	.	.	
.	.	.	.	.	
.	.	.	.	.	
Gesamtänderung	18,0	2,0	20,0	20,0	

7.55. Da die MKN 4/10 und die MIN 1/10 beträgt, ist in Periode zwei ΔC gleich .... und ΔI gleich .... . Daraus ergibt sich eine ΔGN von ...., die einen Anstieg des realen BSP um .... mit sich bringt.

4 1
5 5

7.56. In der dritten Periode ist ΔC ...., ΔI = ... und ΔGN = ... Alle diese Änderungen werden von der in Periode zwei auftretenden Veränderung des realen BSP .... Ihrerseits nun lösen sie einen erneuten Anstieg des realen BSP von .... aus.

2 0,5 2,5

induziert
2,5

7.57. Rechnen Sie die sich aus der BSP-Vergrößerung in der dritten Periode ergebenden Werte für die vierte Periode selbst aus und tragen Sie sie in die Tabelle ein. Die Zahlen in Spalte Δ GN und Δ BSP müssen natürlich übereinstimmen, da für alle unter dem potentiellen BSP liegenden BSP-Niveaus gilt, daß eine Änderung der Gesamtnachfrage sich in einer gleichgroßen Änderung des .... niederschlägt.

realen BSP

7.58. Da MKN, MIN und ihre Summe, nämlich MAN, jeweils kleiner als eins ist, sind in jeder einzelnen Periode die Änderungen (**größer/kleiner**) als in der vorhergehenden. Je weiter wir in den Perioden fortschreiten, um so mehr nähern sich die Änderungen dem Wert (**null/eins/zehn**) und können schließlich vernachlässigt werden.

kleiner

null

7.59. Wie aus der Tabelle hervorgeht, ist die Summe aller autonomen und induzierten Änderungen der Gesamtnachfrage gleich ..... . Daher muß also auch der Gesamtanstieg des realen BSP .... sein. Da die autonome Nachfrageänderung zehn betrug und die Gesamtvergrößerung des realen BSP 20 erreicht, ist der Multiplikator in diesem Fall gleich ....

20

20

zwei

7.60. Der Wert des Multiplikators ist in dem gewählten Beispiel nicht rein zufällig gleich zwei. Er geht direkt aus dem Wert der MAN hervor, der 5/10 oder 1/2 ist. Nehmen wir z. B. eine MAN von 2/3 an. Dann wären in der zweiten Periode die Änderungen der Gesamtnachfrage und des realen BSP (**größer/kleiner**) als in Tabelle 7.1. Darüber hinaus wären auch die Änderungen in jeder einzelnen Periode und damit die Gesamtänderungen (**größer/kleiner**). Hätte also die MAN 2/3 anstatt 1/2 betragen, dann wäre der Multiplikator (**größer/kleiner**) ausgefallen.

größer

größer

größer

7.61. Wäre die MAN 2/3 gewesen, dann hätten Sie gesehen, daß eine autonome Steigerung der Ausgaben von 10 zu einer Gesamtausweitung des realen BSP von 30 geführt hätte. Je größer die MAN, um so (**größer/kleiner**) wird der ....

größer   Multip

7.62. Das exakte Verhältnis zwischen Multiplikator und Grenzausgabenneigung läßt sich leicht aus dem bisher Erörterten ableiten. Die erste Überlegung, auf der die Gesamtnachfragekurve beruht, bezieht sich darauf, daß eine Veränderung der Gesamtnachfrage zu einer gleich großen Veränderung des .... führt. In Symbolen:

realen BSP

(1) Δ BSP = ...

Δ GN

7.63. Die zweite Überlegung bezieht sich darauf, daß der Gesamtanstieg des realen BSP gleich der Summe der .... plus der .... Veränderungen der Gesamtnachfrage sein muß. Verbinden wir diese Überlegungen mit der ersten Gleichung, dann kann (1) aus dem vorangegangenen Lehrschritt folgendermaßen geschrieben werden:

autonomen
induzierten

(2) Δ BSP = autonome .... + induzierte ....

Δ GN Δ GN

7.64. Die letzte Überlegung, die Sie anstellen müssen, um das Verhältnis zwischen Multiplikator und MAN abzuleiten, bezieht sich auf die Tatsache, daß die induzierte Veränderung der Gesamtnachfrage gleich der .... multipliziert mit der Veränderung des .... ist. Wir können Gleichung (2) jetzt folgendermaßen schreiben:

MAN
realen BSP

(3) Δ BSP = autonome Δ GN+ .... mal Δ BSP

MAN

7.65. Aus dieser letzteren Gleichung, die die drei oben angestellten Überlegungen zusammenfaßt, kann man das Verhältnis zwischen der .... und dem .... berechnen. Diese einfache algebraische Umformung wird im folgenden gezeigt.

MAN
Multiplikator

7.66. Zieht man „MAN × gesamte Δ BSP" von beiden Seiten der Gleichung ab, dann ergibt sich

(4)   gesamte Δ BSP- .... × .... = autonome Δ GN

MAN
gesamte Δ BSP

7.67. Klammert man die gesamte Δ BSP auf der linken Seite von (4) aus, dann erhält man:

(5)   gesamte Δ BSP × (1-MAN) = autonome Δ GN

Gleichung (5) (**ist/ist nicht**) nur eine andere Schreibweise von Gleichung (4).

ist

7.68. Dividiert man beide Seiten von (5) durch 1–MAN

dann ergibt das: Δ BSP = $\dfrac{\text{autonome } \Delta \text{ GN}}{1-\text{MAN}}$ oder auch

(6)   gesamte Δ BSP = autonome Δ GN × ....

$\dfrac{1}{1-\text{MAN}}$

7.69. Gleichung (6) besagt, daß die gesamte Veränderung des realen BSP gleich dem Produkt aus der .... Veränderung der Gesamtnachfrage multipliziert mit $\frac{1}{1-MAN}$ ist. Daher muß also der Multiplikator gleich .... sein.

autonomen

$\frac{1}{1-MAN}$

7.70. In dem in Tab. 7.1 angegebenen Beispiel war die MAN 1/2. In diesem Fall ist $\frac{1}{1-MAN}$, also der .... gleich $\frac{1}{1-1/2}$ = ... Sie werden erkennen, daß dies (der/nicht der) Wert des Multiplikators ist, so wie er aus der Gesamtänderung des BSP und der autonomen Änderung der Gesamtnachfrage berechnet wurde.

Multiplikator

zwei

der

7.71. Wie hoch ist nun der Multiplikator, wenn die MAN gleich 2/3 ist? Es ergibt sich $\frac{1}{1-MAN}$ = $\frac{1}{1-2/3}$ = ... Im Falle einer MAN von 3/4 beträgt der Multiplikator ....

drei

vier

7.72. In dem Beispiel der Tabelle 7.1 hatten wir angenommen, daß die MKN gleich 4/10 und die MIN gleich 1/10 ist. Wenn wir jetzt die stärker vereinfachende Annahme machen, daß die Investitionsausgaben unabhängig vom realen BSP sind, würde das heißen, daß die MIN gleich ..... und die MAN gleich .... statt 5/10 ist. Wie groß ist in diesem Fall der Multiplikator? ......

0 4/10

1 2/3

7.73. Ist die MIN gleich 0, dann ist die MAN (gleich der/größer als die) MKN. In diesem Fall berechnet man den Multiplikator entweder mit der Formel $\frac{1}{1-MAN}$ oder $\frac{1}{1-MKN}$. Ist die MIN nicht gleich 0, dann ist der Multiplikator (gleich/nicht gleich) $\frac{1}{1-MKN}$

gleich der

nicht gleich

7.74. Zusammenfassend läßt sich sagen: Wenn unbeschäftigte Produktionsfaktoren vorhanden sind, bewirkt ein .... Anstieg der Gesamtnachfrage eine Vermehrung des realen BSP um einen (größeren/kleineren) Betrag.

autonomer

größeren

7.75. Die Vermehrung des realen BSP ist gleich dem autonomen Anstieg der Gesamtnachfrage multipliziert mit dem .... Die Höhe des Multiplikators hängt von der .... ab, die angibt, wie hoch die von einer Vermehrung des realen BSP induzierte Ausweitung der Gesamtnachfrage ist. Exakter ausgedrückt ist der Multiplikator gleich ....

Multiplikator MAN

$\frac{1}{1-MAN}$

7.76. Es muß jedoch nachdrücklich betont werden, daß der volle Multiplikatoreffekt nur dann eintreten kann, wenn sich das reale BSP ändern kann. Sind keine unbeschäftigten Produktionsfaktoren vorhanden, löst ein autonomer Nachfragestoß **(eine/keine)** multiple Vergrößerung des realen BSP aus. Stattdessen führt der Anstieg der aggregierten Nachfrage zur ....

keine

Inflation

7.77. Sehen wir uns das im Diagramm an. Der von einer autonomen Steigerung der Gesamtnachfrage ausgehende Multiplikatoreffekt kann sich nur dann voll auf das reale BSP auswirken, wenn die neu entstehende Gesamtnachfragekurve nicht den vertikalen Abschnitt der Gesamtangebotskurve schneidet. Schneidet sie in diesem Abschnitt, dann nimmt ein Teil des Multiplikatoreffektes die Gestalt eines steigenden .... niveaus anstatt eines steigenden .... an.

Preis-   realen
             BSP

7.78. Dies läßt sich aus Abb. 7.5 ersehen, in der eine .... Steigerung der Gesamtnachfrage durch eine Verlagerung der Nachfragekurve von GN_1 nach GN_2 wiedergegeben wird. Damit sich der Multiplikatoreffekt vollständig durchsetzen kann, muß es in dieser Volkswirtschaft möglich sein, den Punkt B zu erreichen. Das aber ist unmöglich, weil das reale BSP nicht über das .... hinausgehen kann, also nicht über OP.

autonome

potentielle BSP

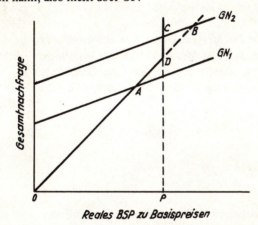

Abb. 7.5 Ein sich nicht voll auswirkender Multiplikatoreffekt

7.79. Anstatt das reale BSP über den Punkt P hinauswachsen zu lassen, verursacht diese Verlagerung der Nachfragekurve einen Anstieg des Preisniveaus. Das läßt sich aus der ....lücke CD ablesen.

Inflations-

7.80. Zusammenfassend läßt sich feststellen: Um eine Deflationslücke oder eine Inflationslücke zu schließen, bedarf es einer .... Änderung der Gesamtnachfrage. Das wird graphisch durch eine (**Verschiebung/Bewegung entlang**) der Gesamtnachfragekurve dargestellt.

autonomen
Verschiebung

7.81. Wenn eine Deflationslücke besteht, führt eine autonome Vergrößerung der Gesamtnachfrage zu einer stärkeren Erhöhung von aggregierter Nachfrage und realem BSP, und zwar deshalb, weil die autonome Änderung der Gesamtnachfrage schließlich eine .... Änderung der Gesamtnachfrage zur Folge hat. Diesen Vergrößerungseffekt einer autonomen Nachfrageänderung nennt man den ....

induzierte

Multiplikator

7.82. Die Größe des Multiplikators hängt von der .... ab, die den Betrag der .... Änderung der Gesamtnachfrage wiedergibt, welche durch eine Änderung des realen BSP ausgelöst wird. Die MAN ist gleich der Summe von .... und ....

MAN
induzierten

MKN   MIN

7.83. Je höher die MAN, um so (**größer/kleiner**) ist der Multiplikator. Allgemein ausgedrückt ist der Multiplikator gleich ....

größer

$\dfrac{1}{1-\text{MAN}}$

7.84. Wenn eine autonome Nachfrageänderung eine Inflationslücke entstehen läßt, dann kann sich der Multiplikatoreffekt (**voll/nicht voll**) durchsetzen. Ein Teil der Steigerung der Gesamtnachfrage verursacht dann statt einer Vergrößerung des realen BSP eine ....

nicht voll

Inflation

WIEDERHOLUNGSFRAGEN

7.1. Wenn in einer Volkswirtschaft Vollbeschäftigung ohne Inflation herrscht, führt eine autonome Verminderung der Investitionsausgaben um $ 10 Mrd. wahrscheinlich dazu, daß ...

a) das BSP um $ 10 Mrd. sinkt.
b) das BSP um weniger als $ 10 Mrd. sinkt.
c) das BSP um mehr als $ 10 Mrd. sinkt.
d) das BSP unverändert bleibt, wobei sich die Konsum- und Investitionsausgaben um $ 10 Mrd. erhöhen.

7.2. Wenn die marginale Konsumneigung gleich 6/10 und die marginale Investitionsneigung gleich 2/10 ist, dann ...

a) ist der Multiplikator gleich 8/10.
b) ist der Multiplikator gleich 5.
c) ist der Multiplikator gleich 2 1/2.
d) Keine der angegebenen Antworten trifft zu.

7.3. Eine autonome Erhöhung der Ausgaben führt immer zu ...

a) induzierten Ausgabensteigerungen.
b) einem höheren realen BSP.
c) Inflation.
d) Keine der genannten Antworten trifft zu.

7.4. Der Grund, daß autonome Ausgabesteigerungen einen Multiplikatoreffekt haben können, liegt darin, daß ...

a) jede darauf zurückzuführende Steigerung des realen BSP zu weiteren Ausgabesteigerungen führt.
b) die Gesamtveränderung des realen BSP gleich der autonomen plus der induzierten Veränderung der Gesamtnachfrage ist.
c) die Grenzausgabeneigung größer ist als null.
d) alle genannten Antworten treffen zu.

7.5. Autonome Steigerungen der Ausgaben führen nur dann zu einer Erhöhung des realen BSP, wenn ...

a) sie die Form von Steigerungen der Konsumausgaben annehmen.
b) sie die Form der Steigerung von Investitionsausgaben annehmen.
c) keine Vollbeschäftigung herrscht.
d) der Multiplikator größer als eins ist.

FISKALPOLITIK

8.1. In den Kapiteln 5 und 6 wurde gezeigt, daß die Gesamtnachfrage größer oder kleiner als das potentielle BSP zu Basispreisen sein kann. Wenn in unserem einfachen Modell Überschußnachfrage besteht, tritt .... ein. Ist die Gesamtnachfrage zu gering, herrscht ....

Inflation
Unterbeschäftigung

8.2. Nur wenn die Gesamtnachfrage gerade gleich dem potentiellen BSP zu Basispreisen ist, kann es .... ohne .... geben.

Vollbeschäftigung
Inflation

8.3. In Kapitel 7 lernten wir, daß zur Eliminierung einer überschüssigen oder nicht ausreichenden Gesamtnachfrage bei einer der Komponenten der Gesamtnachfrage eine .... Änderung erfolgen muß.

autonome

8.4. Viele Faktoren können diese autonome Änderung der Gesamtnachfrage herbeiführen. Leider sind jedoch die Faktoren, die die notwendige autonome Änderung zur Vermeidung von Arbeitslosigkeit oder Inflation schaffen können, in einer Marktwirtschaft nicht immer wirksam. Das beweisen die in Kapitel 4 angeführten Zahlen, die für die USA ein (**häufiges/seltenes**) Auftreten von Arbeitslosigkeit und Inflation zeigen.

häufiges

8.5. Glücklicherweise stehen jedoch dem Staat Möglichkeiten offen, Maßnahmen zur Herbeiführung einer autonomen Änderung der Gesamtnachfrage zu ergreifen. Wenn der Staat die richtigen Maßnahmen durchführt, kann er somit .... und .... bekämpfen.

Arbeitslosigkeit
Inflation

8.6. Der Staat hat die Möglichkeit, das Niveau der Gesamtnachfrage durch die Fiskalpolitik (fiscal policy) zu beeinflussen. Darunter

versteht man die Staatsausgaben- und Steuerpolitik. Indem der Staat
Ausgaben tätigt und Steuern erhebt, betreibt er immer ....- Fiskal-
politik, selbst wenn er nicht bewußt die davon ausgehenden
Wirkungen auf die Gesamtnachfrage berücksichtigt. Die Frage lautet
hier: Wie kann die ....politik zur Herbeiführung und Fiskal-
Sicherung von Vollbeschäftigung ohne Inflation eingesetzt werden?

8.7. Die Fiskalpolitik kann auf verschiedene Art zur Veränderung
des gesamten Nachfrageniveaus eingesetzt werden. Der direkteste
Weg führt dabei über die Veränderung der Staatsausgaben. Sie
werden sich daran erinnern, daß die Staatsausgaben nur Käufe von Gütern
.... und .... umfassen. Nicht dazu gehören Dienstleistungen
die ...., die Einkommensübertragungen an Transferzahlungen
Konsumenten darstellen.

8.8. Sie werden sich außerdem daran erinnern, daß sich die
Gesamtnachfrage aus Konsum-, Investitions- und ....-ausgaben Staats-
zusammensetzt. Daher stellt eine Staatsausgabenänderung eine
autonome Änderung der .... dar, solange sie Gesamtnachfrage
nicht direkt eine kompensierende autonome Änderung bei den
Konsum- und Investitionsausgaben auslöst.

8.9. Das bedeutet bei gegebener Konsum- und Investitionsfunktion,
daß eine Vergrößerung der Staatsausgaben eine Verlagerung der Gesamtnachfrage
Kurve der .... **(nach oben/nach unten)** zur Folge nach oben
hat. Das geht aus Abb. 8.1 hervor, wo in (i) die sich ändernden
Staatsausgaben, in (ii) der Effekt dieser Änderung auf die
Gesamtnachfragekurve eingezeichnet sind.

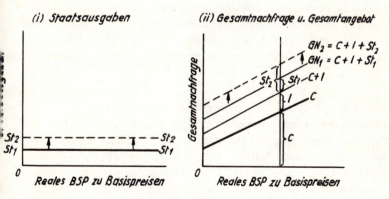

Abb. 8.1 Staatsausgaben und Gesamtnachfrage

8.10. Die Steigerung der Staatsausgaben von OSt_1 nach OSt_2 in Abb. 8.1 (i) ergibt eine Aufwärtsverschiebung der Nachfragekurve in Abb. 8.1 (ii) von .... nach ....

GN_1 GN_2

8.11. Diese Wirkung tritt ein, solange die Steigerung der Staatsausgaben nicht eine kompensierende Verschiebung der .... – und .... funktionen verursacht. Gibt es Gründe für die Annahme, daß steigende Staatsausgaben eine solche kompensierende Verschiebung nach sich ziehen?

Konsum-
Investitions-

8.12. Sie könnten folgendes Argument anführen: „Um die Staatsausgaben auszudehnen, müssen notwendigerweise die Steuern angehoben werden. Die Steuererhöhung reduziert das verfügbare Einkommen und damit auch die Konsumausgaben." Dieses Argument ist jedoch falsch, da es nicht nötig ist, die .... zu erhöhen, um die .... zu steigern.

Steuern
Staatsausgaben

8.13. Es ist doch offensichtlich möglich, die Staatsausgaben dann auszuweiten, wenn in der Vergangenheit die Steuereinnahmen **(größer/kleiner)** als die Staatsausgaben waren. Selbst wenn das nicht der Fall ist, kann der Staat durch Kreditaufnahme die Ausgaben **(erhöhen/nicht erhöhen)**, ohne die Steuern anzuheben.

größer

erhöhen

8.14. Wie wir noch sehen werden, stimmt es zwar, daß eine Steueränderung die Konsumausgaben beeinflußt; dennoch ist es **(richtig/falsch)** zu glauben, eine Änderung der Staatsausgaben müssen auf jeden Fall eine Änderung der Steuern nach sich ziehen.

falsch

8.15. Eine Fiskalpolitik, die bei unveränderten Steuern die Staatsausgaben steigert, ist also **(durchführbar/nicht durchführbar)**. Und man kann bei einer derartigen Politik unterstellen, daß sie die .... anhebt, so wie es in Abb. 8.1 dargestellt wird.

durchführbar

Gesamtnachfrage

8.16. Schauen Sie sich nun Abb. 8.2 an, in der gezeigt wird, wie sich Staatsausgabenänderungen (ohne begleitende Änderungen der Steuereinnahmen) zur Beseitigung von Deflations- oder Inflationslücken verwenden lassen. Gehen wir in Abb. 8.2 (i) von der Gesamtnachfragekurve GN_1 aus, so ist im Gleichgewichtspunkt das Niveau der Gesamtnachfrage gleich ...., das reale BSP beträgt ...., und es besteht eine ....lücke in Höhe von QP.

ON_1
OQ Deflations

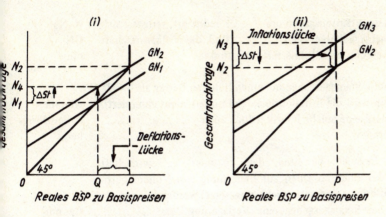

Abb. 8.2 Staatsausgabenpolitik für Vollbeschäftigung ohne Inflation

8.17. Soll die Deflationslücke geschlossen werden, muß das reale BSP von .... auf .... ansteigen. Will man diese Ausdehnung erreichen, ohne Inflation zu verursachen, muß das Gleichgewichtsniveau der Gesamtnachfrage (die auf der Ordinate gemessen wird) von .... nach ...., also um den Betrag .... verlagert werden.

$0Q$ $0P$

$0N_1$ $0N_2$ N_1N_2

8.18. Um einen Gesamtanstieg der Gesamtnachfrage von $N_1 N_2$ zu bewirken, muß die Gesamtnachfragekurve von GN_1 nach .... verschoben werden. Dieser Gesamtanstieg von $N_1 N_2$ läßt sich aber wegen des .... effektes mit einem autonomen Nachfrageanstieg erreichen, der nur .... beträgt.

GN_2

Multiplikator-
N_1N_4

8.19. In unserem Beispiel führt also eine Staatsausgabenerhöhung um den Betrag $N_1 N_4$ (unveränderte Steuereinnahmen werden unterstellt) zu einem Anstieg der Gesamtnachfrage von .... und somit zur Beseitigung der ....lücke, ohne eine .... auszulösen.

N_1N_2
Deflations-
Inflation

8.20. Unterstellen wir einmal eine Nachfragekurve von GN_3 im Ausgangszustand anstatt GN_1, so wie in Abb. 8.2 (ii). In diesem Fall befindet sich die Volkswirtschaft zwar im Zustand der Vollbeschäftigung, sie wird jedoch gleichzeitig mit einer ....lücke konfrontiert. Der Staat kann diese Lücke durch eine (**Steigerung/ Senkung**) seiner Ausgaben schließen.

Inflations-
Senkung

8.21. Werden die Staatsausgaben um .... reduziert, verlagert sich die Gesamtnachfragekurve nach ...., und die Volkswirtschaft erreicht Vollbeschäftigung (**ohne/mit**) Inflation.

N_2N_3
GN_2
ohne

8.22. Werden die Staatsausgaben um einen höheren Betrag als $N_2 N_3$ reduziert, dann wird die Inflationslücke (**eliminiert/nicht eliminiert**). Gleichzeitig wird eine solche Politik jedoch auch .... hervorrufen.

eliminiert
Arbeitslosigkeit

8.23. Diese Beispiele beweisen, daß in einer Volkswirtschaft Änderungen der Staatsausgaben zur Erreichung von Vollbeschäftigung ohne Inflation (**eingesetzt/nicht eingesetzt**) werden können, da Änderungen der Staatsausgaben eine Verlagerung der ....kurve zur Folge haben.

eingesetzt
Gesamtnachfrage-

8.24. Wie schon oben angedeutet, stellt eine Beeinflussung der Staatsausgaben für die Fiskalpolitik nicht die einzige Möglichkeit dar, um eine überschüssige oder unzureichende .... zu beseitigen. Die Alternative hierzu ist eine Steueränderung.

Gesamtnachfrage

8.25. Die Wirkung einer Steueränderung auf die Wirtschaft hängt zum Teil vom Typ der veränderten Steuern ab. So hat z. B. eine Änderung der Gewinnsteuern Auswirkungen auf die Rendite, die von den Unternehmungen für die Kapitalgüter erzielt wird. Daraus ist in erster Linie eine Wirkung auf die .... ausgaben zu erwarten. Eine Änderung der persönlichen Einkommenssteuern wirkt sich dagegen direkt auf das verfügbare Einkommen aus und trifft somit vornehmlich die ....-ausgaben.

Investitions-

Konsum-

8.26. Änderungen verschiedener Steuerarten haben jedoch trotz mannigfaltiger Unterschiede ähnliche Wirkungen auf die Gesamtnachfrage. Aus diesem Grunde werden wir nur Änderungen eines Steuertyps im Detail analysieren, und zwar der persönlichen Einkommensteuer. Sie werden noch wissen, daß das den Konsumenten für Ausgabenzwecke zur Verfügung stehende Einkommen als ihr .... Einkommen bezeichnet wurde. Es entspricht dem BSP (**plus/minus**) den einbehaltenen Unternehmungsgewinnen (**plus/minus**) den Transferzahlungen (**plus/minus**) den Steuern.

verfügbares
minus
plus   minus

8.27. Bei gegebenem BSP (**vergrößert/vermindert**) also eine Anhebung der Einkommensteuer das verfügbare Einkommen, während eine Senkung der Einkommensteuer es (**vergrößert/vermindert**).

vermindert

vergrößert

8.28. Sie werden sich außerdem daran erinnern, daß das verfügbare Einkommen als Hauptbestimmungsfaktor der ....aus-gaben in Erscheinung tritt. Mit steigenden verfügbaren Einkommen .... die ....ausgaben.

Konsum-

steigen Konsum-

8.29. Bei Annahme eines gegebenen Niveaus des realen BSP führt also eine Steuererhöhung über eine (**Vergrößerung/Verminderung**) des verfügbaren Einkommens zu einer (**Vergrößerung/Verminderung**) der Konsumausgaben.

Verminderung
Verminderung

8.30. Auf der anderen Seite bewirkt eine Steuersenkung eine (**Steigerung/Senkung**) der Konsumausgaben.

Steigerung

8.31. Eine Steueränderung führt also unmittelbar zu einer (**induzierten/autonomen**) Veränderung der Konsumausgaben und damit auch der Gesamtnachfrage. Es handelt sich um eine .... Änderung, weil sie von einem anderen Faktor als einer Sozialproduktänderung hervorgerufen worden ist.

autonomen

autonome

8.32. Wie jede andere autonome Änderung der Gesamtnachfrage führt auch eine durch Steueränderungen bedingte autonome Änderung zu einer .... Veränderung der Gesamtnachfrage. Das bedeutet, daß Steueränderungen autonome Änderungen der Gesamtnachfrage verursachen, die ihrerseits einen .... effekt haben.

induzierten

Multiplikator

8.33. Diese Ergebnisse können aus den Abbildungen 8.3 und 8.4 abgelesen werden, in denen die von einer Steuersenkung ausgehenden Effekte auf das verfügbare Einkommen, die Konsumausgaben, die Gesamtnachfrage und das reale BSP dargestellt sind. Schauen Sie sich Abb. 8.3 (i) an. Hier sind die Konsumausgaben eine Funktion des ....

verfügbaren Einkommens

8.34 Nehmen wir an, das reale BSP sei 0Q, wie in Abb. 8.3 (ii), und bei dem im Ausgangszustand unterstellten Steuerniveau sei das verfügbare Einkommen gleich $0Y_1$. Die Konsumausgaben sind dann ....

$0C_1$

8.35. Gehen wir nun von einer Steuersenkung in der Höhe von $Y_1 Y_2$ aus. Bei unverändertem BSP-Umfang von 0Q steigt dann das verfügbare Einkommen auf .... und der Konsum auf ....

$0Y_2$ $0C_2$

113

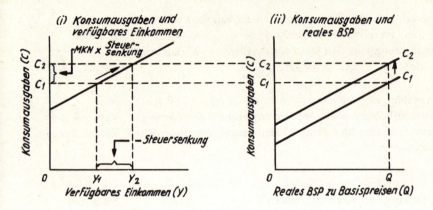

Abb. 8.3 Konsumfunktion und Steuersenkungen

8.36. Sie werden sich erinnern, daß der Anteil der Konsumausgaben an einer beliebigen Vergrößerung des verfügbaren Einkommens, als marginale Konsumneigung (MKN) bezeichnet wird. Deswegen ist also die Konsumausweitung $C_1 C_2$ gerade gleich der .... multipliziert mit der Änderung des verfügbaren Einkommens $Y_1 Y_2$.

MKN

8.37. Bei gegebenem realen BSP erhöht die Steuersenkung von $Y_1 Y_2$ das .... um denselben Betrag, wie es auch aus Fig. 8.3 (i) hervorgeht. Das Ergebnis ist eine (**Verlagerung/Bewegung entlang**) der auf das verfügbare Einkommen bezogenen Konsumfunktion und eine Konsumausgabensteigerung von .... mal der Steuersenkung.

verfügbare Einko

Bewegung entlar

MKN

8.38. Sehen Sie sich nun Abb. 8.3 (ii) an. In diesem Diagramm sind die Konsumausgaben eine Funktion des .... Wie Sie aus der Analyse von 8.3 (i) wissen, ist das verfügbare Einkommen bei dem ursprünglichen Steuerniveau und einem realen BSP von 0Q gleich $0Y_1$, und die Konsumausgaben betragen .... In Abb. 8.3. (ii) zeigt dies die Konsumfunktion ....

realen BSP

$0C_1$
C_1

8.39. Nach der Steuersenkung macht das verfügbare Einkommen bei einem realen BSP von 0Q jedoch .... aus, und die Konsumausgaben sind gleich .... Das heißt also, daß bei gleichen realen BSP die Konsumausgaben nun (**höher/niedriger**) sind als vor der Steuersenkung.

$0Y_2$
$0C_2$
höher

8.40. Bei jedem BSP-Niveau sind nun die Konsumausgaben nach der Steuersenkung größer als vorher. Die Wirkung der Steuersenkung besteht daher in einem (**autonomen/induzierten**) Anstieg der Konsumausgaben und – wie aus Abb. 8.3 (ii) hervorgeht – in einer (**Verlagerung/Bewegung entlang**) der Konsumfunktion nach oben.

autonomen

Verlagerung

8.41. Der Betrag des autonomen Anstiegs der Konsumausgaben ist natürlich gleich .... mal der Steuersenkung. Aus diesem Grund ist der Betrag der Verlagerung der (auf das reale BSP bezogenen) Konsumfunktion ebenfalls gleich .... mal der ....

MKN

MKN
Steuersenkung

8.42. Die Auswirkung der Steuersenkung auf die gesamte Nachfrage und das reale BSP läßt sich aus Abb. 8.4 ersehen. Diese Darstellung zeigt, wie eine Steueränderung zur Beseitigung von Unterbeschäftigung eingesetzt werden kann, ohne Inflation zu verursachen. Bei einer Konsumfunktion von C_1 und einer dazu gehörenden Gesamtnachfragekurve von GN_1 liegt das Gleichgewichtsniveau des realen BSP bei .... Ohne ein wirtschaftspolitisches Eingreifen des Staates würde es (**Unterbeschäftigung/Inflation**) geben und eine ....lücke in Höhe von QP vorliegen.

0Q

Unterbeschäftigung
Deflations-

8.43. In einer derartigen Situation erscheint als wirtschaftspolitische Maßnahme eine (**Steuererhöhung/Steuersenkung**) angebracht. Eine **Steuererhöhung/Steuersenkung**) hebt die Konsumfunktion um einen Betrag an, der gleich der .... mal der (**Steuererhöhung/Steuersenkung**) ist.

Steuersenkung
Steuersenkung
MKN   Steuersenkung

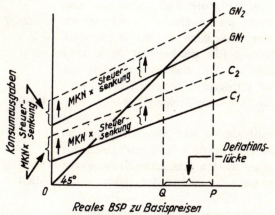

Abb. 8.4 Steuersenkung zur Herstellung der Vollbeschäftigung

8.44. Diese Maßnahme wird in Abb. 8.4 dargestellt. Sowohl die Konsumfunktion als auch die Kurve der Gesamtnachfrage verschiebt sich nach oben, und zwar um MKN multipliziert mit der Steuersenkung. Das ruft weitere .... Steigerungen der Nachfrage und eine Gesamterhöhung des realen BSP im Umfang des .... mal der ursprünglichen autonomen Steigerung der aggregierten Nachfrage hervor.

induzierte

Multiplikators

8.45. Eine geringere Steuersenkung hätte die Deflationslücke zwar reduziert, aber eben nicht vollständig beseitigt. Eine stärkere Steuersenkung hätte dagegen die Unterbeschäftigung (**eliminiert/ nicht eliminiert**), jedoch gleichzeitig eine .... verursacht.

eliminiert
Inflation

8.46. Sie haben somit gesehen, daß sowohl die Steuerpolitik als auch die Ausgabenpolitik im Falle eines wohldosierten Einsatzes wirksame Instrumente sind, um die Wirtschaft im Zustand der .... ohne .... zu halten.

Vollbeschäftigung Inflatio

8.47. Die Fiskalpolitik kann neben Staatsausgaben und Steueränderungen zur Beeinflussung der Gesamtnachfrage auch die Transferzahlungen verändern. Wir hatten oben festgestellt, daß Transferzahlungen als Einkommensüberweisungen vom .... an die .... definiert sind. Steigende Transferzahlungen werden sich also in (**höheren/niedrigeren**) verfügbaren Einkommen niederschlagen.

Staat
Konsumenten
höheren

8.48. Darüber hinaus hat eine Vergrößerung der Transferzahlungen den gleichen Effekt auf das verfügbare Einkommen wie eine (**Erhöhung/Senkung**) der Steuern um den gleichen Betrag. Deshalb hat eine wirtschaftspolitische Maßnahme in der Form einer Steigerung der Transferzahlungen (**die gleiche/nicht die gleiche**) Wirkung auf die Gesamtnachfrage wie eine Steuersenkung um denselben Betrag. Das gleiche gilt natürlich für eine Verminderung der Transferzahlungen und eine (**Erhöhung/Senkung**) der Steuern.

Senkung

die gleiche

Erhöhung

8.49. So führen zum Beispiel sowohl eine Steuererhöhung von 10 Mrd. Dollar als auch eine Verminderung der Transferzahlungen um 10 Mrd. Dollar zu einer autonomen (**Steigerung/Senkung**) der Konsumausgaben in der Höhe von .... mal 10 Mrd. Dollar.

Senkung
MKN

8.50. Für unser Modell läßt sich also zusammenfassend feststellen, daß der Staat das Auftreten von Inflation oder Unterbeschäftigung durch den Einsatz einer geeigneten Fiskalpolitik (**verhindern/nicht verhindern**) kann. — verhindern

8.51. Wenn eine inflatorische Entwicklung droht, sollte die Regierung die Steuern (**erhöhen/senken**), die Transferzahlungen (**erhöhen/senken**) oder die Staatsausgaben (**erhöhen/senken**). Der Staat könnte auch diese drei Maßnahmen kombinieren. — erhöhen senken senken

8.52. In einem solchen Fall besteht die Wirkung jeder einzelnen Maßnahme oder der Kombination der drei Maßnahmen in einer (**Steigerung/Verminderung**) der Gesamtnachfrage, wodurch die .... Lücke reduziert wird. — Verminderung inflatorische

8.53. Allerdings muß der Staat wirtschaftspolitische Maßnahmen sehr vorsichtig dosieren, da eine zu große Verminderung der Gesamtnachfrage eine .... lücke und somit .... zur Folge hat. — Deflations- Unterbeschäftigung

8.54. Besteht das Problem dagegen in einer Beseitigung von Unterbeschäftigung, dann kann der Staat es durch eine oder alle der folgenden Maßnahmen zu lösen versuchen: (**Erhöhung/Senkung**) der Steuern, (**Erhöhung/Senkung**) der Transferzahlungen, (**Erhöhung/Senkung**) der Staatsausgaben. — Senkung Erhöhung Erhöhung

8.55. Auch diese Maßnahmen müssen in dem richtigen Umfang durchgeführt werden. Ist ihr Ausmaß zu groß, wird die .... zu stark ausgedehnt und es entsteht .... — Gesamtnachfrage Inflation

8.56. Auch in der Realität spricht vieles für die Argumente, die hier zur Rechtfertigung wirtschaftspolitischer Maßnahmen des Staates zur Bekämpfung von Inflation und Unterbeschäftigung angeführt wurden. Einfach ausgedrückt entsteht Inflation, wenn die Nachfrager zu Basispreisen (**mehr/weniger**) Güter und Dienstleistungen kaufen wollen, als überhaupt produziert werden können, und damit die Preise hochtreiben. Arbeitslosigkeit ergibt sich dann, wenn die Nachfrager zu Basispreisen (**mehr/weniger**) Güter und Dienstleistungen kaufen wollen, als überhaupt produziert werden können. Da das Preisniveau nach unten tendenziell starr ist, (**steigern/vermindern**) dann die Unternehmer die Produktion und die Beschäftigung. — mehr weniger vermindern

8.57. Wenn also inflatorische Preissteigerungen bevorstehen, dann hat die Fiskalpolitik die Aufgabe, die Gesamtausgaben zu (**erhöhen/**

senken). Droht eine Unterbeschäftigung, sollte der Staat Maßnahmen zur (**Erhöhung/Senkung**) der gesamten Ausgaben ergreifen.

senken
Erhöhung

8.58. Änderungen der Gesamtausgaben können durch Änderungen der öffentlichen oder der privaten Ausgabentätigkeit hervorgerufen werden. Wenn die Entscheidung für eine Veränderung der öffentlichen Ausgabetätigkeit fällt, dann kann der Staat offenbar die .... direkt variieren. Entscheidet man sich für eine Änderung der privaten Ausgabetätigkeit, dann kann der Staat die Konsum- und Investitionsausgaben indirekt durch Variierung der .... und der .... beeinflussen.

Staatsausgaben

Steuern
Transferzahlungen

8.59. Trotz der Tatsache, daß die Fiskalpolitik ein brauchbares Instrument zur Stabilisierung der Wirtschaft darstellt, hat man oft scharf dagegen opponiert, weil sie bisweilen erfordert, daß der Staat ein Budgetdefizit eingeht. Immer dann, wenn Staatsausgaben plus Transferzahlungen die Steuereinnahmen übersteigen, stellt sich ein .... im öffentlichen Haushalt ein.

Defizit

8.60. Betragen z. B. die Staatsausgaben $ 60 Mrd., die Transferzahlungen $ 30 Mrd. und die Steuern $ 70 Mrd., dann liegt ein .... von $ ..... Mrd. vor.

Defizit   20

8.61. Gehen wir von einem ursprünglich ausgeglichenen Staatshaushalt aus, nehmen wir also mit anderen Worten an, Staatsausgaben plus Transferzahlungen seien gleich den ...., und unterstellen wir außerdem, es bestehe gleichzeitig Arbeitslosigkeit. Würde der Staat die Staatsausgaben oder Transferzahlungen steigern oder aber die Steuern zur Beseitigung der Unterbeschäftigung senken, bliebe das Budget (**ausgeglichen/nicht ausgeglichen**). Es entstünde (**ein/kein**) Budgetdefizit.

Steuereinnahmen

nicht ausgeglichen
ein

8.62. In diesem Fall (**steigert/vermindert**) die Fiskalpolitik das Defizit von Null auf einen positiven Stand. Hätte im Ausgangszeitpunkt ein Haushaltsdefizit vorgelegen, dann würde eine angemessene Änderung der Staatsausgaben, Transferzahlungen oder Steuern dieses Haushaltsdefizit sogar auf ein (**höheres/niedrigeres**) Niveau bringen.

steigert

höheres

8.63. In diesen zwei Situationen führte also eine Fiskalpolitik, die auf eine Beseitigung der Unterbeschäftigung abzielt, zu einer Vergrößerung des .... Gibt es Gründe dafür, daß die Fiskalpolitik in solchen Fällen, in denen sie eine Ausweitung des Budgetdefizits zur Folge hat, nicht angewendet werden sollte?

Defizits

8.64. Ein Argument gegen eine mit einem Budgetdefizit arbeitende Fiskalpolitik zur Erreichung von Vollbeschäftigung besagt, daß ein Budgetdefizit zur Inflation führt. Wie Sie wissen, tritt Inflation dann auf, wenn die .... das .... zu Basispreisen übersteigt. Sie wissen darüber hinaus, daß ein steigendes Defizit – ob durch wachsende Staatsausgaben bzw. Transferleistungen oder durch sinkende Steuern verursacht – eine (**Ausweitung/Abnahme**) der Gesamtnachfrage zur Folge hat.

Gesamtnachfrage
potentielle BSP

Ausweitung

8.65. Aber eine durch ein steigendes Defizit hervorgerufene Gesamtnachfrageausweitung (**muß/braucht nicht**) ein Gesamtnachfrageniveau zur Folge haben, das oberhalb des potentiellen BSP zu Basispreisen liegt. Wenn in einer Volkswirtschaft Unterbeschäftigung vorherrscht, ist die Gesamtnachfrage in der Ausgangslage (**größer/ kleiner**) als das potentielle BSP zu Basispreisen.

braucht nicht

kleiner

8.66. In dem einfachen Modell, das wir in den Kapiteln 5 und 6 erläutert haben, bringt die Nachfragesteigerung, die von dem vergrößerten Defizit verursacht wurde, die Gesamtnachfrage lediglich auf den Stand des potentiellen BSP zu Basispreisen. Die vergrößerte Gesamtnachfrage hat also steigende (**Ausbringung/Preise**) zur Folge. Die Vergrößerung des Defizits wird also die .... beseitigen, anstatt eine Inflation zu erzeugen.

Ausbringung
Unterbeschäftigung

8.67. Natürlich trifft es zu, daß ein steigendes Defizit immer dann eine .... auslöst, wenn sich die Volkswirtschaft in der Ausgangslage im Zustand der Vollbeschäftigung ohne Inflation befand. In diesem Fall treibt das vergrößerte Defizit die .... über das potentielle BSP zu Basispreisen hinaus.

Inflation

Gesamtnachfrage

8.68. Zusammenfassend kann man also über den Zusammenhang von Budgetdefizit und Inflation sagen: Die bloße Tatsache der Existenz eines Budgetdefizits in einem bestimmten Jahr bedeutet für sich gesehen weder Inflation noch Vollbeschäftigung. Im Falle des Bestehens eines Budgetdefizits kann also (**eine/keine**) Unterbeschäftigung vorliegen; außerdem herrscht (**notwendigerweise/nicht unbedingt**) Inflation.

eine
nicht unbedingt

8.69. Wenn sowohl Unterbeschäftigung als auch ein Budgetdefizit vorliegen, dann könnte die Unterbeschäftigung durch eine (**Vergrößerung/Verminderung**) des Defizits reduziert werden. Das ließe sich durch eine Erhöhung der Staatsausgaben oder der Transferzahlungen oder durch eine Steuersenkung bewerkstelligen.

Vergrößerung

8.70. Liegt Preisstabilität ohne Unterbeschäftigung zusammen mit einem Haushaltsdefizit vor, dann sollte dieses Defizit (**vergrößert/ verringert/nicht verändert**) werden.

nicht verändert

8.71. Herrscht bei Vorhandensein eines Budgetdefizits Inflation, dann sollte das Defizit (**vergrößert/verringert**) werden, und zwar durch Verminderung der Staatsausgaben oder der Transferzahlungen oder durch eine Steuer-.................. .

verringert

erhöhung

8.72. Nun kann natürlich das Budget nicht nur ausgeglichen oder defizitär sein, es kann auch ein Budgetüberschuß eintreten, nämlich dann, wenn die Staatsausgaben und die Transferzahlungen (**größer/ kleiner**) als die Steuern sind.

kleiner

8.73. Wenn ein Budgetüberschuß vorliegt, kann sowohl Inflation als auch Unterbeschäftigung herrschen. Tritt Inflation zusammen mit dem Budgetüberschuß auf, bedeutet das, der Staat hätte zur Bekämpfung der Inflation einen (**größeren/kleineren**) Überschuß erreichen sollen. Geht eine Unterbeschäftigung mit einem Haushaltsüberschuß einher, dann heißt dies, der Überschuß hätte besser (**größer/kleiner**) sein sollen, damit die Arbeitslosigkeit vermieden worden wäre.

größeren

kleiner

8.74. Es kommt also nicht darauf an, ob ein Überschuß, ein Defizit oder ein Ausgleich des Budgets vorliegt, sondern darauf, wie die tatsächliche Budgetsituation im Vergleich zu der idealen Situation aussieht, bei welcher Vollbeschäftigung und Preisniveaustabilität sichergestellt sind. Ein ideales Budget liegt dann vor, wenn das reale BSP gleich dem potentiellen ist. Wenn das tatsächliche vom idealen Budget abweicht, dann sollten die Staatsausgaben, die Transferzahlungen oder die Steuern (**geändert/ nicht geändert**) werden, um dieses Ideal zu erreichen. (**Manchmal/Immer**) ist das ideale Budget ausgeglichen. Manchmal ist ein Defizit, manchmal ein Überschuß notwendig.

geändert
Manchmal

8.75. Um ein Gleichgewicht zwischen Gesamtnachfrage und potentiellem BSP zu Basispreisen herzustellen, ist es (**nicht immer/immer**) erforderlich, ein ausgeglichenes Budget zu haben.

nicht immer

8.76. Deshalb verursacht ein Haushaltdefizit (**auf jeden Fall/nicht unbedingt**) Inflation. Die Angst vor einer Inflation ist daher (**ein/kein**) legitimer Grund, eine angemessene Fiskalpolitik nicht

nicht unbedingt

kein

anzuwenden, wenn eine solche Politik ein Defizit notwendig erscheinen läßt.

8.77. Die Opposition gegen eine mit Defizit arbeitende .... Fiskalpolitik, die auf Vollbeschäftigung ohne Preisniveausteigerungen gerichtet ist, stützt sich nicht nur auf die Furcht vor Inflation. Hin und wieder werden Einwände gegen ein Budgetdefizit durch das Argument gestützt, umfangreiche Staatsschulden seien nachteilig.

8.78. Bei den Staatsschulden handelt es sich um die Geldbeträge, die die öffentliche Hand von privaten Haushalten und Institutionen ausgeliehen hat. Wenn beim Staat ein Haushaltsdefizit vorliegt, sind die Staatsausgaben plus Transferzahlungen (**größer/kleiner**) als die größer
Steuereinnahmen; der Staat muß also die Differenz borgen. Das vergrößert die .... Staatsschulden

8.79. In Abb. 8.5 wird der Umfang der Schulden der öffentlichen Hand der USA für die Zeit von 1929 bis 1968 dargestellt. Die Jahre mit steigenden Staatsschulden müssen Jahre sein, in denen ein Budget-............... vorlag. Abb. 8.5 zeigt, daß seit 1929 die defizit
Schulden der öffentlichen Hand beträchtlich (**gestiegen/gesunken**) gestiegen
sind, besonders während des zweiten Weltkrieges.

8.80. Ist eine große Staatsschuld von Nachteil? Viele glauben dies und argumentieren so: „Wenn ein Geschäftsmann ständig mehr ausgibt, als er einnimmt, gerät er in finanzielle Schwierigkeiten. Eines

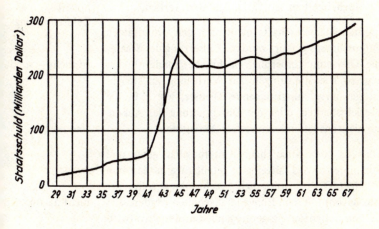

Abb. 8.5 Die Staatsschuld 1929–1968 (Milliarden Dollar)

Tages nehmen seine Schulden einen solchen Umfang an, daß er sie nicht mehr zurückzahlen kann und in Konkurs gehen muß. Aber nicht nur er verliert sein Vermögen, auch seine Gläubiger haben wertlose Schuldscheine in der Hand. Werden die Staatsschulden zu groß, so geht der Staat irgendwann bankrott und überläßt die verarmten Inhaber von Staatspapieren ihrem Schicksal. Wenn die Unternehmen sich im Rahmen ihrer Möglichkeiten bewegen müssen, muß das auch die Regierung tun."

Dieses Argument impliziert, daß im Falle zu großer Schulden der öffentlichen Hand der Staat die Besitzer von Staatspapieren (**nicht auszahlen/auszahlen**) kann. Außerdem impliziert es, daß der Staat (**sich/sich nicht**) wie ein Privatunternehmer verhalten sollte.

nicht auszahlen
sich

8.81. Beide Implikationen sind jedoch falsch. Erstens verfügt der Staat über spezifische Machtmittel, die seine Fähigkeit zur Rückzahlung aufgenommener Kredite sicherstellen. Dabei handelt es sich um die Steuerhoheit und die Möglichkeit der Geldschöpfung. Das heißt der Staat (**ist/ist nicht**) in der Lage, seine Schulden zurückzuzahlen, da er die notwendigen Mittel durch Erhebung von .... und durch Schöpfung neuen .... beschaffen kann.

ist

Steuern – Geldes

8.82. Einer Unternehmung steht keine dieser Möglichkeiten zur Verfügung. Aus diesem Grunde hängt ihre Kreditfähigkeit von ihrem potentiellen Einkommen ab. Die Staatsverschuldung hingegen unterliegt nicht der Begrenzung durch den Umfang der jetzigen staatlichen Einkünfte, weil die Regierung über die .... - .... und die Möglichkeit zur .... verfügt.

Steuerhoheit –
Geldschöpfung

8.83. Zweitens sollten Staatsgeschäfte nicht nach den Grundsätzen eines privaten Unternehmens geführt werden. Zielsetzung des Staates (**ist/ist nicht**) die Gewinnmaximierung, (**nicht aber/sondern**), den Staatsbürgern gewisse Dienstleistungen zur Verfügung zu stellen. Viele vom Staat gewährte, nutzbringende Dienste, wie z. B. die Ausübung der Gerichtsbarkeit oder die Durchführung der Außenpolitik, (**sind/sind nicht**) gewinnmaximierende Aktivitäten.

ist nicht – sondern

sind nicht

8.84. Die Auffassung, der Staat habe Unterbeschäftigung und Inflation zu bekämpfen, wird allgemein geteilt. Wenn das nun manchmal ein Budgetdefizit erforderlich macht, dann sollte der Staat (**davon/nicht davon**) mit dem Einwand abgehalten werden, dies entspreche nicht den Finanzierungsgepflogenheiten der Privatwirtschaft

nicht davon

8.85. In der Vergangenheit wurden aber auch andere Gründe gegen wirtschaftspolitische Maßnahmen genannt, die höhere Staatsschulden verursachen. Man findet häufig folgendes Argument: „Nehmen Sie an, der Staat finanziere eine bestimmte Aufgabe durch Kreditaufnahme statt durch Steuern. Dann kann die gegenwärtige Generation den Nutzen dieser Ausgaben genießen, ohne dafür zu zahlen. Wenn die Schuld beglichen werden soll, muß der Staat Steuern erheben, woraus folgt, daß eine zukünftige Generation für die Ausgaben der jetzigen Generation zahlen muß." Dieses Argument unterstellt, daß bei Staatsausgaben, die durch Kredite anstatt durch Steuererhebung finanziert werden, die finanzielle Bürde von **(der gegenwärtigen/einer zukünftigen)** Generation getragen wird.

einer zuküftigen

8.86. Wir wollen dieses Argument genauer untersuchen. Betrachten Sie einmal die riesigen Staatsausgaben, die in den frühen vierziger Jahren im Zusammenhang mit dem Zweiten Weltkrieg getätigt wurden. Wie Abb. 8.5 zeigt, erfolgte ein **(großer/kleiner)** Prozentsatz des seit 1929 zu verzeichnenden Wachstums der Staatsschulden in der Zeit des Zweiten Weltkrieges.

großer

8.87. Wenn das oben angeführte Argument richtig ist, dann hieße das, daß ein Großteil der durch **(Steuern/Kredite)** finanzierten Militärausgaben von zukünftigen Generationen getragen wird. Aber stimmt dieses Argument? Beginnen wir mit der Betrachtung der realen volkswirtschaftlichen Kosten der Militärausgaben. Dabei handelt es sich um Güter für zivile Zwecke, die mit den für militärische Zwecke eingesetzten .... hätten produziert werden können. Hätten sich die Soldaten mit Weizenanbau statt mit Kriegsführung beschäftigt und hätte General Motors Autos statt Panzer hergestellt, dann hätte das amerikanische Volk in den Kriegsjahren weit **(mehr/weniger)** Güter für den zivilen Verbrauch gehabt, als ihm tatsächlich zur Verfügung standen.

Kredite

Produktionsfaktoren

mehr

8.88. Die volkswirtschaftlichen Aufwendungen für den Krieg bestanden also darin, daß während des Krieges ....- .... aus dem privaten in den militärischen Bereich verlagert werden mußten. Im Ergebnis stand der Generation des Zweiten Weltkrieges ein **(größeres/kleineres)** Güterangebot zur Befriedigung ihrer Bedürfnisse zur Verfügung.

Produktionsfaktoren

kleineres

8.89. Wenn Steuern, die die Konsumenten belasten, den laufenden Konsum stärker treffen, während die Defizitfinanzierung die

Investitionsmöglichkeiten stärker einschränkt, hat die Defizitfinanzierung einen relativ (**größeren/geringeren**) Kapitalbestand zur Folge, der künftigen Generationen hinterlassen werden kann. Aber das kann nicht als eine Verlagerung der Kriegslasten angesehen werden, wenn wir davon ausgehen, daß eine jede Generation das Recht besitzt, ihr Einkommen so auf Konsum oder Investitionen aufzuteilen, wie es ihr paßt.

geringeren

8.90. Unabhängig davon, ob nun die Regierung dem amerikanischen Volk die finanziellen Mittel durch Steuern oder über Kredite entzogen hat, auf jeden Fall führten die mit diesen Mitteln finanzierten Kriegsausgaben (**in der Zukunft/in den Kriegsjahren**) zu einem Abzug von Produktionsfaktoren aus dem zivilen Bereich zugunsten eines Einsatzes für militärische Zwecke. Daher wurde die tatsächliche Last des zweiten Weltkrieges von (**der damaligen/einer späteren**) Generation getragen.

in den Kriegsjahren

der damaligen

8.91. Wenn also die Bürde der Kriegsausgaben zu jener Zeit getragen werden mußte, was geschieht dann, wenn die zur Finanzierung dieser Ausgaben gemachten Schulden zurückgezahlt werden? Nehmen wir an, die Regierung müßte im nächsten Jahr einen Teil der Schulden begleichen. Sie würde deshalb $ 10 Mrd. durch Steuererhöhung hereinholen, um einen gleichgroßen Betrag ausstehender Schuldpapiere zurückzukaufen. Das würde dazu führen, daß die Besitzer der Staatspapiere $ 10 Mrd. (**erhalten/zahlen**), und die Steuerzahler $ 10 Mrd. (**erhalten/zahlen**).

erhalten

zahlen

8.92. Wer sind nun diese Besitzer von Staatspapieren und die Steuerzahler? Da einerseits praktisch die gesamten Staatsschuldverschreibungen von amerikanischen Bürgern und Institutionen gehalten werden, und andererseits die meisten Steuern von amerikanischen Bürgern und Institutionen gezahlt werden, zahlt das amerikanische Volk die Staatsschulden an (**sich selbst/andere Nationen**) zurück. Es gibt also (**einen/keinen**) Verlust an Produktionsfaktoren oder Gütern als Folge der Schuldenbegleichung. Es findet vielmehr einfach eine Einkommensumverteilung von den Steuerzahlern an die Gläubiger des Staates statt, und das sind im großen und ganzen die gleichen Leute.

sich selbst

keinen

8.93. Dieses erstaunliche Ergebnis läßt sich auf die Tatsache zurückführen, daß die Staatsschulden eine nahezu vollständig interne

Schuld darstellen, d. h. das amerikanische Volk schuldet sie
.........., ..., nicht etwa anderen Nationen.   sich selbst

8.94. Die Dinge lägen anders, wenn die Regierung Anleihen im Ausland aufgenommen hätte, um den Krieg zu finanzieren. Dann wären die Anleihen zum Kauf von Gütern verwandt worden, die mit Hilfe ausländischer Produktionsfaktoren hergestellt worden wären, und man hätte nicht amerikanische Produktionsfaktoren vom zivilen zum militärischen Bereich verlagern müssen. In diesem Fall hätte die Generation des Zweiten Weltkrieges (**keinerlei/ebenfalls eine**) ökonomische Last getragen, da sie nicht auf .... für zivile Zwecke hätte verzichten müssen.   keinerlei / Güter

8.95. Außerdem müßten amerikanische (**Steuerzahler/Gläubiger von öffentlichen Anleihen**) bei der Rückzahlung externer Schulden Einkommen an ausländische (**Steuerzahler/Gläubiger von öffentlichen Anleihen**) transferieren, die diese Mittel zum Kauf von Gütern verwenden würden, die mit Hilfe amerikanischer ....-............ produziert würden. Infolgedessen müßte im Falle einer .... Schuld eine zukünftige Generation die ökonomische Bürde des Krieges auf sich nehmen, da es diese zukünftige Generation wäre, die einen Konsumverzicht zu leisten hätte.   Steuerzahler / Gläubiger von öffentlichen Anleihen / Produktionsfaktoren / externen

8.96. Wenn eine externe Schuld aufgenommen wird, um ausländische Mittel zur Vergrößerung von Investitionen in Kapitalgüter zu bekommen, dann haben zukünftige Generationen nicht nur eine externe Schuld zurückzuzahlen, sondern sie besitzen auch die Mittel dazu. In diesem Falle sind die Mittel in dem vergrößerten Bestand an .... zu sehen, die von der gegenwärtigen Generation geerbt werden. Aber auch hier hat eine zukünftige Generation für die mit (**internen/externen**) Schulden finanzierten Ausgaben aufzukommen.   Kapitalgütern / externen

8.97. Das Argument der Verschiebung von Ausgabenlasten an künftige Generationen über die Defizitfinanzierung trifft zu, wenn es sich um eine (**interne/externe**) Verschuldung handelt. Da die Staatsschulden jedoch nahezu vollständig .... Schulden sind, ist die Argumentation weitgehend unzutreffend.   externe / interne

8.98. Da den zukünftigen Generationen keine Produktionsfaktoren durch das Entstehen interner Schulden „gestohlen" werden können, bedeutet die Anwendung einer auf Stabilisierung der Volkswirtschaft gerichteten Fiskalpolitik (**eine/keine**) Gefahr für das wirtschaftliche Wohlergehen der Enkelkinder der jetzigen Generation.   keine

WIEDERHOLUNGSFRAGEN

8.1. Der Staat kann die Höhe der Gesamtnachfrage regulieren, indem er folgende Größe verändert: .....

a) die Regierungsausgaben
b) die Steuern
c) die Transferzahlungen
d) Jede der genannten Größen

8.2. Wenn die Deflationslücke zwischen realem und potentiellem BSP $ 20 Mrd. beträgt, und die marginale Konsumneigung gleich 0,75 ist, läßt sich Vollbeschäftigung dadurch erreichen, daß ...

a) die Steuern um $ 5 Mrd. gesenkt werden.
b) die Transferzahlungen um $ 5 Mrd. erhöht werden.
c) die Staatsausgaben um $ 5 Mrd. erhöht werden.
d) irgendeine der genannten Maßnahmen durchgeführt wird.

8.3. Der Staatshaushalt ist dann inflationär, wenn ...

a) er ein hohes Defizit aufweist.
b) zusätzlich zu einer großen Staatsschuld ein großes Haushaltsdefizit entsteht.
c) er zu einer Höhe der Gesamtnachfrage führt, die das potentielle BSP zu Basispreisen überschreitet.
d) er zu einem höheren Niveau der Staatsausgaben führt.

8.4. Wenn die Inflationslücke $ 12 Mrd. und die marginale Konsumneigung 0,6 beträgt, läßt sich Vollbeschäftigung ohne Inflation dadurch erreichen, daß die direkten Einkommenssteuern um ... erhöht werden.

a) $ 20 Mrd.
b) $ 12 Mrd.
c) $ 4,8 Mrd.
d) $ 8 Mrd.

8.5. Soll die Arbeitslosigkeit mit Hilfe der Fiskalpolitik beseitigt werden, muß ein ... vorliegen.

a) Haushaltsdefizit
b) ausgeglichener Haushalt
c) Haushaltsüberschuß
d) Keine der genannten Antworten trifft zu.

9

ZINSSATZ UND INVESTITIONSAUSGABEN

9.1. In den vorangegangenen Kapiteln wurde gezeigt, wie die Gesamtnachfrage die Wirtschaftslage beeinflußt. Liegt überschüssige Gesamtnachfrage vor, dann tritt .... ein. In dem einfachen Modell der vorangegangenen Kapitel wurde das im Diagramm dadurch dargestellt, daß die Kurve der Gesamtnachfrage die Gesamtangebotskurve in ihrem (**45-Grad-/vertikalen**) Bereich schnitt. (Siehe z. B. Abb. 6.5)

Inflation

vertikalen

9.2. Ist die Gesamtnachfrage zu niedrig, entsteht ....- .... Das ist in der graphischen Darstellung dann der Fall, wenn die Gesamtnachfragekurve den Teil der Gesamtangebotskurve schneidet, der die Form einer (**vertikalen/45-Grad-**) Linie hat.

Unterbeschäftigung

45-Grad-

9.3. Um Vollbeschäftigung und Preisniveaustabilität zu gewährleisten, muß die Gesamtnachfrage gerade so hoch sein wie das .... zu Basispreisen. Das ist dann der Fall, wenn die Gesamtnachfragekurve gerade durch den Knick in der Gesamtangebotskurve verläuft.

potentielle BSP

9.4. Die Gesamtnachfrage ist die Summe aus Konsum-, Investitions- und Staats ...., die zu Basispreisen gemessen werden. Eine autonome Änderung einer dieser Ausgabenkomponenten der Gesamtnachfrage ergibt eine (**Verlagerung/Bewegung entlang**) der Gesamtnachfragekurve.

-ausgaben

Verlagerung

9.5. Als autonome Änderungen der Gesamtnachfragekurve wurden solche Änderungen definiert, die von (**anderen Faktoren als dem/dem**) realen BSP verursacht werden und die Ausgabenkomponenten der Gesamtnachfrage beeinflussen.

anderen Faktoren als dem

9.6. So ruft zum Beispiel – wie schon in Kapitel 8 herausgearbeitet – eine Anhebung der persönlichen Einkommensteuern eine (**Vergrößerung/Verringerung**) der Konsumausgaben hervor. Dabei handelt es sich also um eine .... Änderung der Konsumausgaben, die sich in einer Verschiebung der Konsumfunktion und der Gesamtnachfragekurve auswirkt.

Verringerung
autonome

9.7. Ebenso wie die Regierung eine Politik durchführen kann, die zu .... Veränderungen der Konsumausgaben führt, kann sie auch die Investitionsausgaben beeinflussen.

autonomen

9.8. Während Konsumausgaben vorgenommen werden, um direkt die Wünsche der Konsumenten zu befriedigen, werden Investitionsausgaben zum Zwecke der Gewinnerzielung getätigt. Wenn ein Unternehmen eine Investitionsausgabe vornimmt, hofft es, seine Kapazität für Erzeugung und Verkauf seiner Produkte auszudehnen und auf diese Weise einen höheren .... zu erzielen. Wenn nicht erwartet wird, daß mit der Ausgabe für ein bestimmtes Kapitalgut ein .... erzielt werden kann, wird diese Ausgabe nicht getätigt.

Gewinn

Gewinn

9.9. Damit sich die Investition in ein Kapitalgut lohnt, müssen Einnahmen erzielt werden, die alle damit verbundenen Ausgaben und die Kosten für den Kauf dieses Kapitalsgutes decken. Wenn z. B. für die Erschließung und den Betrieb einer Ölquelle $ 100.000 aufgewendet werden müssen und diese Ölquelle bis zu ihrem Versiegen nur Einnahmen in Höhe von $ 90.000 einbringt, ist es (**lohnend/nicht lohnend**), diese Ausgabe zu tätigen. Wenn sich der Ertrag dieser Ölquelle jedoch auf $ 105.000 beläuft, übersteigen die Erlöse die Kosten um $ ....

nicht lohnend

5.000

9.10. Der Ertrag einer Investition (return over cost) wird im allgemeinen ebenso berechnet, wie bei Spargutbaben oder Regierungsanleihen. Eine Regierungsanleihe, die z. B. $ 17,75 kostet und nach 8 Jahren für $ 25,00 eingelöst wird, bezeichnet man im allgemeinen als eine Obligation, die mit einem Zinssatz von 4 v. H. im Jahr verzinst wird. Wenn Sie also $ 17,75 investieren und einen Zinssatz von 4 % p. a. erhalten, dann hat ihre ursprüngliche Investition nach acht Jahren einschließlich der .... einen Wert von $ ....

Zinsen
25,00

9.11 Ein ähnliches Verfahren kann man bei Investitionen in Kapitalgüter anwenden. In diesem Fall wird der durchschnittliche

Betrag pro Jahr, um den die Erlöse die Kosten übersteigen (return over cost) als Kapitalverzinsung bezeichnet. Den jährlichen prozentualen Nettoertrag (return over cost), den eine Investition abwirft, bezeichnet man als .... des .... Wenn sich im Falle unserer Ölquelle die Kosten auf $ 100.000 und die Erträge nach einem Jahr auf $ 105.000 belaufen, und im Anschluß an dieses Jahr keine weiteren Erträge anfallen, dann handelt es sich um eine Investition mit einer Kapitalverzinsung in Höhe von .... % p.a.

Verzinsung — Kapitals

fünf

9.12. Die Erträge eines Kapitalgutes müssen höher als die Kosten sein, damit sich die Anschaffung eines Kapitalgutes lohnt. Diese Erträge müssen außerdem mindestens ebenso hoch sein wie diejenigen anderer Anlagemöglichkeiten, in die das Geld hätte investiert werden können. Es genügt mit anderen Worten nicht, daß eine Investition eine positive .... hat. Diese Kapitalverzinsung muß mindestens ebenso hoch sein, wie diejenige aller anderen Anlagemöglichkeiten. Andernfalls würde es sich **(lohnen/nicht lohnen)**, andere Aktiva zu erwerben.

Kapitalverzinsung

lohnen

9.13. Nehmen wir z. B. einmal an, daß die Ölquelle eine Kapitalverzinsung von 5 % p.a. hat. Das heißt, daß die Erträge **(ausreichen/nicht ausreichen)**, um die ursprünglichen Kosten zu decken. Das für sich allein **(bedeutet/bedeutet jedoch nicht)**, daß sich die Investition lohnt.

ausreichen
bedeutet jedoch nicht

9.14. Wenn Sie z. B. mit einem Sparguthaben bei Ihrer Bank einen Zinssatz von sechs v. H. erzielen können, so heißt dies, daß Ihre ursprüngliche Einlage von $ 100.000 nach einem Jahr $ .... wert ist. Wenn Ihnen diese Möglichkeit offensteht, werden Sie sich offensichtlich **(dafür/nicht dafür)** entscheiden, in die Ölquelle zu investieren.

106.000

nicht dafür

Sie werden sich dafür entscheiden, in die Ölquelle mit einer Kapitalverzinsung von 5 v. H. zu investieren, anstatt Ihr Geld in einem Sparguthaben anzulegen, wenn Sie für das Sparguthaben nur einen Zinssatz von weniger als ... v. H. erhalten.

5

9.15 Unternehmungen haben im allgemeinen die Alternative, in Kapitalgüter zu investieren oder finanzielle Aktiva, wie Regierungsanleihen oder Bankeinlagen zu erwerben. Für ein Unternehmen lohnt es sich, in ein Kapitalgut zu investieren, wenn sich damit eine höhere

.... erreichen läßt als mit einer Anlage in finanzielle Aktiva. | Kapitalverzinsung

9.16. Je niedriger der Zinssatz für finanzielle Aktiva ist, um so (**mehr/weniger**) Kapitalinvestitionen erscheinen lohnend, sofern alles andere gleich bleibt. | mehr

9.17. Einen bedeutenden Einflußfaktor für die Bestimmung der Investitionsausgaben stellt also der allgemeine .... dar, mit dem der Kapitalertrag (**die Kapitalverzinsung**) verglichen wird, um zu entscheiden, ob sich eine Investitionsausgabe lohnt. | Zinssatz

9.18. Je höher der Zinssatz ist, um so (**größer/kleiner**) ist, wenn alles andere gleich bleibt, die Menge an Investitionsausgaben, die lohnend erscheinen. | kleiner

9.19. Die Beziehung zwischen dem Zinssatz und der Höhe der Investitionsausgaben wird in der Kapitalverzinsungsfunktion der Abb. 9.1 dargestellt. In diesem Diagramm werden sowohl der Zinssatz wie auch die Kapitalverzinsung längs der .... Achse abgetragen, die Investitionsausgaben längs der ....- .... Achse. | vertikalen horizontalen

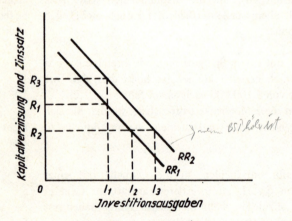

Abb. 9.1. Kapitalverzinsungsfunktion

9.20. Die Kurven RR_1 und RR_2 stellen Beispiele für die ....funktion dar. Diese Funktion gibt für verschiedene Höhen der Investitionsausgaben die Kapitalverzinsung | Kapitalverzinsung einer zusätzlichen, für Investitionsausgaben eingesetzten Geldeinheit wieder. Wenn Sie z. B. RR_1 betrachten, so zeigt diese Funktion, daß bei Investitionsausgaben in Höhe von $0I_1$ die Kapitalverzinsung einer zusätzlichen, für Investitionen aufgewendeten Geldeinheit gleich .... ist.

$0R_1$

9.21. Wie Abb. 9.1 zeigt, **(fällt/steigt)** die Kapitalverzinsungsfunktion von links nach rechts. Je größer also die Investitionsausgaben sind, um so **(höher/niedriger)** ist die Kapitalverzinsung, die mit der letzten für Investitionsausgaben ausgegebenen Geldeinheit erzielt werden kann.

fällt

niedriger

9.22. Nehmen wir einmal an, Sie sollten alle möglichen Investitionsausgaben gemäß der jeweiligen Kapitalverzinsung in abfallender Rangordnung angeben. Sie sollten also mit anderen Worten zunächst diejenigen Investitionsausgaben anführen, die eine Kapitalverzinsung von 20 v. H. oder mehr ermöglichen, dann diejenigen, mit denen sich 15 v. H. und mehr erzielen lassen, dann diejenigen mit zehn v. H. usw. Sie können dann feststellen, daß die Menge der einbezogenen Investitionsausgaben um so **(größer/kleiner)** ist, je niedriger die Mindestkapitalverzinsung ist. Umgekehrt ist die Kapitalverzinsung der letzten für Investitionsausgaben eingesetzten Geldeinheit um so ...., je größer die Investitionsausgaben sind.

größer

niedriger

9.23. Gewinnorientierte Unternehmer werden im allgemeinen diejenigen Investitionsprojekte, die die höchste Kapitalverzinsung versprechen, **(zuerst/zuletzt)** realisieren. Einige wenige Investitionen lassen eine hohe Kapitalverzinsung erwarten, mit einer größeren Zahl von Projekten lassen sich niedrigere Kapitalverzinsungen erzielen. Wenn Sie also in einer graphischen Darstellung den Investitionsmöglichkeiten die Kapitalverzinsungen, die Sie erwarten, gegenüberstellen, müssen Sie eine Kapitalverzinsungsfunktion erhalten, die nach rechts abfällt. Die Kapitalverzinsung einer zusätzlichen für Investitionen eingesetzten Geldeinheit beträgt im Falle der Kurve RR_1 bei Investitionsausgaben in Höhe von $0I_2$ ....

zuerst

$0R_2$

9.24. Es ist möglich, aus der Kapitalverzinsungsfunktion abzulesen, wie hoch die Investitionsausgaben sind, die die Unternehmer bei unterschiedlichen Zinssätzen vornehmen wollen. Solange die Kapitalverzinsung eines Investitionsprojektes **(höher/niedriger)** ist als der Zinssatz, wird es durchgeführt. Investitionsausgaben werden solange vorgenommen, bis **(nur noch wenige/keine)** Projekte übrigbleiben,

höher

keine

die eine Kapitalverzinsung haben, die über dem Zinssatz liegt. An diesem Punkt ist die Kapitalverzinsung (**größer als der/gleich dem/kleiner als der**) Zinssatz.

gleich dem

9.25. Wenn im Falle der Abb. 9.1. z. B. die Kapitalverzinsungsfunktion RR_1 ist und der Zinssatz bei OR_1 liegt, wollen die Unternehmer nicht mehr und nicht weniger Investitionsausgaben vornehmen als .... Bei dem niedrigeren Zinssatz von OR_2 sind die Investitionsausgaben (**größer/kleiner**) und betragen ....

OI_1
größer – OI_2

9.26. Wie Abb. 9.1 zeigt, hängt die Höhe der Investitionsausgaben vom .... ab. Der Zinssatz ist jedoch nicht der einzige Faktor, der die Investitionsausgaben beeinflußt. Die erwartete Kapitalverzinsung einer Investition hängt davon ab, wie die Unternehmer ihre Zukunftschancen einschätzen. Wenn sie in der Zukunft mit einer relativ hohen Nachfrage nach ihren Produkten rechnen, ist die erwartete Kapitalverzinsung eines Investitionsprojektes relativ (**hoch/niedrig**).

Zinssatz

hoch

9.27. Die Erwartungen der Unternehmer über die Zukunft hängen weitgehend von ihrer gegenwärtigen Lage ab. Wie in Kapitel 6 gezeigt wurde, sind die Verkäufe und Gewinne relativ hoch, wenn das reale BSP relativ hoch ist; infolgedessen ist auch die erwartete Kapitalverzinsung relativ (**hoch/niedrig**). Die erwartete Kapitalverzinsung eines Investitionsprojektes wird deshalb von der gegenwärtigen Höhe des realen BSP (**beeinflußt/nicht beeinflußt**). Die Höhe der Investitionsausgaben hängt infolgedessen von der gegenwärtigen Höhe des realen BSP ab.

hoch

beeinflußt

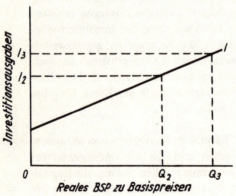

Abb. 9.2. Investitionsfunktion

9.28. In Abb. 9.2 führt z. B. eine Erhöhung des realen BSP von $0Q_2$ auf $0Q_3$ zu einer Erhöhung der .... ausgaben von .... auf ....

Investitions-
$0I_2 - 0I_3$

9.29. Dies läßt sich auch mit Hilfe der Abb. 9.1 darstellen. Die Lage der Kapitalverzinsungsfunktion hängt von der Höhe des realen BSP ab. In der Ausgangssituation des realen BSP sei die Kapitalverzinsungsfunktion RR_1. Wenn die Investitionsausgaben $0I_1$ betragen, liegt die Kapitalverzinsung bei .... Wenn das reale BSP höher ist, erwarten die Unternehmer bei allen Investitionsprojekten eine (**höhere/niedrigere**) Kapitalverzinsung. Die Kapitalverzinsungsfunktion befindet sich infolgedessen in einer (**höheren/niedrigeren**) Lage, wie z. B. RR_2.

$0R_1$

höhere
höheren

9.30. Wenn der Zinssatz bei $0R_2$ liegt und die ursprüngliche Höhe des realen BSP $0Q_2$ beträgt, wie in Abb. 9.2, haben die Investitionsausgaben eine Höhe von .... Wenn der Zinssatz weiterhin bei $0R_2$ liegt, das BSP jedoch eine Höhe von $0Q_3$ hat, betragen die Investitionsausgaben .... Je höher also das reale BSP ist, desto .... sind die Investitionsausgaben.

$0I_2$

$0I_3$
höher

9.31. Es ist soeben gezeigt worden, daß eine Steigerung des realen BSP zu einer (**Bewegung längs/Verschiebung**) der Kapitalverzinsungsfunktion führt. Ebenso führt eine Veränderung des Zinssatzes zu einer Verschiebung der Investitionsfunktion. Das läßt sich aus Abb. 9.3 ersehen.

Verschiebung

9.32. Das reale BSP sei $0Q$. Für diese Höhe des realen BSP gibt es eine Kapitalverzinsungsfunktion, die in Abb. 9.3 (i) durch RR wiedergegeben wird. Diese Kapitalverzinsungsfunktion zeigt für ein reales BSP von $0Q$ die Höhe der .... bei unterschiedlichen .... an. Bei einer Kapitalverzinsungsfunktion RR und einem Zinssatz $0R_1$ betragen die Investitionsausgaben ....

Investitionsausgaben
Zinssätzen

$0I_1$

9.33. Das läßt sich auch aus Abb. 9.3 (ii) ersehen. Die Kurve I_1 ist die Investitionsfunktion bei einem Zinssatz von $0R_1$. I_1 zeigt bei gegebenem Zinssatz $0R_1$ die .... an, die bei einer unterschiedlichen Höhe des .... getätigt werden. Ist die Investitionsfunktion I_1 und beträgt das reale BSP $0Q$, dann betragen die Investitionsausgaben ....

Investitionsausgaben
realen BSP

$0I_1$

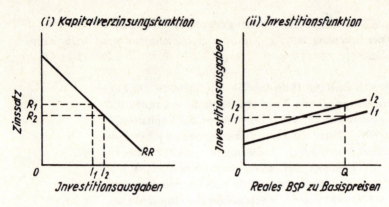

Abb. 9.3 Zinssatz und Investitionsausgaben

9.34. Die Höhe der Investitionsausgaben, die von der Kurve RR für einen Zinssatz von OR_1 ausgewiesen wird, ist natürlich (**die gleiche/nicht die gleiche**) wie diejenige, die von der Kurve I_1 für ein reales BSP von OQ ausgewiesen wird. Das ist darauf zurückzuführen, daß RR die Kapitalverzinsungsfunktion für ein reales BSP von .... ist und I_1 die Investitionsfunktion für einen Zinssatz von ....

die gleiche

OQ
OR_1

9.35. Wenn sich bei einem realen BSP von OQ der Zinssatz ändert, führt das zu einer (**Verschiebung/Bewegung längs**) der Kurve RR in Abb. 9.3 (i). Bei einem Zinssatz von OR_2 betragen die Investitionsausgaben ....

Bewegung längs

OI_2

9.36. Eine Senkung des Zinssatzes von OR_1 auf OR_2 führt zu einer (**Verschiebung/Bewegung längs**) der Investitionsfunktion in Abb. 9.3 (ii). Bei einem Zinssatz von OR_2 ist die Investitionsfunktion I_2. Bei einem realen BSP von OQ liegen die Investitionsausgaben dann bei ....

Verschiebung

OI_2

9.37. In unserem Modell von Gesamtnachfrage und Gesamtangebot führt also eine Veränderung des Zinssatzes zu einer .... Veränderung der Investitionsausgaben. Wie Sie gesehen haben, schlägt sie sich wie jede andere autonome Veränderung der Investitionsausgaben in einer (**Verschiebung/ Bewegung längs**) der Investitionsfunktion nieder.

autonomen

Verschiebung

9.38. Da eine Veränderung des Zinssatzes zu einer Verschiebung der Investitionsfunktion führt, verursacht sie auch eine Verschiebung der

..................................kurve. Es ist deshalb zu erwarten, daß eine Verschiebung der Gesamtnachfragekurve, die auf eine Veränderung des Zinssatzes zurückzuführen ist, (**die gleichen/nicht die gleichen**) Wirkungen hat wie autonome Veränderungen der Gesamtnachfrage, die von anderen Faktoren ausgelöst worden sind.

Gesamtnachfrage-

die gleichen

9.39. Genauer gesagt führt eine Steigerung des Zinssatzes zu einer autonomen (**Steigerung/Verminderung**) der Investitionsausgaben und der Gesamtnachfrage. Wenn in der Ausgangslage keine inflatorische Lücke vorlag, führt eine Steigerung des Zinssatzes zu einer (**Erhöhung/Verminderung**) der Arbeitslosigkeit. Im Falle einer Inflation führt eine Steigerung des Zinssatzes zu einer (**Vergrößerung/Verkleinerung**) der inflatorischen Lücke.

Verminderung

Erhöhung

Verkleinerung

9.40. Eine Senkung des Zinssatzes muß natürlich die umgekehrten Wirkungen haben. Sie verursacht eine (**Vergrößerung/Verringerung**) der Gesamtnachfrage und tendiert je nach der dann gerade herrschenden Wirtschaftslage dazu entweder eine Deflationslücke (**auszuweiten/zu verkleinern**) oder eine Inflationslücke (**auszuweiten/zu verkleinern**).

Vergrößerung

zu verkleinern
auszuweiten

9.41. Die Auswirkungen von Zinsänderungen werden analysiert, weil sie einmal bedeutsame volkswirtschaftliche Folgen auslösen, und zum anderen auch weil die staatliche Wirtschaftspolitik den Zinssatz verändern kann. Wenn daher adäquate Maßnahmen zur Veränderung des Zinssatzes unternommen werden, kann damit der .... das Niveau der Gesamtnachfrage ändern, um Vollbeschäftigung ohne Inflation herbeizuführen.

Staat

9.42. Um zu verstehen, wie der Staat den Zinssatz beeinflussen kann, müssen die Bestimmungsgründe des Zinssatzes in einer Marktwirtschaft untersucht werden. Sie werden sich erinnern, daß es sich bei Zinsen um eine Zahlung handelt, die über den geliehenen Betrag hinausgeht – und von den (**Gläubigern/Kreditnehmern**) an die (**Gläubiger/Kreditnehmer**) geleistet werden muß.

Kreditnehmern
Gläubiger

9.43. Der Prozentsatz einer für ein Jahr geliehenen Kreditsumme, der als Zins gezahlt werden muß, wird als .... bezeichnet. Der Zinssatz gibt also die Anzahl von Cent an, die für die Ausleihe eines Dollars für ein Jahr zu zahlen ist. Genauso wie eine bestimmte Anzahl Cents, die für einen Laib Brot bezahlt werden müssen, den Brotpreis darstellt, ist der Zinssatz der .... des für ein Jahr geliehenen Geldes.

Zinssatz

Preis

9.44. Wenn Sie z. B. $100 für zwei Jahre aufnehmen wollen, gibt Ihnen der Zinssatz an, wieviel Sie jedes Jahr für den Gebrauch dieses Geldes zahlen müssen. Ist der Zinssatz gleich acht Prozent, müssen Sie in jedem Jahr .... Cent pro Dollar zahlen. Die gesamte Zinszahlung macht in den zwei Jahren .... Dollar aus. Der Zinssatz von acht Prozent ist in unserem Beispiel der .... der Kreditaufnahme für ein Jahr.

acht
16
Preis

9.45. Genauso wie es Märkte für den Kauf und Verkauf von Gütern und Dienstleistungen gibt, gibt es einen Markt, auf dem Geld geliehen und ausgeliehen wird. Dieser Markt wird Kreditmarkt (money market) genannt, und läßt sich in Geld- und Kapitalmarkt unterteilen. Wenn Sie z. B. bei einer Bank einen Kredit aufnehmen, dann handelt es sich um eine Transaktion auf dem .... Der von Ihnen zu zahlende Preis ist der ....

Kredit-
markt   Zinssatz

9.46. In einer Volkswirtschaft gibt es viele verschiedene Arten von Kreditbeziehungen. Es gibt z. B. Hypotheken, Industrieanleihen, Personalkredite und viele andere Kreditformen. Sie unterscheiden sich hinsichtlich des Anlagezweckes, der dem Gläubiger gebotenen Sicherheit, der Kreditdauer und anderer Kriterien. Ebenso wie unterschiedliche Fleischstücke verschiedene Preise aufweisen, werden auch für unterschiedliche Kreditarten verschiedene Preise oder .... verlangt. Wenn Sie also im Wirtschaftsteil einer Zeitung den aktuellen Zinssatz nachsehen wollten, werden Sie (**einen bestimmten Zinssatz/viele verschiedene Zinssätze**) finden.

Zinssätze

viele verschiedene Zinssätze

9.47. Obwohl eine Analyse der Unterschiede verschiedener Kreditarten für einige Fragestellungen sehr bedeutsam sein kann, ist sie doch nicht notwendig, um zu verstehen, wie die Zinssätze bestimmt werden, oder wie die staatliche Wirtschaftspolitik die Investitionsausgaben verändern kann, indem sie den Kreditmarkt beeinflußt. Zur Vereinfachung werden wir deshalb von der Annahme ausgehen, es existiere nur eine Kreditform und somit auch nur ein Zinssatz. In den folgenden Abschnitten werden wir also Differenzierungen zwischen verschiedenen Kreditarten und Zinssätzen (**untersuchen/ vernachlässigen**), da diese Unterschiede (**eine/keine**) große Rolle für die Frage spielen, wie der Staat die Investitionsausgaben über den Kreditmarkt verändern kann.

vernachlässigen
keine

9.48. Wenn ein Kredit gegeben wird, wird im Grunde genommen auf dem Kreditmarkt ein Zahlungsversprechen an einen Gläubiger verkauft. Der Schuldner verpflichtet sich darin zur Rückzahlung des geborgten Geldes zuzüglich der .... Ein solches Zahlungsversprechen hat ganz verschiedene Bezeichnungen, je nachdem welche Kreditbeziehungen zugrunde liegen. Wir wollen hier ganz allgemein von Kreditmarktpapier (security) sprechen. Nimmt z. B. eine Unternehmung Geld zum Bau einer Fabrik auf, dann verkauft sie ein ...., das sie zur Rückzahlung des Kredits einschließlich der Zinsen verpflichtet. Gibt eine Bank einen Kredit, so **(kauft/verkauft)** sie ein solches ....

Zinsen

Kreditmarktpapier

kauft Kreditmarktpapier

9.49. Besitzt man ein von einem Kreditnehmer ausgegebenes Kreditmarktpapier, so kann man dieses häufig leicht auf dem Kreditmarkt weiterverkaufen. Wenn Sie Geld für irgendwelche Zwecke benötigen, können Sie es entweder durch Emission eines neuen .... oder durch Verkauf eines ....verschaffen, das sich bereits in Ihrem Besitz befindet. Beim Kreditmarkt handelt es sich also um einen Markt, auf dem sowohl neue als auch bereits früher emittierte .... ge- und verkauft werden. (Manchmal können bereits emittierte Kreditmarktpapiere nicht wieder auf dem Kreditmarkt verkauft werden. In den USA stellen Solawechsel ein Beispiel für solche nicht marktfähige Kreditmarktpapiere dar.)

Kreditmarktpapiers
Kreditmarktpapiers

Kreditmarktpapiere

9.50. Kreditmarktpapiere werden verkauft, um .... zu bekommen. In der Regel werden Kreditmarktpapiere emittiert, um den Schuldner in die Lage zu versetzen, **(mehr/weniger)** Güter und Dienstleistungen zu kaufen, als es ihm aufgrund seines laufenden Einkommens möglich wäre. Kauft z. B. eine Familie ein Haus, übersteigen die Kosten des Hauses gewöhnlich das jährliche Familieneinkommen. Durch den Verkauf eines neuen ...., d. h. durch Kreditaufnahme, besteht die Möglichkeit, das notwendige Geld zum Kauf des Hauses zu beschaffen.

Geld

mehr

Kreditmarktpapiers

9.51. Ein anderes Beispiel: Sie werden sich noch daran erinnern, daß der Staat im Falle eines Haushalts-................. das Geld durch Ausgabe von .... (also einer speziellen Form der Kreditmarktpapiere) auf dem Kreditmarkt aufnehmen muß.

defizits
Staatsanleihen

9.52. Personen, Unternehmungen oder öffentliche Haushalte, von denen noch Kreditmarktpapiere im Umlauf sind, nennt man Schuldner. Zu jedem Zeitpunkt ist die von einem ....

Schuldner

geschuldete Summe nicht einfach gleich dem in der laufenden Periode aufgenommenen Betrag. Es handelt sich vielmehr um den Gesamtbestand aller Kreditmarktpapiere, die vom .... ausgegeben, aber noch nicht zurückgezahlt worden sind.

Schuldner

9.53. Das Haushaltsdefizit des Bundes in Amerika betrug z. B. 1968 $ 6 Mrd. Das bedeutet, daß im Jahre 1968 zusätzlich zu denjenigen neuen Staatsanleihen, die zur Rückzahlung der in diesem Jahr fällig werdenden alten Anleihen dienten, für .... Mrd. Dollar Staatsanleihepapiere verkauft werden mußten. Ende 1968 waren die Gesamtschulden des Bundes um 6 Mrd. (**höher/geringer**) als Ende 1967. Die gesamten noch zu begleichenden Schulden betrugen Ende 1968 mit 293 Mrd. Dollar ein Vielfaches der 6 Mrd. Dollar, da sie (**alle/keine**) Kreditmarktpapiere enthielten, die in den vorausgegangenen Jahren aufgelegt, jedoch noch nicht zurückgezahlt worden waren.

6

höher

alle

9.54. Jedesmal, wenn natürliche Personen oder Unternehmungen Geld borgen, um mehr Güter und Dienstleistungen zu kaufen als aus dem laufenden Einkommen möglich ist, müssen — genau wie im vorstehenden Beispiel — neue .... emittiert werden, d. h. die gesamten ausstehenden Schulden müssen (**zunehmen/abnehmen**).

Kreditmarktpapiere

zunehmen

9.55. Zu jedem Schuldner mit im Umlauf befindlichen Kreditmarktpapieren gehört ein Gläubiger, der diese Papiere in seinem Portefeuille hält. Besäßen Sie z. B. von der American Telephone & Telegraph Corporation herausgegebene Kreditmarktpapiere, wären Sie ein .... und die AT & T der ....

Gläubiger   Schuldner

9.56. Dementsprechend ist also jedes Kreditmarktpapier gleichzeitig sowohl eine Forderung als auch eine Verbindlichkeit. Für die Gläubiger stellen Kreditmarktpapiere eine ...., für die Schuldner eine .... dar.

Forderung
Verbindlichkeit

9.57. Wie erwerben nun die Gläubiger solche Kreditmarktpapiere? Sie werden aus dem zweiten Kapitel dieses Buches noch in Erinnerung haben, daß für eine Volkswirtschaft als Ganzes die Einkommen gleich den Ausgaben sein müssen. Wie soeben gezeigt wurde, müssen jedoch (**bei jedem/nicht bei jedem**) individuellen Konsumenten, Unternehmen und staatlichen Haushalt Einkommen und Ausgaben übereinstimmen.

nicht bei jedem

9.58. Obwohl in einer Volkswirtschaft also (ein/kein) Unterschied zwischen Gesamtausgaben und Gesamteinkommen entstehen kann, kann ein solcher Unterschied bei einem einzelnen Konsumenten, Unternehmen oder staatlichen Haushalt (auftreten/nicht auftreten), wenn von ihm auf dem Kreditmarkt .... verkauft werden.

kein

auftreten
Kreditmarktpapiere

9.59. Da jedoch die Gesamtausgaben gleich den Gesamteinkommen sind, muß für jeden Kreditnehmer, der mehr als sein Einkommen ausgibt, auf der anderen Seite ein .... auftreten, der (mehr/weniger) als sein Einkommen verbraucht. Das zeigt sich auch in der Tatsache, daß immer dann, wenn jemand ein Kreditmarktpapier verkauft, es irgendjemand geben muß, der es ....

Kreditgeber
weniger

kauft

9.60. Bei den Gläubigern handelt es sich dann also um solche Konsumenten, Unternehmungen und öffentliche Haushalte, die (mehr/weniger) als ihr Einkommen für Güter und Dienstleistungen ausgegeben und dafür (Forderungen/Verbindlichkeiten) erworben haben.

weniger
Forderungen

9.61. Dagegen sind Schuldner Konsumenten, Unternehmungen und öffentliche Haushalte, die (mehr/weniger) für Güter und Dienstleistungen aufgewendet haben, als sie an Einkommen erhalten haben. Sie haben damit finanzielle (Forderungen/Verbindlichkeiten) akkumuliert.

mehr

Verbindlichkeiten

9.62. Natürlich muß es sich bei den Forderungen der .... und den Verbindlichkeiten der .... um die gleichen Kreditmarktpapiere handeln. Diese stellen das Mittel dar, mit dessen Hilfe diejenigen, die einen Teil ihres Einkommens sparen, ihm denjenigen zur Verfügung stellen, die mehr als ihr Einkommen ausgeben wollen.

Gläubiger
Schuldner

9.63. Der .... ist der Preis, den die Schuldner an die Gläubiger für die zeitweilige Verwendung ihres nicht ausgegebenen Einkommens bezahlen. Im nächsten Kapitel wird erklärt, wie sich der Zinssatz auf einer Höhe einpendelt, bei der die Menge der Kreditmarktpapiere, die die Schuldner aufgelegt haben, gleich derjenigen Menge ist, die die Gläubiger halten wollen.

Zinssatz

WIEDERHOLUNGSFRAGEN

9.1. Eine Senkung des Zinssatzes kann zu einer ... führen.

a) Erhöhung der Investitionsausgaben
b) Erhöhung des realen BSP
c) Erhöhung der Konsumausgaben
d) den drei genannten Alternativen

9.2. Ein Gläubiger ist jemand, der ...

a) nur einen Teil seines Einkommens für den Kauf von Gütern und Dienstleistungen verwendet hat.
b) Kreditmarktpapiere erworben hat.
c) einen Teil seines Einkommens einem Schuldner zur Verfügung gestellt hat.
d) Alle drei genannten Alternativen treffen zu.

9.3. Wenn sich ein Unternehmen für Investitionszwecke Geld leiht, ...

a) legt es neue Kreditmarktpapiere auf.
b) druckt es neues Geld.
c) kauft es vorhandene Kreditmarktpapiere.
d) greift es zu einer der genannten Alternativen.

9.4. Eine Investitionsausgabe lohnt sich dann, wenn ...

a) damit eine positive Kapitalverzinsung erreicht werden kann.
b) die Kapitalverzinsung höher als der Zinssatz ist.
c) ein positiver Zinssatz erzielt werden kann.
d) der Zinssatz höher ist als die Kapitalverzinsung.

9.5. Der Zinssatz ... .

a) kann die Höhe der Gesamtnachfrage beeinflussen.
b) ist der Prozentsatz der jährlich für die Nutzung des geliehenen Geldes gezahlt werden muß.
c) Sowohl die Antworten (a) als auch (b) treffen zu.
d) muß gleich der Kapitalverzinsung sein.

10

GELDANGEBOT UND GELDNACHFRAGE

10.1. In Kapitel 9 wurde festgestellt, daß einige Konsumenten, Unternehmen und öffentliche Haushalte nicht alles Einkommen ausgeben, das sie erzielt haben, und daß sie (**Verbindlichkeiten/ Forderungen**) in Form von Kreditmarktpapieren erwerben. Man bezeichnet sie als (**Gläubiger/Schuldner**).

Forderungen

Gläubiger

10.2. Die Gläubiger können ihr Vermögen jedoch nicht nur in Form von Wertpapieren halten. Vermögen läßt sich auch in Form von Geld halten. Damit ist gesagt, daß Gläubiger die Wahl haben zwischen der Alternative, ihr Vermögen in Form von .... oder .... zu halten.

Kreditmarkt-
papieren Geld

10.3. Bei gegebenem Vermögensbestand können die Gläubiger um so (**mehr/weniger**) Geld halten, je mehr Kreditmarktpapiere sie besitzen. Wenn ein Gläubiger also seinen Bestand an Kreditmarktpapieren erhöhen will, muß er seinen Bestand an .... reduzieren.

weniger

Geld

10.4. Geld stellt ebenso wie ein Kreditmarktpapier eine Forderung dar. Im Gegensatz zu einem Kreditmarktpapier wird Geld jedoch nicht verzinst. Warum ist dann jemand überhaupt willens, Geld zu halten, das keine Zinsen einbringt, wenn man .... halten kann, die Zinsen abwerfen? Es gibt zwei wichtige Gründe dafür, daß Gläubiger auf .... verzichten, indem sie Geld statt Kreditmarktpapiere halten.

Kreditmarkt-
papiere
Zinsen

10.5. Wir haben bereits festgestellt, daß Geld eine .... darstellt. In Kapitel 3 haben wir darauf hingewiesen, daß man alles als Geld bezeichnet, was generell für Güter und Dienstleistungen in Zahlung genommen wird. Geld stellt also eine .... dar, die generell als .... akzeptiert wird.

Forderung

Forderung
Zahlungsmittel

10.6. Wenn jemand nur Kreditmarktpapiere hält, muß er jedesmal, wenn er ein Gut oder eine Dienstleistung kaufen möchte, ein Kreditmarktpapier verkaufen, um Geld zu erhalten, da Geld das übliche Zahlungsmittel darstellt. Daran wäre nichts auszusetzen, wenn die Kreditmarktpapiere jederzeit und ohne Kosten verkauft werden könnten. Dann bestünde die Möglichkeit, so **(viel/wenig)** Zinsen wie möglich aus den Finanzmitteln zu erlösen, **(ohne daß man/wobei man aber)** dabei in Konflikt mit den Liquiditätserfordernissen für Einkaufszwecke gerät.

viel

ohne daß man

10.7. Leider kann man aber Kreditmarktpapiere nicht jederzeit verkaufen. Nachts und am Wochenende ließen sich Kreditmarktpapiere wohl kaum absetzen, und es wäre deshalb **(schwierig/einfach)**, dann Kaufwünsche zu befriedigen. Der Verkauf von Kreditmarktpapieren verursacht Kosten, z. B. das Aufsuchen der Bank oder Telefonanrufe, Maklergebühren, Zeitverluste bei den Transaktionen usw. Will man ein Maximum an Zinseinnahmen aus seinen Kreditmarktpapieren erlösen und hält also nur Kreditmarktpapiere, dann ist es **(notwendig/nicht notwendig)**, gewisse Kosten in die Rechnung einzubeziehen, die beim Verkauf von Kreditmarktpapieren anfallen, sobald Bargeld zum Einkaufen gebraucht wird.

schwierig

notwendig

10.8. Die angeführten Kosten lassen sich durch das Halten von .... vermeiden. In der Tat besitzen Individuen und Unternehmungen Bargeldbestände, um diese Art von .... zu umgehen. Ein Grund für die Kassehaltung liegt also darin, Geld für Transaktionszwecke (Übertragungszwecke) bereitzuhalten, ohne bei jedem Gütererwerb gleich die unerwünschten Kosten des Verkaufs von Kreditmarktpapieren tragen zu müssen. Die damit begründete Kassehaltung wollen wir als Transaktionsnachfrage nach Geld bezeichnen.

Geld (oder Kass

Kosten

10.9. Gäbe es in Zusammenhang mit dem Verkauf von Kreditmarktpapieren keine Aufwendungen an Zeit, Energie und Geld, dann existierte auch keine .... nach Geld. Da es jedoch solche Kosten gibt und die meisten Leute sie nicht zu tragen bereit sind, gibt es eine .... nach Geld.

Transaktionsnac

Transaktionsnac

10.10. Das zweite für die Kassehaltung sprechende Argument kann aus dem Umstand hergeleitet werden, daß der Marktwert von Kreditmarktpapieren im Laufe der Zeit schwanken kann. Dagegen ist der Wert des Geldes in Geldeinheiten fixiert. Während also der in Geldeinheiten ausgedrückte Wert von .... im Laufe der Zeit schwanken kann, ist der in Geldeinheiten ausgedrückte Wert des .... fixiert.

Kreditmarkt-
papieren
Geldes

10.11. Im Vergleich zum Geld sind die Kreditmarktpapiere eine risikoreichere finanzielle Anlagemöglichkeit, da der Verkaufswert der Kreditmarktpapiere am Kreditmarkt im Laufe der Zeit genauso stark schwankt wie die Bereitschaft anderer Wirtschaftssubjekte, diese Papiere zu kaufen. Ein Dollar bleibt immer ein Dollar, aber ein für 100 Dollar gekauftes Kreditmarktpapier kann schon nächsten Monat nur noch 90 Dollar wert sein. Hält man Kreditmarktpapiere anstelle von Geld, bekommt man zwar mehr ...., muß dafür aber auch ein größeres .... tragen.

Zinsen
Risiko

10.12. Die meisten Anleger entscheiden sich dafür, wenigstens einen Teil ihres Vermögens in Geld zu halten, um die mit den Kreditmarktpapieren verbundenen (**Risiken/Zinsen**) zu vermeiden. Die meisten Leute besitzen also Geldbestände als eine Sicherung für den Fall daß der Marktwert von Kreditmarktpapieren (**sinkt/steigt**).

Risiken

sinkt

10.13. Viele Menschen halten somit Geld, um sicherzugehen, daß wenigstens ein Teil ihres Vermögens nicht durch einen Rückgang des Marktwertes ihrer Kreditmarktpapiere verlorengehen kann. Einige Leute betrachten also (**die zusätzliche Sicherheit/das zusätzliche Risiko**), wenn sie einen Teil ihres Vermögens in Bargeld halten, als ausreichend, um die .... verluste auszugleichen, die dadurch entstehen, daß nicht das gesamte Finanzvermögen in Kreditmarktpapieren angelegt wird, und halten auch aus diesem Grund Kasse.

die zusätzliche
Sicherheit
Zins-

10.14. Aber nicht nur zur Absicherung wird Kasse gehalten, sondern auch aus Spekulationsmotiven. Wenn ein Anleger davon überzeugt ist, daß der Marktwert der Kreditmarktpapiere sinken wird, wird er offensichtlich solche Papiere (**erwerben/nicht erwerben**) wollen und stattdessen seine Mittel lieber in Form von .... halten. Besitzer von Vermögen halten also Kasse für spekulative Zwecke, wenn sie von der Erwartung (**steigender/fallender**) Marktwerte der Kreditmarktpapiere ausgehen.

nicht erwerben
Kasse

fallender

10.15. Das Halten von Kasse aus Gründen der Absicherung und der Spekulation nennen wir die Spekulationsnachfrage nach Geld. Kassehaltung für Käufe von Gütern und Dienstleistungen bezeichnen wir als .... Das Halten von Kasse aus Gründen der Absicherung und Spekulation heißt .... | Transaktionsnac[hfrage] Spekulations- nachfrage

10.16. Die zwei Hauptgründe zur Erklärung der Kassehaltung sind dann:

(1) die ...., d. h. der Wunsch, Bargeld für Kaufzwecke zu halten, um die obengenannten Kosten der Geldbeschaffung zu vermeiden. | Transaktionsnac[hfrage]

(2) die ...., d. h. der Wunsch, Geld zu halten, um dem Risiko zu entgehen, das mit Kreditmarktpapieren bei fallenden Marktwerten verbunden ist. | Spekulationsnac[hfrage]

10.17. Diese Gründe erklären die Bereitschaft vieler Anleger, auf .... zu verzichten, die sie verdienen könnten, wenn sie ausschließlich Kreditmarktpapiere und keine Kasse halten würden. | Zinsen

10.18. Wieviel Kasse wollen nun die Wirtschaftssubjekte halten? Das Risiko und die Kosten des An- und Verkaufs von Kreditmarktpapieren erwecken bei den Anlegern die Bereitschaft, auf einige .... zu verzichten. Es hängt nun von der Höhe des .... verlustes ab, ein wie hohes Risiko und wie hohe Kosten die Anleger durch Kassehaltung vermeiden wollen. | Zinsen Zins-

10.19. Sind die Zinssätze hoch, dann müssen sie auf **(hohe/niedrige)** Zinseinnahmen verzichten, um Kasse zu halten und dadurch einen gegebenen Betrag an Risiko und Kosten zu vermeiden. Bei hohen Zinssätzen kann man somit davon ausgehen, daß die Anleger unter sonst gleichen Umständen **(mehr/weniger)** Kasse halten als im Falle von niedrigen Zinssätzen. | hohe

weniger

10.20. Sind die Zinssätze relativ niedrig, dann werden die Anleger **(mehr/weniger)** Kasse halten, um jene mit dem Besitz von Kreditmarktpapieren verbundenen Risiken und Kosten auszuschalten, weil sie nun weniger .... einbüßen. | mehr

Zinsen

10.21. Das können wir aus Abb. 10.1 ablesen, in der die Gerade L die Nachfragekurve nach Geld darstellt. Diese Nachfragekurve zeigt die Menge Geld an, die die Wirtschaftssubjekte zu verschiedenen Zinssätzen zu halten wünschen. Da bei hohen Zinssätzen ein relativ

großer Betrag .... aufgegeben werden muß, um die mit dem Besitz von Kreditmarktpapieren auftretenden .... und .... zu vermeiden, werden die Anleger (**mehr/weniger**) Kasse halten wollen als zu niedrigen Zinssätzen. Aus diesem Grund verläuft die Nachfragekurve für Geld von links (**oben/unten**) nach rechts (**oben/unten**).	Zinseinnahmen Risiken Kosten weniger oben unten

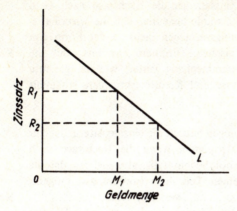

Abb. 10.1. Die Nachfrage nach Geld.

10.22. Bei einem Zinssatz von OR_1 wünschen die Wirtschaftssubjekte z. B. ein Geldvolumen von .... zu halten. Bei einem Zinssatz von OR_2 wollen sie einen größeren Teil ihres Vermögens in Form von .... halten und einen geringeren in Form von .... In diesem Fall ist die nachgefragte Geldmenge gleich	OM_1 Kasse Kreditmarkt- papieren OM_2
10.23. Unter welchen Bedingungen befindet sich der Kreditmarkt im Gleichgewicht? Ein Gleichgewicht existiert, wenn keine Tendenz zu Änderung der relevanten Variablen, wie der nachgefragten und angebotenen Mengen und des Zinssatzes, vorhanden ist. Wenn es z. B. noch Einflüsse gibt, die dazu tendieren, den Zinssatz in die Höhe zu treiben, dann kann der Kreditmarkt nicht im .... sein. Nur wenn alle Variablen eines Marktes „zur Ruhe gelangen", kann ein .... vorliegen.	Gleich- gewicht Gleichgewicht

10.24. Für jeden Markt ist eine Übereinstimmung von nachgefragten und angebotenen Mengen die Grundvoraussetzung eines Gleichgewichts. Das bedeutet für den Kreditmarkt, daß die Anleger bereit

sind, gerade die verfügbaren Beträge an .... und ....
.... zu halten.

| | Geld Kredit papier |

10.25. Warum ist die Übereinstimmung von Angebot und Nachfrage sowohl für Geld als auch für Kreditmarktpapiere eine Bedingung für ein .... auf dem Kreditmarkt? Nehmen wir einmal an, bei einem gegebenen Zinssatz sei die Nachfrage nach Geld geringer als das Angebot. Das würde bedeuten, daß die Wirtschaftssubjekte von ihrem Forderungsvermögen mehr in der Form von .... halten, als sie wünschen. (Erinnern wir uns, daß die Fragestellung in diesem Zusammenhang lautet, wie das gesamte Forderungsvermögen auf Kasse und Kreditmarktpapiere aufgeteilt wird.)

Gleichgewicht

Kasse

10.26. Beim Forderungsvermögen besteht die einzige Alternative zur Kassehaltung in Kreditmarktpapieren. Wenn die Nachfrage nach Geld geringer ist als das Angebot, bedeutet dies also zugleich, daß die Wirtschaftssubjekte lieber einen Teil ihres Forderungsvermögens, über das sie jetzt in Form von .... verfügen, als .... halten wollen. Ebensogut wie von einem Überangebot an Geld kann man also von einer Über-.................... nach Kreditmarktpapieren sprechen.

Kasse – Kredit papiere nachfrage

10.27. In dieser Lage werden einige Wirtschaftssubjekte den Versuch machen, ihr Vermögen dergestalt umzustrukturieren, daß sie ihren Überschuß an .... zum Kauf von .... anderer Anleger verwenden. Um diese nun zum Verkauf ihrer Kreditmarktpapiere zu bewegen, müssen die Käufer mehr bieten, als die Papiere ursprünglich wert waren.

Geld – Kredit papieren

10.28. Nehmen wir an, ein typisches Kreditmarktpapier sei zum Preis von $ 100 bei einem Zinssatz von vier v. H. ausgegeben worden. Der Besitzer des Papiers bekommt demnach .... Dollar Zinsen pro Jahr. Unterstellen wir weiter, jemand wolle das Papier von dem jetzigen Besitzer für $ 120 erwerben. Der zweite Anleger würde immer noch .... Dollar Zinsen vom Schuldner jährlich bekommen, was für ihn einen **(höheren/niedrigeren)** Zinssatz bedeutet, da er mehr für das Kreditmarktpapier bezahlt hat. Der zweite Besitzer verdient $ .... pro Jahr mit einer Anlage von $ ....

vier

vier
niedrigeren

vier – 120

10.29. Daraus folgt: Wenn die Anleger den Kurs der Kreditmarktpapiere am Kreditmarkt in die Höhe treiben, dann ist damit ein

(**Steigen/Sinken**) der Zinssätze verbunden. Ist ein Überangebot an Geld vorhanden, dann werden die Anleger mit ihrem Versuch, das überschüssige Geld in Kreditmarktpapieren anzulegen, den Kurs der Papiere (**steigern/senken**) und somit die Zinsen (**steigern/senken**).

Sinken

steigern – senken

10.30. Das trifft für den Fall der Emission neuer Kreditmarktpapiere zu. Wenn die Anleger bei einem gegebenen Zinssatz weniger Geld und mehr Kreditmarktpapiere halten wollen, dann werden sie den Schuldnern wahrscheinlich (**höhere/niedrigere**) Zinssätze anbieten, um sie zu veranlassen, mehr Kreditmarktpapiere aufzulegen. Ein Überangebot an Geld, oder anders ausgedrückt eine Übernachfrage nach Kreditmarktpapieren, führt also zu einem (**Steigen/Fallen**) des Zinssatzes. (Denken Sie wieder daran, daß die einzige Fragestellung in diesem Zusammenhang lautet, wie das gesamte Forderungsvermögen auf Kasse und Kreditmarktpapiere aufgeteilt wird.)

niedrigere

Fallen

10.31. Da die Nachfragekurve nach Geld von links (**oben/unten**) nach rechts (**oben/unten**) verläuft, bedeutet ein Absinken des Zinssatzes eine (**Vergrößerung/Verringerung**) der nachgefragten Geldmenge.

oben
unten
Vergrößerung

10.32. Liegt also ein Überangebot an Geld vor, dann wird der Zinssatz (**steigen/fallen**), und damit die nachgefragte Geldmenge (**steigen/fallen**).

fallen
steigen

10.33. Der Zinssatz fällt so lange, bis der daraus resultierende Anstieg der Nachfrage nach Geld das Überangebot an Geld (**verdoppelt/zum Verschwinden bringt**). Bei diesem Punkt wird auf dem ....markt ein Gleichgewicht erreicht.

zum Verschwinden bringt Kredit-

10.34. Das Umgekehrte trifft zu, wenn Übernachfrage nach Geld herrscht. In dieser Situation versuchen die Anleger Kreditmarktpapiere zu verkaufen. Sie werden damit deren Kurs (**senken/steigern**) und die Zinssätze nach (**oben/unten**) treiben, bis sich ein Gleichgewicht einstellt.

senken
oben

10.35. Das geht auch aus Abb. 10.2 hervor, in der die Gerade L die Nachfragekurve nach Geld darstellt, und die Gerade M das Angebot an Geld zeigt. Wenn M als (**Horizontale/Vertikale**) gezeichnet wird, bedeutet das, daß das umlaufende Geldvolumen sich bei Zinssatzschwankungen (**ändert/nicht ändert**).

Vertikale

nicht ändert

147

10.36. Bei einem Zinssatz von OR_1 in Abb. 10.2 ist das nachgefragte Geldvolumen gleich ...., d. h. also **(größer/kleiner)** als die angebotene Geldmenge. Bei diesem Zinssatz herrscht auf dem Kreditmarkt **(ein/kein)** Gleichgewicht, und der Zinssatz wird der Tendenz nach **(steigen/sinken)**.

OM_1 – größer

kein
steigen

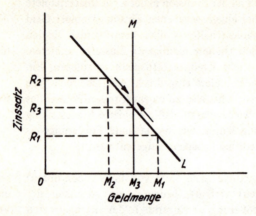

Abb. 10.2 Geldangebot und Geldnachfrage

10.37. Bei einem Zinssatz von OR_2 ergibt sich ein(e) **(Überangebot an/Übernachfrage nach)** Geld, und der Zinssatz wird der Tendenz nach **(steigen/sinken)**.

Überangebot an

sinken

10.38. Nur bei einem Zinssatz von .... befindet sich der Kreditmarkt im ...., d. h. bei einem Zinssatz von OR_3 ist das angebotene und nachgefragte Geldvolumen **(ausgeglichen/unausgeglichen)**, und der Zinssatz wird sich tendenziell **(ändern/nicht ändern)**.

OR_3
Gleichgewicht
ausgeglichen

nicht ändern

10.39. Bei einem Zinssatz OR_3 muß auch eine Übereinstimmung zwischen dem Angebot von und der Nachfrage nach Kreditmarktpapieren vorliegen. Wenn die angebotene der nachgefragten Geldmenge gleich ist, wollen die Anleger mit ihrer Kasse nicht weitere Kreditmarktpapiere erwerben. Sie versuchen auch nicht, Kreditmarktpapiere in Geld umzuwandeln. Stimmen also angebotene und nachgefragte Geldmengen überein, herrscht auf dem Kreditmarkt ein ...., weil dann auch Angebot und Nachfrage von .... gleich sind und keine Tendenz zur Änderung des Zinssatzes besteht. Für die Bestimmung des Gleich-

Gleichgewicht
Kreditmarktpa

gewichtszinssatzes ist es somit **(erforderlich/nicht erforderlich)**, Angebots- und Nachfragekurven der Kreditmarktpapiere zu analysieren.

nicht erforderlich

10.40. Sie haben nun gesehen, wie in einer Volkswirtschaft die Höhe des Zinssatzes bestimmt wird. Auf dem Kreditmarkt pendelt sich derjenige Zinssatz ein, bei dem die .... und .... Geldmengen einander gleich sind. Nur bei diesem Satz befindet sich der Kreditmarkt im ....

angebotenen
nachgefragten
Gleichgewicht

10.41. Zusammenfassend kann festgestellt werden, daß Kasse aus zwei Hauptgründen gehalten wird. Einmal sollen die Kosten vermieden werden, die beim Umtausch von Kreditmarktpapieren in Geld entstehen, wenn Güter gekauft werden sollen. Die Kassehaltung aus diesem Grund nannten wir die .... nach Geld. Zum zweiten sollen einige der mit dem Besitz von Kreditmarktpapieren verbundenen Risiken ausgeschaltet und Verluste vermieden werden, mit denen bei sinkenden Marktwerten der Kreditpapiere zu rechnen ist. Die Kassehaltung aus diesen Überlegungen bezeichneten wir als .... nach Geld.

Transaktionsnachfrage

Spekulationsnachfrage

10.42. Der .... pendelt sich so ein, daß die nachgefragten und .... Geldmengen einander gleich sind. Was bestimmt jedoch das Geldangebot?

Zinssatz
angebotenen

10.43. Geld ist das allgemein akzeptierte .... In den meisten Ländern werden sowohl Zentralbanknoten als auch Schecks allgemein als Zahlungsmittel entgegengenommen.

Zahlungsmittel

10.44. Wenn Sie in ein Geschäft gehen, können Sie entweder Güter und Dienstleistungen für .... kaufen, oder Sie übergeben einen Scheck, der durch Ihr .... bei einer Bank gedeckt ist. Bankguthaben werden auch als Sichteinlagen bezeichnet. Diese Sichteinlagen entstehen entweder, indem Sie einen Betrag bei der Bank einzahlen, oder indem die Bank Ihnen einen Kredit einräumt, wobei Sie sich vorstellen müssen, daß die Bank den eingeräumten Kredit gleich in voller Höhe Ihrem Konto gutschreibt. Da Zentralbanknoten und Sichteinlagen bei Banken ganz allgemein zum Kauf von Gütern benutzt werden können, nennt man sie auch ....

Zentralbanknoten
Guthaben

Geld

10.45. Zentralbanknoten und Sichteinlagen bei Banken sind ...., da sie allgemein als ....mittel verwendet werden können.

Geld
Zahlungs-

Für ihre Besitzer stellen Zentralbanknoten und Sichteinlagen bei Banken (**Forderungen/Verbindlichkeiten**) dar.

Forderungen

10.46. Betrachten wir zunächst die Zentralbanknoten. Wenn Sie sich z. B. eine Zehn-Mark-Note ansehen, werden Sie erkennen, daß es eine Note der Bundesbank ist. Das ist sie deshalb, weil sie von der Bundesbank, also der staatlichen Zentralbank, ausgegeben wurde. Genauso wie ein Wirtschaftssubjekt Kreditmarktpapiere emittiert, gibt die Zentralbank Zentralbanknoten aus. Aus diesem Grunde sind ....noten (**Forderungen/Verbindlichkeiten**) der Bundesbank.

Zentralbank – Verbindlichkeit

10.47. Zentralbanknoten stellen eine ganz besondere Art von Verbindlichkeiten dar, da sie kraft Gesetz zur Begleichung jeder Schuld verwendet werden können. Das geht z. B. aus dem Aufdruck auf den amerikanischen Fünf-Dollar-Noten hervor: „This note is legal tender for all debts public and private." (Diese Note ist gesetzliches Zahlungsmittel für alle Schulden, öffentliche und private. – Wissen Sie was auf deutschen Noten steht?) Das bedeutet, daß Zentralbanknoten allgemein als Zahlungsmittel angenommen werden, da sie kraft Gesetzes als solche akzeptiert werden (**können/müssen**). Obwohl sie also eine .... der Bundesbank darstellen, wird der Besitzer von Zentralbanknoten nur mit anderen Zentralbanknoten ausgezahlt. Da alle Zentralbanknoten in der BRD als Zahlungsmittel akzeptiert werden (**müssen/können**), besteht natürlich kein Grund, eine solche unsinnige Auszahlung zu verlangen.

müssen – Verbindlichkeit

müssen

10.48. Sichteinlagen bei den Banken sind den Zentralbanknoten ähnlich. Während die Zentralbanknoten eine Verbindlichkeit der .... – also der Zentralbank – darstellen, sind Bankdepositen die Verbindlichkeiten von Geschäftsbanken. Wenn Sie ein Bankkonto unterhalten, so bedeutet das, daß (**Sie der Bank/die Bank Ihnen**) den eingelegten Betrag schulde(t)(n).

Bundesbank

die Bank Ihnen

10.49. Wirtschaftssubjekte unterhalten normalerweise Sichteinlagen bei Banken, um dem mit dem Besitz von Zentralbanknoten verbundenen Verlust- und Diebstahlrisiko zu entgehen. Außerdem sind Bankschecks ein bequemes Zahlungsmittel. Man ist bereit, Sichteinlagen anstelle von Zentralbanknoten zu halten, weil ein auf die Bankeinlagen ausgestellter Scheck genau wie Zentralbanknoten allgemein (**als/nicht als/**) Zahlungsmittel akzeptiert wird. Anders als

als

bei den Zentralbanknoten gibt es allerdings kein Gesetz, das dazu verpflichtet, einen auf ein Bankkonto lautenden Scheck entgegenzunehmen. Können Sie jedoch Bankeinlagen vorweisen, dann wird Ihr Scheck in aller Regel als Zahlungsmittel akzeptiert werden, da jeder weiß, daß die .... − falls gewünscht − nicht zögern wird, den Scheck in Zentralbanknoten einzulösen.   Bank

10.50. Daher sind auch Sichteinlagen bei Banken ...., da sie ein allgemein anerkanntes Zahlungsmittel darstellen. Bankeinlagen sind (**Forderungen/Verbindlichkeiten**) von Geschäftsbanken, welche bereit und dazu in der Lage sind, die Einlagen jederzeit in .... umzutauschen.

Geld

Verbindlichkeiten

Zentralbanknoten

10.51. Wie entsteht Geld? Durch ein kompliziertes Verfahren, das für unser Problem keine Rolle spielt, kann eine Zentralbank Zentralbanknoten ausgeben, wenn sie Kreditmarktpapiere auf dem Kreditmarkt ankauft. Wenn die Zentralbank Kreditmarktpapiere kauft, kann sie das über die Ausgabe von .... tun, die kraft Gesetzes .... sind. Diese werden dann natürlich zu (**Forderungen/Verbindlichkeiten**) ihrer Besitzer und zu (**Forderungen/Verbindlichkeiten**) der Zentralbank.

Zentralbank-
noten − Zahlungsmittel
Forderungen
Verbindlichkeiten

10.52. Nehmen wir z. B. an, der Gesamtbestand der Aktiva der Zentralbank mache Kreditmarktpapiere für 100 Mrd. Dollar aus, die auf dem Kreditmarkt gekauft werden, und für die mit Zentralbanknoten gezahlt wurde. In diesem Falle sieht die Zentralbankbilanz, die ja die Aktiva und Passiva ausweist, folgendermaßen aus:

Zentralbankbilanz

Aktiva	Passiva	
Kreditmarktpapiere $ 100 Mrd.	Zentralbanknoten	$ 100 Mrd.

Kreditmarktpapiere im Werte von 100 Mrd. Dollar stellen also die .... und Zentralbanknoten im Werte von 100 Mrd. Dollar die .... der Zentralbank dar. Das bedeutet, daß das in der Wirtschaft zirkulierende Volumen an Zentralbankgeld gleich .... Mrd. ist. Die gesamten Verbindlichkeiten der Zentralbank werden also als .... von Konsumenten, Unternehmen und staatlichen Stellen gehalten.

Aktiva
Passiva

100
Forderungen

10.53. Entscheidet sich nun die Zentralbank für den Ankauf weiterer 10 Mrd. Dollar an Kreditmarktpapieren und erwirbt sie diese mit Zentralbanknoten, so ändert sich die Bilanz folgendermaßen: (tragen Sie die Beträge ein!)

Zentralbankbilanz

Aktiva		Passiva		
Kreditmarkt-papiere	..... $ Mrd.	Zentralbank-noten	..... $ Mrd.	110 – 110

Im Nichtbankensektor befinden sich nun zusätzlich weitere $ 10 Mrd. an (**Zentralbanknoten/Kreditmarktpapieren**) und $ 10 Mrd. weniger an (**Zentralbanknoten/Kreditmarktpapieren**).

Zentralbankno
Kreditmarktpa

10.54. Wir erkennen daraus, daß Zentralbanknoten in Umlauf gebracht werden, wenn die Zentralbank vom Nichtbankensektor auf dem Kreditmarkt .... kauft und dafür mit .... zahlt.

Kreditmarktpa
Zentralbankno

10.55. In ganz ähnlicher Weise entstehen Bankeinlagen. Der normale Weg besteht darin, daß jemand Zentralbanknoten in der Bank deponiert und den Betrag auf seinem Konto gutgeschrieben bekommt. In diesem Fall wird eine .... art gegen eine andere ausgetauscht. Räumt eine Bank Sichteinlagen gegen Zentralbanknoten ein, so wird (**Geld/kein Geld**) geschöpft. Besitzer von Aktiva im Nichtbankensektor tauschen einfach eine Art von .... gegen eine andere aus.

Geld

kein Geld-Geld

10.56. Bankeinlagen können jedoch auch auf einem anderen Wege geschaffen werden. Wenn die Bank einen Kredit vergibt (also ein .... kauft), dann schreibt sie in der Regel dem Schuldner neue Sichteinlagen gut. Wenn Banken also Kreditmarktpapiere kaufen, zahlen sie in der Regel dafür mit ....

Kreditmarktpa

Sichteinlagen

10.57. Sichteinlagen entstehen dadurch, daß sie im Austausch gegen .... oder .... eingeräumt werden. Das erscheint in den Geschäftsbilanzen wie folgt:

Zentralbankno
Kreditmarktpa

Bankbilanz

Aktiva	Passiva
Zentralbanknoten	
Kreditmarktpapiere	.... Sichteinlagen

10.58. Wie Sie sich erinnern werden, ist das Gesamteinkommen immer gleich den Gesamtausgaben. Deshalb muß — und das hatten wir schon oben betont — im Nichtbankensektor jedem Schuldner, der mehr als sein Einkommen verbraucht, ein .... gegenüberstehen, der (**mehr/weniger**) als sein Einkommen ausgibt.

Gläubiger
weniger

10.59. Wenn Kreditmarktpapiere die einzigen Forderungen überhaupt darstellten, müßten die von den Gläubigern mit ihren nicht verbrauchten Einkommen angehäuften Forderungen alle .... sein, die von den Schuldnern zu dem Zweck emittiert werden, mehr als das eigene Einkommen ausgeben zu können. Mit anderen Worten: Wenn Kreditmarktpapiere die einzige Form von Forderungen darstellten, dann wären im Nichtbankensektor die Forderungen der (**Gläubiger/Schuldner**) gleich den Verbindlichkeiten der (**Gläubiger/Schuldner**).

Kreditmarktpapiere

Gläubiger
Schuldner

10.60. Nehmen wir an, daß Kreditmarktpapiere die einzige Form finanzieller Aktiva darstellen und für 500 Mrd. Dollar Kreditmarktpapiere im Umlauf sind. Wenn Sie sich nun die Bilanzen aller Gläubiger und Schuldner ansehen, dann müssen alle emittierten Kreditmarktpapiere bei den Schuldnern auf der ....seite und bei den Gläubigern auf der ....seite erscheinen:

Passiv-
Aktiv-

Schuldner

Aktiva	Passiva
	Kreditmarkpapiere $ 500 Mrd.

Gläubiger

Aktiva	Passiva
Kreditmarktpapiere $ 500 Mrd.	

10.61. Nun hatten wir jedoch schon darauf hingewiesen, daß es sich bei den Kreditmarktpapieren (**nicht um/um**) die einzige Art Forderungen handelt, die mit nicht konsumierten Einkommensteilen erworben werden kann. Die Gläubiger verfügen daneben über die Möglichkeit, ihre Forderungen in Form von .... zu halten.

nicht um

Geld

10.62. Jeder nicht für den Erwerb von Sachgütern ausgegebene Einkommensteil schlägt sich natürlich als Vergrößerung des Bestandes an Forderungen bei den Gläubigern nieder, entweder in Form von Geld oder von Kreditmarktpapieren. Wird nichts mit dem unverbrauchten Einkommen unternommen, dann wächst der Bestand an .... Die Alternative ist natürlich im Kauf von .... zu sehen.

Geld

Kreditmarktpa

10.63. Da eine Übereinstimmung von Gesamteinkommen und Gesamtausgaben besteht, muß außerdem der Betrag des von den Gläubigern nicht für Sachgüter verwendeten Einkommens gerade gleich den Ausgaben sein, die von den Schuldnern über deren Einkommen hinaus getätigt werden. Für jede Periode gilt daher: Die Zunahme der (**Forderungen/Verbindlichkeiten**) der Gläubiger muß gerade der Zunahme der (**Forderungen/Verbindlichkeiten**) der Schuldner entsprechen.

Forderungen

Verbindlichkei

10.65. Im Ergebnis muß der Umfang der emittierten Kreditmarktpapiere dem Vorrat an Geld und Kreditmarktpapieren bei den Gläubigern entsprechen. Folglich ist der Betrag aller von den Gläubigern gehaltenen Kreditmarktpapiere (**größer/kleiner**) als der Gesamtbetrag aller emittierten Kreditmarktpapiere.

kleiner

10.64. Im allgemeinen vergrößern die Gläubiger ihren Forderungsbestand zum Teil in Form von .... und zum Teil in Form von .... Die Ausweitung der Verbindlichkeiten der Schuldner besteht hingegen vollständig aus ....
....

Geld

Kreditmarktpa

Kreditmarktpapieren

10.66. Wenn die Gläubiger einen Teil ihrer Forderungen in Form von Geld halten, dann können (**sie/sie nicht**) die gesamten existierenden Verbindlichkeiten oder Kreditmarktpapiere der Schuldner in ihrem Besitz haben. Wer aber hat dann die nicht von den Gläubigern gehaltenen Kreditmarktpapiere in seinem Portefeuille?

sie nicht

10.67. Die Beantwortung dieser Frage ergibt sich aus der Erklärung der Geldschöpfung. Sie werden sich daran erinnern, daß das Geld dadurch geschaffen wird, daß entweder die Zentralbank oder die Geschäftsbanken .... ankaufen. Für jeden von den Gläubigern gehaltenen Dollar an Geld besitzen also die Zentralbanken und die Geschäftsbanken einen Dollar an .... Die nicht von den Gläubigern gehaltenen Kreditmarktpapiere befinden sich somit im Besitz der .... und der ....

Kreditmarktpapiere

Kreditmarktpapieren

Zentralbank – Geschäftsbanken

10.68. Die Zentralbank und die Geschäftsbanken, zusammen auch Bankensektor genannt, sind also ein finanzielles Verbindungsglied zwischen Gläubigern und Schuldnern. Der in Form von Geld gehaltene Teil der Forderungen der Gläubiger erscheint als Verbindlichkeit des .... Diesen Verbindlichkeiten steht ein gleichhoher Bestand an Kreditmarktpapieren im Besitz des .... gegenüber, weil der Bankensektor das im Umlauf befindliche Geld durch Ankauf von Kreditmarktpapieren geschaffen hat.

Bankensektors

Bankensektors

10.69. Weiter oben hatten wir uns die Aktiv- und Passivposten in den Bilanzen von Gläubigern und Schuldnern unter der Prämisse angesehen, daß Kreditmarktpapiere die einzige Form von Forderungen darstellen. Dabei erschienen dann alle emittierten Kreditmarktpapiere als (**Forderungen/Verbindlichkeiten**) der Gläubiger und als (**Forderungen/Verbindlichkeiten**) der Schuldner.

Forderungen

Verbindlichkeiten

10.70. Nun wollen wir den allgemeineren Fall des Vorhandenseins von Forderungen in der Form von Geld und Kreditmarktpapieren betrachten. Unterstellen wir die Existenz von $ 500 Mrd. an Kreditmarktpapieren und von $ 200 Mrd. an Geld. Sehen wir uns jetzt die Finanzposten in den Bilanzen der Gläubiger, Schuldner und des Bankensektors an. Wir finden das Geld als Aktivposten bei den .... und als Passivposten beim ....

Gläubigern – Bankensektor

10.71. Da das Geld seitens des Bankensektors durch den Ankauf von .... in Umlauf kommt, müssen auf der Aktivseite der Bilanz des Bankensektors für .... Mrd. Dollar Kreditmarktpapiere zu finden sein, um die auf der Passivseite stehenden Verbindlichkeiten, nämlich das ausgegebene Geld, zu decken.

Kreditmarktpapieren

200

10.72. Wenn also im allgemeinen Fall zwei Arten von Forderungen (Geld und Kreditmarktpapiere) existieren, dann wird ein Teil der Kreditmarktpapiere unter den Aktiva der Bilanzen der Gläubiger und der Rest unter den Aktiva des .... zu finden sein. Alle Kreditmarktpapiere stehen außerdem unter den Passivposten in der Bilanz der ....

Bankensektors

Schuldner

10.73. Für unser Beispiel hätten die Bilanzen folgende Gestalt (füllen Sie bitte die Lücken aus):

Schuldner

Aktiva	Passiva
	Kreditmarktpapiere $ 500 Mrd.

Gläubiger

Aktiva	Passiva	
Kreditmarktpapiere: $ .... Mrd. Geld (Zentralbanknoten und Bankdepositen) $ 200 Mrd.		300

Bankensektor
Zentralbank und Geschäftsbanken

Aktiva	Passiva	
Kreditmarktpapiere $ .... Mrd.	Geld (Zentralbanknoten und Bankdepositen) $ .... Mrd.	200 – 200

10.74. Die Gläubiger vergeben also direkt Kredite an die Schuldner, wenn sie von diesen emittierte .... erwerben. Aber die Kreditgeber können auch indirekt Kredite vergeben, wenn sie Verbindlichkeiten des .... halten, der wiederum Kredite an die Schuldner vergibt.

Kreditmarktpap

Bankensektors

10.75. Geld entsteht immer dann, wenn der Bankensektor Kreditmarktpapiere kauft und mit seinen Verbindlichkeiten bezahlt. Die beiden Geldarten, Geld und Bankeinlagen, stellen die Verbindlichkeiten der .... und der .... dar. Man bezeichnet sie als finanzielles Verbindungsglied, da sie .... (die Verbindlichkeiten der Schuldner) halten, während die Gläubiger .... (die Verbindlichkeiten des Bankensektors) halten.

Zentralbank –
Geschäftsbanken
Kreditmarktpapiere
Geld

10.76. Die Gläubiger leihen deshalb direkt an die Schuldner, wenn sie .... halten und indirekt, wenn sie .... halten, was dem Bankensektor ermöglicht, Kreditmarktpapiere zu halten.

Kreditmarktpapiere
Geld

10.77. Je mehr Kreditmarktpapiere der Bankensektor kauft, desto größer ist das Angebot an .... Je größer das Angebot an Geld ist, desto niedriger ist der ....

Geld
Zinssatz

10.78. Da der Kauf von Kreditmarktpapieren durch den Bankensektor den Zinssatz (**erhöht/senkt**), führt er zu einer (**Erhöhung/Senkung**) der Investitionsausgaben und folglich zu einer Steigerung der ....

senkt – Erhöhung

Gesamtnachfrage

WIEDERHOLUNGSFRAGEN

10.1. Wenn eine Geschäftsbank einen Kredit gibt, ...

a) erwirbt sie ein Kreditmarktpapier.
b) erhöht sie ihre Verbindlichkeiten.
c) steigert sie das Geldangebot.
d) Alle drei genannten Alternativen treffen zu.

10.2. Das Geldangebot umfaßt ...

a) Hartgeld und Banknoten.
b) Sichteinlagen bei den Geschäftsbanken.
c) die Verbindlichkeiten des Bankensektors.
d) alle genannten Alternativen.

10.3. Die Aktiva der Geschäftsbanken bestehen aus ... .

a) Sichteinlagen
b) Sichteinlagen und Kreditmarktpapieren.
c) Banknoten, Hartgeld und Kreditmarktpapieren.
d) Sichteinlagen, Hartgeld und Banknoten.

10.4. Die Zentralbanknoten stellen ... dar.

a) Aktiva der Zentralbank
b) Verbindlichkeiten der Zentralbank
c) Kreditmarktpapiere
d) Verbindlichkeiten der Geschäftsbanken

10.5. Wenn die Aktiva der Gläubiger aus $ 100 Mrd. in Geld und $ 300 Mrd. in Kreditmarktpapieren bestehen, dann ist die Gesamtsumme der Kreditmarktpapiere, die die Schuldner und die Regierung ausgegeben haben, gleich $ ... .

a) 200
b) 300
c) 400
d) Keine der genannten Antworten trifft zu.

11

GELDPOLITIK

11.1. In den vorangegangenen beiden Kapiteln wurde die Verbindung zwischen Geldangebot, Zinssatz und Gesamtnachfrage erörtert. Das Geldangebot besteht aus .... und ...., die die Verbindlichkeiten der Zentralbank und der Geschäftsbanken darstellen.

Zentralbanknoten
Sichteinlagen

11.2. Das Geldangebot verändert sich immer dann, wenn die Zentralbank oder die Geschäftsbanken .... kaufen oder verkaufen, weil sie für die Kreditmarktpapiere mit .... oder .... zahlen oder bezahlt werden.

Kreditmarktpapiere
Zentralbanknoten – Sichteinlagen

11.3. Eine Veränderung des Geldangebotes beeinflußt den ...., weil die Geldmenge, die Konsumenten und Unternehmen halten wollen, zunimmt, wenn der Zinssatz (**steigt/sinkt**).

Zinssatz
sinkt

11.4. Nehmen wir nun an, daß sich der Geldmarkt im Gleichgewicht befindet. Das bedeutet, daß zu dem bestehenden Zinssatz die angebotene und nachgefragte Geldmenge .... ist. Wenn dann z. B. bei dem Ausgangszinssatz das Geldangebot erhöht wird, ist die nachgefragte Geldmenge (**größer/kleiner**) als die angebotene.

gleich

kleiner

11.5. Bei diesem Zinssatz wären Konsumenten und Unternehmen mit ihrer Situation nicht zufrieden. Sie werden versuchen, sich von dem Geldüberschuß zu befreien, indem sie Kreditmarktpapiere kaufen. Das würde eine Tendenz auslösen, den Kurs der Kreditmarktpapiere zu (**erhöhen/senken**) und den Zinssatz zu (**erhöhen/ senken**), bis die nachgefragte Geldmenge so stark (**angestiegen/ gesunken**) ist, daß sie der angebotenen Menge entspricht.

erhöhen
senken – angestiegen

11.6. Veränderungen des Geldangebotes und daraus resultierende Veränderungen des Zinssatzes beeinflussen die ....ausgaben. Nimmt z. B. der Zinssatz ab, lohnt es sich, weitere Investitionsprojekte durchzuführen. Die Unternehmen werden deshalb ihre Investitionsausgaben (**erhöhen/senken**).

Investitions-

erhöhen

11.7. Autonome Veränderungen der Investitionsausgaben, die von Veränderungen des Zinssatzes veranlaßt wurden, führen zu autonomen Veränderungen der .... nachfrage. Diese Veränderungen der Gesamtnachfrage haben einen .... effekt auf das reale BSP.

Gesamt-

Multiplikator-

11.8. Nun sind Sie in der Lage, die Einflußmöglichkeit der Wirtschaftspolitik auf den Zinssatz zu verstehen. Wie Sie wissen, gibt die Zentralbank .... aus, wenn sie vom Nichtbankensektor Kreditmarktpapiere ankauft. Unterstellen wir, der Kreditmarkt sei am Ausgangsstadium im Gleichgewicht. Dann hat der Zinssatz ein Niveau, auf dem die .... gerade gleich der .... Geldmenge ist. Gehen wir nun davon aus, die Zentralbank kaufe weitere Kreditmarktpapiere an. Diese Aktion schlägt sich dann in einem (**steigenden/sinkenden**) Geldangebot und einem (**steigenden/sinkenden**) Zinssatz nieder.

Geld

angebotene – nac fragten

steigenden – sinkenden

11.9. Entschließt sich die Zentralbank, auf dem Kreditmarkt Kreditmarktpapiere zu verkaufen, so gibt sie an die Anleger die Papiere im Austausch gegen umlaufende Verpflichtungen der Zentralbank (also ....) ab. Daraus resultiert ein sinkendes Angebot an ...., und das Angebot an nicht von der Zentralbank gehaltenen .... steigt. Die Auswirkung dieser Transaktion besteht in einem (**steigenden/sinkenden**) Zinssatz.

Geld

Geld

Kreditmarktpapi

steigenden

11.10. Daraus folgt, daß die Zentralbank den Zinssatz über den An- und Verkauf von .... am Kreditmarkt verändern kann. Solche Transaktionen werden als Offenmarktgeschäfte bezeichnet. Will die Zentralbank den Zinssatz anheben, so kann sie .... geschäfte in der Form von (**Verkäufen/ Ankäufen**) von Kreditmarktpapieren durchführen.

Kreditmarktpapi

Offenmarkt –

Verkäufen

11.11. Der Verkauf von Kreditmarktpapieren zur (**Vergrößerung/ Verringerung**) des Geldangebotes und damit zur (**Steigerung/ Senkung**) des Zinssatzes ist ein Beispiel für ein ....

Verringerung –

Steigerung

Offenmarktgeschäft

11.12. Häufig werden die Wirkungen von Offenmarktgeschäften durcheinandergebracht. Denken Sie daran: Der Verkauf von Kreditmarktpapieren durch die Zentralbank an den Nichtbankensektor (**vergrößert/verringert**) den Bestand an Kreditmarktpapieren im Nichtbankensektor. Offenmarktverkäufe der Zentralbank bewirken also (**steigende/sinkende**) Zinssätze. Offenmarktkäufe hingegen treiben die Zinssätze nach (**oben/unten**).

vergrößert

steigende
unten

11.13. Das läßt sich aus einem Schaubild ersehen, in dem Geldangebot und Geldnachfrage eingetragen wurden. In Abb. 11.1 sind L und M_1 die Nachfrage- und Angebotskurven in der Ausgangslage. Zu diesen beiden Kurven gehört ein Zinssatz in Höhe von ....

OR_1

11.14. Führt die Zentralbank Offenmarktverkäufe durch, verlagert sich die Geldangebotskurve von M_1 nach (M_2/M_3). Beim ursprünglichen Zinssatz befindet sich der Markt nicht mehr im .... Der Zinssatz muß also so lange steigen, bis er das Niveau .... erreicht hat. Der Kurs der Kreditmarktpapiere wird mit anderen Worten durch Offenmarktverkäufe der Zentralbank (**steigen/sinken**).

M_2
Gleichgewicht
OR_2

sinken

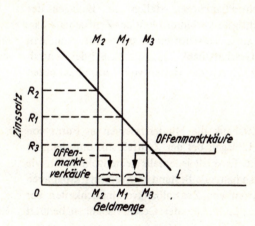

Abb. 11.1 Offenmarktgeschäfte

11.15. Offenmarktkäufe haben den entgegengesetzten Effekt. In diesem Fall verlagert sich das Geldangebot von M_1 nach .... und der Zinssatz sinkt von OR_1 auf ....

M_3
OR_3

11.16. Nun sind die Offenmarktoperationen der Zentralbank nicht der einzige Weg, Einfluß auf das Geldangebot zu nehmen und damit den Zinssatz zu ändern. Da die Zentralbank eine staatliche Institution zur Regulierung des Banksystems ist, kann sie auch Aktionen durchführen, die die Geschäftsbanken veranlassen, Kreditmarktpapiere zu kaufen oder zu verkaufen und somit das .... angebot auszudehnen oder einzuschränken und den .... zu erhöhen oder zu senken. (Vergessen Sie nicht, in diesem Buch denken wir uns die Hergabe eines Bankkredites als Kauf eines .... Die Einschränkung des Kreditvolumens einer Bank stellen wir uns analog dazu als .... von Kreditpapieren vor.)   Geld-
Zinssatz

Kreditmarktpapie
Verkäufe

11.17. Eine der zwingenden Auflagen, an die sich Geschäftsbanken halten müssen, besteht in der Unterhaltung von Mindestreserven. Diese Auflage besagt, daß in Höhe eines bestimmten Anteils der Bankeinlagen Guthaben bei der Zentralbank als Reserve gehalten werden müssen. Ein gewisser Prozentsatz der Bankeinlagen muß mit anderen Worten als .... in der Form von Zentralbankguthaben festgelegt werden.   Mindestreserve

11.18. Neben den Zentralbanknoten stellen die Einlagen der Geschäftsbanken die wichtigste Verbindlichkeit der Zentralbank dar. Die .... vorschriften können also von den Geschäftsbanken durch Geschäftsbank .... bei der Zentralbank oder (in den USA) durch das Halten von Zentralbanknoten erfüllt werden.   Mindestreserve-
-einlagen

11.19. Ob eine Geschäftsbank die Mindestreserven in Form von Zentralbanknoten oder Einlagen bei der Zentralbank unterhält, ist ihre eigene Angelegenheit. Es spielt jedenfalls keine Rolle dafür, wie hoch der von der Bank zu haltende Bestand an Kreditmarktpapieren sein kann, da beide Arten von Zentralbankverbindlichkeiten zur Erfüllung der .... der Geschäftsbanken benutzt werden können.   Mindestreserveau

11.20. Wenn die gesamten Einlagen bei den Geschäftsbanken z. B. $200 Mrd. ausmachen und der Mindestreservesatz 20 Prozent beträgt, hätte die Bilanz der Geschäftsbanken etwa folgendes Aussehen:

Aktiva	Passiva
Reserven (Zentralbanknoten + Einlagen bei der Zentralbank) $ 40 Mrd. Kreditmarktpapiere $ 160 Mrd.	Sichteinlagen $ 200 Mrd.

In dieser Lage könnten die Geschäftsbanken (**keine weiteren/ weitere**) Kreditmarktpapiere erwerben und mehr Geld in Umlauf bringen, da ihre Reserven dann den Mindestreserveauflagen von 20 v. H. (**nicht mehr/immer noch**) genügen würden.

keine weiteren

nicht mehr

11.21. Gehen wir von der Annahme aus, die Zentralbank ermäßigte den Mindestreservesatz auf zehn v. H. Dann verfügen die Banken über Reserven in Höhe von $ 40 Mrd., obwohl sie nur ..... Mrd. Dollar halten müssen. Mit den Überschußreserven könnten die Geschäftsbanken ihre Bestände an Kreditmarktpapieren (**vergrößern/nicht vergrößern**), und zwar so weit, bis die Überschußreserven beseitigt sind. Denken Sie wieder daran, daß eine Bestandsvergrößerung an Kreditmarktpapieren oft in der Form von (**weiteren/ weniger**) Ausleihungen erfolgt.

20

vergrößern

weiteren

11.22. Bei einem Reservebestand von 40 Mrd. Dollar können die Banken ihre Einlagen so lange ausdehnen, bis die verlangten Reserven gerade .... Mrd. Dollar ausmachen. Bei Mindestreservesätzen von zehn v. H. können sie die Gesamteinlagen bis zur Höhe von $ .... Mrd. ausweiten. Sie können also ihre Kreditmarktpapierbestände um .... Mrd. Dollar erhöhen und dafür Sichteinlagen in gleicher Höhe einräumen.

40

400
200

11.23. Auf diesem Wege hat die Zentralbank die Möglichkeit, die Geschäftsbanken durch eine Herabsetzung der .... auflagen zu einer Ausdehnung des Geldangebots zu veranlassen.

Mindestreserve-

11.24. Würde die Zentralbank die Mindestreserven heraufsetzen, wären die Geschäftsbanken gezwungen, ihre Bestände an Kreditmarktpapieren zu (**erweitern/vermindern**) und damit das Geldangebot zu (**erweitern/vermindern**).

vermindern
vermindern

11.25. Die Wirkungen einer Änderung des Geldangebots um einen gegebenen Betrag durch Veränderungen der Mindestreservevorschriften sind die gleichen wie die Wirkungen einer Änderung des Geldangebots durch Offenmarktgeschäfte. In beiden Fällen wird eine Vergrößerung des Geldangebots den Zinssatz (**anheben/senken**), dagegen wird eine Verringerung den Zinssatz (**anhenen/senken**).   senken
anheben

11.26. Da die Geschäftsbanken nur einen Teil ihrer Einlagen in der Form von Mindestreserven halten müssen, ist der Effekt der Offenmarktgeschäfte stärker als oben angegeben. Nehmen wir an, die Zentralbank kaufe $ 10 Mrd. Kreditmarktpapiere vom Publikum. Wenn $ 5 Mrd. der bei der Bezahlung dieser Papiere emittierten Zentralbanknoten in die Geschäftsbanken eingelegt werden, (**erhöhen/vermindern**) sich dadurch die gesamten Reserven der Geschäftsbanken. Würden die Geschäftsbanken nichts anderes unternehmen, als diese Einlagen in Höhe von 5 Mrd. Dollar entgegenzunehmen, ergäbe sich keine weitere Änderung des Geldangebots. Das Publikum hätte einfach 5 Mrd. Dollar in der Form von .... in $ 5 Mrd. in der Form von .... umgetauscht.   erhöhen

Zentralbanknot
Bankeinlagen

11.27. Die Position der Banken hat sich dadurch jedoch entscheidend verändert. Die Hereinnahme der Zentralbanknoten hat ihre Gesamteinlagen um 5 Mrd. Dollar erweitert. Dieser Anstieg erfolgt aber ganz in Form von (**Reserven/Kreditmarktpapieren**). Gehen wir von einem Mindestreservesatz von 20 Prozent aus, so macht die gleichzeitig erforderlich werdende Vergrößerung der Mindestreserven jedoch nur $ .... Mrd. aus.   Reserven

1

11.28. Wir ersehen aus diesem Beispiel, daß die Gesamtreserven der Bank um $ .... Mrd. gewachsen sind, während der als Mindestreserve festzulegende Betrag nur um $ .... Mrd. zugenommen hat. Wenn die Banken in der Ausgangslage keine Überschußreserve besaßen, dann wird ihnen diese Einlage von Zentralbanknoten in Höhe von $ 5 Mrd. eine Überschußreserve von $ .... Mrd. bescheren.   5
1

4

11.29. Mit den Überschußreserven sind die Geschäftsbanken in der Lage, mehr .... zu erwerben, mit deren Hilfe sich Zinseinnahmen erzielen lassen. Durch Vergabe zusätzlicher Kredite an Schuldner – in der Regel durch Einräumung von Sichteinlagen – gelangen die Geschäftsbanken in den Besitz neuer .... und schöpfen zugleich neues ....   Kreditmarktpa

Kreditmarktpa
Geld

11.30. Da ein Teil des durch Offenmarktkäufe der Zentralbank beim Publikum entstandenen Geldes bei den Geschäftsbanken deponiert wird, werden weitere Vergrößerungen des Geldangebotes ermöglicht, weil den Geschäftsbanken neue Überschuß-.................... zuwachsen. Mit den Überschußreserven können die Banken mehr .... kaufen und somit neues .... in Form von Bankeinlagen schöpfen.

reserven
Kredit-
marktpapiere – Geld

11.31. Lassen Sie uns hier unser Beispiel wiederholen: Wenn die gesamten Einlagen bei den Geschäftsbanken sich auf $ 200 Mrd. belaufen und der Mindestreservesatz zwanzig Prozent beträgt, hat die Bilanz der Geschäftsbanken etwa folgendes Aussehen:

Aktiva		Passiva
Reserven (Zentralbank- noten + Einlagen bei der Zentralbank)	$ 40 Mrd.	Sichteinlagen $ 200 Mrd.
Kreditmarkt- papiere	$ 160 Mrd.	

In dieser Situation gäbe es keine Überschuß-...................; die Geschäftsbanken wären nicht in der Lage, weitere .... zu erwerben.

reserven
Kreditmarkt-
papiere

11.32. Wenn nun die Zentralbank Offenmarktkäufe in Höhe von zehn Milliarden Dollar durchführt und von der daraus resultierenden Erhöhung des Geldangebots fünf Milliarden Dollar bei den Geschäftsbanken deponiert werden, sieht die Bilanz folgendermaßen aus:

Aktiva		Passiva	
Reserven (Zentralbank- noten + Einlagen bei der Zentralbank)	$ .... Mrd.	Sichteinlagen $...... Mrd.	205 45
Kreditmarkt- papiere	$ 160 Mrd.		

11.33. In diesem Falle belaufen sich die Reserven auf $ .... Mrd., während die Mindestreserven nur eine Höhe von $ .... Mrd. haben müssen (20 % von 205). Das bedeutet, daß die

45
41

Geschäftsbanken ihren Bestand an .... Kreditmarktpap
erhöhen können.

11.34. Die Geschäftsbanken können solange Kreditmarktpapiere kaufen und für diese mit Sichteinlagen bezahlen, bis die tatsächlichen Reserven gleich den .... sind, Mindestreserven
d. h., bis es keine .... mehr gibt. Überschußreser

11.35. Bei Reserven in Höhe von $ 45 Mrd. und einem Mindestreservesatz von zwanzig Prozent, können die Geschäftsbanken solange expandieren, bis die Sichteinlagen eine Höhe von $ .... Mrd. 225
erreichen. Die Endposition der Banken würde dann folgendermaßen aussehen:

Aktiva		Passiva	
Reserven	$ 45 Mrd.	Sichteinlagen $ .... Mrd.	225
Kreditmarkt-papiere	$ .... Mrd.		180

Die ursprüngliche Erhöhung der Sichteinlagen um fünf Milliarden Dollar führte zu einer Erhöhung der Sichteinlagen um zusätzliche
$ .... Mrd.; insgesamt sind die Sichteinlagen also um $ .... 20 – 25
Mrd. gestiegen.

11.36. Wie hoch war die Gesamtwirkung der Offenmarktkäufe der Zentralbank in Höhe von zehn Milliarden Dollar, wenn man die Reaktion der Geschäftsbanken berücksichtigt? Die Geldmenge, die von den Konsumenten und den Unternehmungen in Form von
.... gehalten wird, ist um fünf Milliar- Zentralbanknot
den Dollar gestiegen. Hinzu kommt die Erhöhung der Sichteinlagen
bei den Geschäftsbanken in Höhe von $ .... Mrd., die daraus 25
entstanden, daß die Konsumenten und die Unternehmungen die weiteren fünf Milliarden Dollar Zentralbanknoten, die durch die Zentralbank in Umlauf gesetzt wurden, bei den Geschäftsbanken deponierten.

11.37. Die gesamte Ausdehnung der Bankeinlagen macht ein Vielfaches des Anfangsbetrages aus. Im Rahmen dieser Einführung können wir eine detaillierte Erklärung des Geldschöpfungsmultiplikators nicht geben. Aber Sie können schon erkennen, daß bei einem Mindestreservesatz von 20 v. H. die Vergrößerung der Überschußreserve um $ 1 eine Ausweitung der Gesamteinlagen und der Aktiva der Geschäftsbanken um $ .... zuläßt. Von diesem Zuwachs an Aktiva entfallen auf die Vergrößerung des Bestandes an Kreditmarktpapieren $ .... .

5

4

11.38. Daher führen Offenmarktkäufe der Zentralbanken zu einer Ausdehnung des Geldangebots, die **(größer/kleiner)** als die Ausgabe an Zentralbanknoten ist. Das zusätzliche Geld wird dadurch geschöpft, daß ein Teil der ausgegebenen Zentralbanknoten den Geschäftsbanken als Einlage zufließt, diese Banken also mit Überschuß .... versorgt werden, was wiederum die Basis für den Ankauf weiterer .... ist. Erwerben die Geschäftsbanken weitere Kreditmarktpapiere, dann schaffen sie neue Bankeinlagen, wodurch ein erneuter Anstieg des .... bewirkt wird.

größer

-reserven
Kreditmarktpapiere

Geld-
angebotes

11.39. Der gleiche Multiplikatoreffekt tritt dann auf, wenn die Zentralbank Kreditmarktpapiere direkt von den Banken kauft. Ein Offenmarktkauf von $ 5 Mrd. reduziert z. B. den Bestand an .... der Banken und vergrößert die .... der Banken, entweder in Form von Zentralbanknoten oder aber als Einlagen bei der Zentralbank. Die Bank verfügt damit über ....reserven, mit deren Hilfe sie eine mehrfache Expansion ihrer Bestände an Kreditmarktpapieren und Bankeinlagen betreiben kann.

Kreditmarktpapieren
Reserven

Überschuß-

11.40. Eine andere – in den USA unbedeutendere – Einflußmöglichkeit der Zentralbank auf die Bankenliquidität besteht darin, den Geschäftsbanken Reserven auf dem Kreditweg zukommen zu lassen. Das gestattet den Banken, ihren Mindestreserveverpflichtungen mit Hilfe von der Zentralbank beschaffter .... nachzukommen.

Reserven

11.41. Der von den Geschäftsbanken für diese Art von Krediten zu zahlende Preis wird Diskontsatz genannt. Er heißt so, weil der Kreditbetrag schon auf den Gegenwartswert diskontiert, also der Zinssatz sofort abgezogen wird. Durch Änderungen des .... kann die Zentralbank ihre Kredite verteuern und verbilligen. Eine Anhebung des .... wird es den bei der Zentralbank verschuldeten Banken ratsam erscheinen lassen, ihre Schulden zu reduzieren. Zu diesem Zwecke müssen sie

Diskont-
satzes
Diskontsatzes

.... verkaufen; dadurch wird das ....volumen vermindert.

Kreditmarktpapie
Geld-

11.42. Eine Senkung des .... verbilligt die Beschaffung zusätzlicher Reserven. Daraus resultiert dann oft ein **(Kauf/ Verkauf)** von Kreditmarktpapieren und eine **(Vergrößerung/Verringerung)** der Bankeinlagen bei solchen Geschäftsbanken, die sich zusätzliche Reserven zum herabgesetzten Diskontsatz besorgen.

Diskontsatzes
Kauf
Vergrößerung

11.43. Von diesen drei geldpolitischen Instrumenten – nämlich den .... geschäften, den .... und der Änderung des .... – sind die Offenmarktgeschäfte bei weitem das wichtigste Instrument.

Offenmarkt – Mi
reservevorschrifte
Diskontsatzes

11.44. Sie sind nun in der Lage, den Auswirkungen der Geldpolitik auf die gesamte Volkswirtschaft nachzugehen. Das kann anhand der Abb. 11.2 geschehen, die in vier Einzeldarstellungen untergliedert ist. Wir gehen von der Voraussetzung einer sich ursprünglich im Gleichgewicht befindenden Volkswirtschaft aus. Die Geldangebotskurve soll M_1 und der Zinssatz .... sein, wie aus (i) hervorgeht. Die Kurve der Gesamtnachfrage hat die Lage GN_1, das reale BSP beträgt daher ...., wie aus (iv) abzulesen ist.

OR_1

OQ

11.45. In (ii) zeigt die Kapitalverzinsungsfunktion RR die zu verschiedenen .... getätigten Investitionsausgaben, wobei ein Niveau des realen BSP in Höhe von 0Q unterstellt worden ist. Bei einem Zinssatz von OR_1 und einem gegebenen Niveau des realen BSP von 0Q betragen die Investitionsausgaben also ....

Zinssätzen

OI_1

11.46. Aus der Investitionsfunktion in (iii) lassen sich die bei unterschiedlichen Niveaus des .... durchgeführten Investitionsausgaben bestimmen, wobei hier eine Zinshöhe von OR_1 als gegeben betrachtet wird. Bei einem realen BSP von 0Q und einem gegebenen Zinssatz von OR_1 stimmen die Investitionsbeträge OI_1 aus (ii) und OI_1 aus (iii) überein.

realen BSP

11.47. Nehmen Sie nun an, der Staat versuche, die Gesamtnachfrage durch Einsatz der Geldpolitik auszudehnen und vergrößere das Geldangebot von OM_1 auf OM_2. In (i) hat das den Effekt, den Zinssatz auf .... zu **(erhöhen/senken)**.

OR_2 – senken

11.48. Diese Zinssenkung führt, wie in (ii) zu sehen ist, zu einer Bewegung entlang der Kapitalverzinsungsfunktion und zu einer

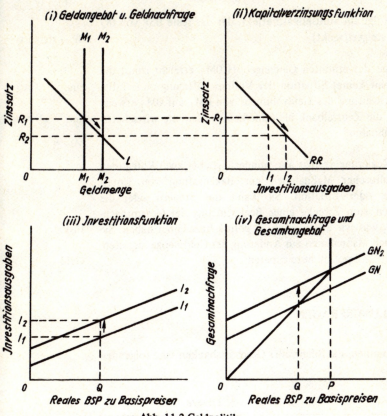

Abb. 11.2 Geldpolitik

(**Ausdehnung/Einschränkung**) der Investitionsausgaben. (Bei dem niedrigen Zinssatz sind jetzt auch Investitionen lohnend, deren Kapitalverzinsung vorher unter dem Marktzins lag.) Bei dem neuen Zinssatz erreichen die Investitionsausgaben die Höhe	Ausdehnung $0I_2$
11.49. Die auf die Zinssenkung zurückzuführende Ausdehnung der Investitionsausgaben tritt als (**Verlagerung/Bewegung entlang**) der Investitionsfunktion in (iii) in Erscheinung. Bei dem niedrigeren Zinssatz nimmt die Investitionsfunktion die (**höhere/tiefere**) Lage von I_2 ein. Bei diesem neuen Zinssatz, aber dem ursprünglichen Niveau des realen BSP von $0Q$, betragen die Investitionsausgaben	Verlagerung höhere $0I_2$

11.50. Die Verlagerung der Investitionskurve nach oben löst eine Verschiebung der Gesamtnachfragekurve in (iv) von GN_1 nach GN_2

aus. Daraus folgt ein Multiplikatoreffekt, der das reale BSP von 0Q
auf .... (steigert/senkt). OP − steigert

11.51. Infolge des erhöhten Geldangebots OM_2 erreicht somit die
Wirtschaft (**eine/keine**) Situation der Vollbeschäftigung ohne Infla- eine
tion. Die Ausweitung des Geldvolumens von OM_1 auf OM_2 erweist
sich also für die Zentralbank als (**eine/keine**) adäquate wirtschafts- eine
politische Maßnahme.

11.52. Die Regierung verfügt also mindestens über zwei Kategorien
wirtschaftspolitischer Maßnahmen zur Bekämpfung von Unterbeschäftigung oder Inflation. Sie kann die Steuern oder die
Staatsausgaben zum Zwecke einer Beeinflussung der Gesamtnachfrage ändern, was wir als .... politik bezeichnet haben. Sie Fiskal-
kann aber auch Maßnahmen zur Änderung der Geldmenge ergreifen,
was wir als .... politik bezeichneten. Geld-

WIEDERHOLUNGSFRAGEN

11.1. Angenommen, die Bilanz aller Geschäftsbanken sähe folgendermaßen aus:

Aktiva		Passiva	
Zentralbank- noten	$ 80 Mrd.	Sichteinlagen	$ 320 Mrd.
Kreditmarkt- papiere	$ 240 Mrd.		

Um wieviel könnten die Geschäftsbanken ihre Ausleihungen und
Einlagen erhöhen, wenn der Mindestreservesatz 20 v. H. beträgt?
$ ... Mrd.

a) 80
b) 16
c) 0
d) Keine der genannten Alternativen trifft zu.

11.2. Will die Zentralbank die Arbeitslosigkeit vermindern, sollte
sie ...

a) ihre Bestände an Kreditmarktpapieren vermindern.
b) ihre Kreditmarktpapierbestände erhöhen.
c) ihre Gesamtverbindlichkeit vermindern.
d) ihre Gesamtforderungen vermindern.

11.3. Offenmarktkäufe der Zentralbank haben dann die größte Wirkung, wenn das neue Geld von den ... gehalten wird.

a) Unternehmungen
b) Geschäftsbanken
c) Konsumenten
d) öffentlichen Haushalten

11.4. Offenmarktverkäufe der Zentralbank führen dazu, daß ...

a) das BSP steigt.
b) der Zinssatz sinkt.
c) a) und b) treffen zu.
d) die Investitionen sinken.

11.5. Das Instrument der Zentralbank, das das Geldangebot nicht beeinflußt, ist (sind) ...

a) Offenmarktgeschäfte
b) der Diskontsatz
c) der Mindestreservesatz
d) Keine der genannten Alternativen.

12

PROBLEME EINER DYNAMISCHEN WIRTSCHAFT

12.1. In den Kapiteln 5 bis 7 lernten Sie am Beispiel eines einfachen Modells, welche Rolle die .... dafür spielt, ob in einer Volkswirtschaft Unterbeschäftigung, Inflation oder Vollbeschäftigung ohne Inflation herrscht. Des weiteren haben Sie gesehen, wie der Staat die Gesamtnachfrage mit Hilfe der .... und ....politik zur Bekämpfung von Unterbeschäftigung und Inflation beeinflussen kann.

Gesamtnachfrage

Geld-
Fiskal-

12.2. Die in diesen Kapiteln entwickelten Ideen sind im Grunde genommen sehr einfach. Ihre Reaktion könnte daher sehr wohl in der Annahme bestehen, bei Anwendung dieser Überlegungen müsse es einfach sein, mit Hilfe der Wirtschaftspolitik Arbeitslosigkeit und Inflation zu beseitigen. Wie Sie wissen, gab es jedoch in der amerikanischen Volkswirtschaft (**immer wieder/niemals**) Zeiten mit Unterbeschäftigung oder Inflation.

immer wieder

12.3. Diese Tatsache bedeutet nicht notwendigerweise, daß die in den vorausgegangenen Kapiteln angeführten Theorien falsch sind. In der Tat wird von vielen Nationalökonomen eingewendet, ein Großteil der Arbeitslosigkeit und Inflation in der Vergangenheit sei gerade deswegen aufgetreten, weil die Regierung keine Wirtschaftspolitik betrieben habe, die diesen Theorien entspricht. Diese Wirtschaftswissenschaftler glauben, Unterbeschäftigung und Inflation wären weitgehend (**vermeidbar/unvermeidbar**) gewesen, wenn man ihren Theorien gefolgt wäre.

vermeidbar

12.4. Es läßt sich allerdings heute feststellen, daß sich die in diesem Buch ausgeführten Überlegungen unter den Wirtschaftspolitikern mehr und mehr durchgesetzt haben. Nach einer Periode hoher Arbeitslosigkeit von 1958 bis 1963 verhielt sich z. B. der Staat gemäß diesen Theorien und senkte die Steuern, um die Arbeitslosigkeit zu verringern. Der daraufhin erfolgende Rückgang der Arbeitslosigkeit von 5,5 v. H. 1963 auf vier v. H. Ende 1965 deutet darauf hin, daß die von der Theorie empfohlene Art der Fiskalpolitik (**richtig/falsch**) war.   richtig

12.5. Aber selbst wenn man sich diesen Ideen voll anschließen will, darf man nicht übersehen, daß verschiedene, aus der vereinfachten Diskussion der vorigen Kapitel ausgeschlossene Faktoren es sehr erschweren, die richtigen wirtschaftspolitischen Entscheidungen zu treffen. Die Wirklichkeit ist — mit anderen Worten — viel (**einfacher/komplizierter**) als es die in den Kapiteln 5 bis 11   komplizierter
analysierten Modelle vermuten lassen. Diese in der Realität auftauchenden Komplikationen können die Wahl der richtigen wirtschaftspolitischen Maßnahmen (**schwieriger/einfacher**) machen,   schwieriger
als das auf den ersten Blick erscheint.

12.6. Eine der von den Wirtschaftspolitikern in ihre Rechnung einzubeziehenden Schwierigkeiten besteht im permanenten Wachstum einer Volkswirtschaft. Die oben angestellten Analysen konzentrierten sich hauptsächlich darauf, wie die Wirtschaftspolitik eine Übereinstimmung zwischen der Gesamtnachfrage und dem gegebenen .... zu Basispreisen herstellen kann.   potentiellen BSP
Da jedoch das Bevölkerungswachstum zu einer wachsenden Zahl von Arbeitskräften führt, die Investitionsausgaben den Kapitalstock vergrößern und der technische Fortschritt die Produktivität der Produktionsfaktoren verbessert, bleibt das potentielle BSP (**konstant/nicht konstant**).   nicht konstant

12.7. Da das fortwährende Wachstum des Bestandes an Produktionsfaktoren und die Produktivitätserhöhung zu einem steigenden potentiellen BSP führen, ist es zur Erreichung des Zieles der Vollbeschäftigung ohne Inflation notwendig, für eine ständig wachsende .... zu sorgen.   Gesamtnachfrage

12.8. Das bedeutet natürlich, daß ein im vergangenen Jahr der Erreichung dieser Ziele angemessenes Niveau der Gesamtnachfrage in diesem Jahr (**zu hoch/zu niedrig**) ist. Wenn also die Wirtschafts-   zu niedrig
politiker das Wachstum des potentiellen BSP nicht in ihr Kalkül einbeziehen, dann wird eine für das vergangene Jahr angemessene Wirtschaftspolitik in diesem Jahr zu (**Inflation/Arbeitslosigkeit**)   Arbeitslosigkeit
führen.

12.9. Die Berücksichtigung des wachsenden potentiellen BSP ist aber nicht die einzige Schwierigkeit, die sich aus der dynamischen, ständig sich ändernden Natur unserer Wirtschaft ergibt. Es ist nicht einmal die größte Schwierigkeit. Da sich das Wachstum der Faktormengen und die Produktivitätsverbesserungen mit relativ stetigen Raten verändern, **(ist es/ist es nicht)** möglich, aus den letzten Daten über die Entwicklung des potentiellen BSP eine verhältnismäßig gut zutreffende Prognose des künftigen Wachstums des potentiellen BSP abzuleiten. Unglücklicherweise trifft das für andere Variable, die entscheidende Bedeutung für den Wirtschaftspolitiker besitzen, nicht immer zu.

ist es

12.10. Aus dem einfachen Modell haben wir gelernt, daß es zur Herstellung von Vollbeschäftigung ohne Inflation notwendig ist, eine dem wachsenden potentiellen BSP entsprechend wachsende Gesamtnachfrage sicherzustellen. Aber welche Veränderungen der wirtschaftspolitischen Einflußgrößen — wie Steuern, Staatsausgaben oder Geldmenge — demzufolge notwendig werden, hängt davon ab, welche autonomen Änderungen der Konsum- und Investitionsausgaben unabhängig von wirtschaftspolitischen Eingriffen auftreten. Wenn also andere Faktoren eine Änderung der Gesamtnachfrage auslösen, muß der Staat diese Entwicklung **(kennen/nicht kennen)**, bevor er sich für die richtigen Maßnahmen entscheiden kann. Um vernünftige Entscheidungen treffen zu können, muß der Staat also in der Lage sein, **(richtig/nicht nur richtig)** zu prognostizieren, wie seine eigenen Maßnahmen die Gesamtnachfrage beeinflussen, **(aber nicht/ sondern auch)** vorauszusehen, welche Veränderung der Gesamtnachfrage von anderen Faktoren bewirkt wird.

kennen

nicht nur richti

sondern auch

12.11. Nehmen wir z. B. an, die Gesamtnachfrage habe in diesem Jahr gerade das richtige, Vollbeschäftigung ohne Inflation garantierende Niveau erreicht. Nehmen wir weiter an, die Regierung sage das Wachstum des potentiellen BSP von diesem auf das nächste Jahr richtig mit vier Prozent voraus. Die ökonomische Theorie sagt nun aus, daß die Gesamtnachfrage von diesem auf das nächste Jahr um .... Prozent gesteigert werden muß, wenn Vollbeschäftigung ohne Inflation gewährleistet werden soll. Wächst sie stärker, gibt es .... Wächst sie weniger, gibt es ....

vier

Inflation –
Unterbeschäfti

12.12. In dieser Situation kommt es **(sehr/überhaupt nicht)** darauf an, um wieviel sich die Ausgaben der Konsumenten und Unter-

sehr

nehmen infolge anderer Faktoren als der Wirtschaftspolitik ändern. Daneben ist es von erheblicher Bedeutung, wie exakt der Staat diese Änderung .... kann.   vorhersehen

12.13. Gehen wir z. B. einmal davon aus, die Konsumenten und Unternehmer erwarteten eine Knappheit einzelner Güter und erhöhten deshalb ihre Ausgaben so weit, daß dadurch eine fünfprozentige Ausdehnung der Gesamtnachfrage bei unveränderter Wirtschaftspolitik erfolgt. In diesem Fall bestünde die korrekte Maßnahme darin, die Gesamtnachfrage durch Einsatz von Geld- und Fiskalpolitik um .... Prozent (**über/unter**) das anderenfalls erreichte Niveau zu bringen.   ein – unter

12.14. Hätte die Regierung in diesem Beispiel den autonomen Anstieg der privaten Ausgaben nicht richtig vorausgesehen und die Gesamtnachfrage mit Hilfe der Geld- und Fiskalpolitik um vier Prozent zusätzlich zu der autonomen Nachfragesteigerung ausgedehnt, dann wäre .... eingetreten. Eine solche Lage ergab sich 1951, als die Konsumenten und Unternehmer auf den Ausbruch des Koreakrieges mit einer Hortung vieler Waren reagierten. Diese nicht vorhergesehene Erhöhung der Gesamtnachfrage führte zu einem Anstieg des Preisniveaus um sieben Prozent.   Inflation

12.15. Betrachten wir ein anderes Beispiel: Die Entdeckung neuer Produkte veranlaßt die Unternehmer, die für deren Produktion notwendigen Kapitalgüter zu kaufen. Unterstellen wir, in diesem Jahr käme es zu weniger Neuentwicklungen als üblich. Bei einem gegebenen Zinssatz böten sich den Unternehmen (**genau/nicht**) so viele profitgünstige Investitionsgelegenheiten wie in der Vergangenheit. Ceteris paribus würden somit die Investitionsausgaben (**steigen/sinken**).   nicht

    sinken

12.16. Angenommen, die Verminderung der Investitionsausgaben reiche aus – von anderen Änderungen soll völlig abgesehen werden –, eine autonome Gesamtnachfragesenkung in Höhe von sechs Prozent hervorzurufen. Gehen wir wieder von einem Wachstum des potentiellen BSP von vier Prozent aus, so müßte über die Geld- und Fiskalpolitik ein autonomer Gesamtnachfrageanstieg von .... Prozent erreicht werden, ... Prozent zum Ausgleich der sinkenen Investitionsausgaben und .... Prozent um dem gestiegenen potentiellen BSP zu entsprechen.   zehn
    sechs
    vier

12.17. Sähe der Staat die Senkung der Investitionsausgaben nicht voraus, und würde er die Geld- und Fiskalpolitik nur dazu einsetzen, die Gesamtnachfrage so weit zu steigern, wie es das wachsende potentielle BSP erforderlich macht, dann würde .... eintreten.

Unterbeschäftigung

12.18. Die meisten Rezessionen (ebenso die Weltwirtschaftskrise) entstanden in erster Linie infolge von Verminderungen der Investitionsneigung, die nicht ausreichend durch Steigerungen anderer Ausgabearten ausgeglichen wurden. Es geschah nichts oder zu wenig um zu verhindern, daß die Gesamtnachfrage unter das potentielle BSP zu Basispreisen fiel. Das heißt natürlich, die richtige Geld- und Fiskalpolitik (**wurde/wurde nicht**) angewendet. Ein Grund dafür liegt darin, daß bis vor kurzem die modernen Theorien mehr oder weniger nicht zur Kenntnis genommen wurden. Ein weiterer Grund ist darin zu sehen, daß der Staat (**bereit/nicht bereit**) war, die von der modernen ökonomischen Theorie vorgeschlagenen Maßnahmen zu ergreifen. Aber selbst wenn der Staat immer eine rationale Wirtschaftspolitik betreiben wollte, wäre es zu diesem Zweck trotzdem erforderlich, die durch andere Faktoren ausgelösten Änderungen der Investitionsausgaben richtig ....

wurde nicht

nicht bereit

vorherzusehen

12.19. Die Schwierigkeiten bei der Bestimmung der angemessenen Maßnahmen resultieren somit aus dem Problem, die auf eine Änderung der Erwartungen, der Rate des technischen Fortschritts und anderer Faktoren zurückzuführenden Änderungen der Gesamtnachfrage genau ....

vorherzusehen

12.20. Da es häufig unmöglich ist, die von anderen Faktoren ausgehenden Änderungen der Gesamtnachfrage vorherzusagen, kann es vorkommen, daß der Staat die Änderungen erst erkennt, nachdem Arbeitslosigkeit oder Inflation bereits eingetreten sind. In dieser Situation können Geld- und Fiskalpolitik (**nicht mehr/nur noch**) zur Verhinderung sondern (**nicht mehr/nur noch**) zur Linderung der daraus erwachsenden Schwierigkeiten beitragen.

nicht mehr
nur noch

12.21. Sie sehen also, die Geld- und Fiskalpolitik muß zur Vermeidung von Unterbeschäftigung und Inflation laufend neue Daten berücksichtigen. Die Geld- und Fiskalpolitik hat nicht nur sicherzustellen, daß die Gesamtnachfrage im gleichen Maße wie das .... wächst, sondern sie muß auch die von anderen Faktoren ausgehenden Schwankungen der .... auszugleichen versuchen.

potentielle BSP
Gesamtnachfrage

2.22. Für eine richtige Politik müssen also sowohl die Änderungen des potentiellen BSP als auch die von anderen Faktoren bewirkten Änderungen der Gesamtnachfrage korrekt .... werden. Eine genaue Vorhersage des potentiellen BSP ist relativ (**einfach/schwierig**), weil Qualität und Produktivität der Produktionsfaktoren mit einer relativ stetigen Rate zunehmen. Die von anderen Faktoren ausgelösten Nachfrageschwankungen treten jedoch recht unregelmäßig auf und sind deshalb relativ (**einfach/schwer**) vorherzusehen.

vorhergesehen

einfach

schwer

2.23. Wenn der Staat die Änderungen der Gesamtnachfrage nicht richtig voraussieht, ist er (**in/nicht in**) der Lage, rechtzeitig die richtigen Maßnahmen zur Vermeidung von Inflation und Unterbeschäftigung zu ergreifen.

nicht in

2.24. Neben der Tatsache, daß es eine gewisse Zeit braucht, um überhaupt Art und Umfang der anstehenden Probleme festzustellen, wirkt sich erschwerend aus, daß die staatliche Wirtschaftspolitik viel Zeit sowohl für die Entscheidung braucht, welche Maßnahmen konkret ergriffen werden sollen, als auch für die Durchführung ihrer Politik. Unterstellen Sie, der Staat sähe sich innerhalb weniger Monate unerwartet mit einem Anstieg der Arbeitslosigkeit von vier auf sieben Prozent konfrontiert. Ehe z. B. eine Steuersenkung wirksam werden könnte, müßte die Regierung dem Parlament einen entsprechenden Vorschlag unterbreiten, es würden Hearings dazu veranstaltet werden, ein Gesetz müßte ausgefertigt und erlassen werden. Da das alles erhebliche .... braucht, ist eine direkte Umsetzung der ökonomischen Theorie in fiskalpolitische Maßnahmen praktisch (**unkompliziert/ unmöglich**), selbst wenn die Natur des Problems genau bekannt ist.

Zeit

unmöglich

2.25. Das Beispiel der großen Steuersenkung in den U.S.A. von 1964 gibt einen Hinweis, wieviel Zeit die Regierung für die Durchsetzung ihrer Politik benötigen kann. Im Sommer 1962 entschied sich Präsident Kennedy dafür, eine Steuersenkung vorzuschlagen. Aber erst im Februar 1964 konnte das Gesetz schließlich erlassen werden. Die Kosten dieser Verzögerung bestanden darin, daß der Prozentsatz der Arbeitslosigkeit eine (**längere/kürzere Zeit über/unter**) dem andernfalls eingetretenen Niveau gelegen hat.

längere Zeit über

2.26. Ein weiteres Beispiel ist die zehnprozentige Steuererhöhung, die Präsident Johnson 1966 in Anbetracht der drohenden Inflation vorschlug, und die nicht vor 1968 verabschiedet werden konnte, als der Inflationsprozeß bereits in Gang gekommen war. Zweck der Steuererhöhung war eine (**Erhöhung/Senkung**) der Gesamtnachfrage, um die .... abzuwenden. Wegen der Verzögerung der Verabschiedung des entsprechenden Gesetzes kam es zur Verhinderung der Inflation zu spät.

Senkung
Inflation

12.27. Wegen dieser mit politischen Maßnahmen untrennbar verbundenen Verzögerungen fordern viele Wirtschaftswissenschaftler, daß bereits im voraus politische Programme fixiert werden, die nach dem Erkennen bestimmter Probleme automatisch in Kraft gesetzt werden. Solche Programme hätten den Vorteil, daß mit ihrer Hilfe Unterbeschäftigung oder Inflation (**schneller/langsamer**) bekämpft werden könnten.

schneller

12.28. In der Tat gibt es nun einige Maßnahmen, die automatisch beim Auftreten von Arbeitslosigkeit oder Inflation zum Zuge kommen. Wenn z. B. die Beschäftigung sinkt, (**steigen/sinken**) die Zahlungen der Arbeitslosenversicherung an die Arbeitslosen. Diese Zahlungen der Arbeitslosenversicherung sind ein Beispiel für (**Staatsausgaben/Transferzahlungen**), die automatisch mit zunehmender Arbeitslosigkeit steigen.

steigen

Transferzahlu

12.29. Eine Vergrößerung der Unterstützungszahlungen an die Arbeitslosen schlägt sich wie jede andere Transferzahlung in einer (**Erhöhung/Senkung**) der Gesamtnachfrage nieder. Eine im Vergleich zum potentiellen BSP zu Basispreisen fallende Gesamtnachfrage, die zu Arbeitslosigkeit führt, wird bis zu einem gewissen Grad durch die Arbeitslosenunterstützung (**wieder ausgeglichen/weiter fallen**).

Erhöhung

wieder ausgeg

12.30. Solche automatisch zum Zuge kommenden Kräfte werden als „eingebaute Stabilisatoren" bezeichnet. Die Arbeitslosenunterstützung ist ein Beispiel für einen ...., da sie bei zunehmender Arbeitslosigkeit automatisch die (**Staatsausgaben/Transferzahlungen**) ansteigen läßt.

eingebauten
Stabilisator
Transferzahl

12.31. Ein weiteres Beispiel ist die Einkommensteuer. Da der vom Staat erhobene Einkommensteuerbetrag vom Umfang des Volkseinkommens abhängt, (**steigt/fällt**) das Einkommensteueraufkommen mit wachsendem Volkseinkommen. Wenn also Inflation eintritt, erhöht sich das Volkseinkommen zu laufenden Preisen und das Steueraufkommen (**wächst/sinkt**). Gibt es eine Rezession und die Einkommen fallen, dann (**wächst/sinkt**) das Steueraufkommen.

steigt

wächst
sinkt

12.32. Ist das Ziel Vollbeschäftigung ohne Inflation, dann bewegt sich die automatisch aus der Inflation oder Deflation resultierende Änderung des Steueraufkommens in die (**richtig/falsch**) Richtung. Mit anderen Worten: Der Mechanismus dieser Steuer stabilisiert die Wirtschaft der Tendenz nach, da er bei Inflationen zu einem (**steigenden/sinkenden**) und bei Unterbeschäftigung zu einem (**steigenden/sinkenden**) Steueraufkommen führt.

richtige

steigenden
sinkenden

12.33. Sowohl die Arbeitslosenversicherung als auch die Einkommensteuer sind Beispiele für ...., da sie automatisch zu stabilisierenden Änderungen der Transferzahlungen und des Steueraufkommens führen, wenn eine Volkswirtschaft vom Zustand der Vollbeschäftigung ohne Inflation abweicht. Leider reichen diese eingebauten Stabilisatoren nicht aus, um Unterbeschäftigung oder Inflation zu verhindern. Sie können nur zum Teil die Änderungen der .... ausgleichen, in denen das Problem seinen Ursprung hat.

eingebaute
Stabilisatoren

Gesamtnachfrage

12.34. Trotz Vorhandenseins solcher eingebauten Stabilisatoren müssen also wirtschaftspolitische Maßnahmen getroffen werden, um Vollbeschäftigung und .... stabilität zu gewährleisten. Zwei Arten von zeitlichen Verzögerungen (time lags) werfen dabei für den Wirtschaftspolitiker Probleme auf:

Preisniveau-

a) Der mit der Erkennung des Problems verbundene Zeitaufwand und
b) der Zeitaufwand für das Ingangsetzen der adäquaten wirtschaftspolitischen Maßnahmen.

Viele Wirtschaftspolitiker haben Programme gefordert, die es ermöglichen, sofort nach dem Erkennen eines Problems die richtigen fiskalischen Ankurbelungs- oder Dämpfungsmaßnahmen durchzuführen. Der Zweck liegt in der Beseitigung des mit (**der Identifizierung des Problems/dem Entscheidungsprozeß**) verbundenen Zeitaufwands.

dem
Entscheidungsprozeß

12.35. Die Wirtschaftspolitik hat es jedoch noch mit einem dritten Zeitproblem zu tun. Nachdem eine Maßnahme getroffen worden ist, vergeht eine gewisse Zeit, bis Gesamtnachfrage, Einkommen und Beschäftigung beeinflußt werden. Die gesamte, durch bestimmte fiskal- oder geldpolitische Instrumente bewirkte Änderung der Gesamtnachfrage (**tritt/tritt nicht**) unmittelbar ein.

tritt nicht

12.36. So mag etwa eine Vergrößerung des Geldangebots den Zinssatz drücken, es kann jedoch erhebliche Zeit verstreichen, bis daraus eine (**Erhöhung/Senkung**) der Investitionsausgaben resultiert. Erhöhung

12.37. Oder betrachten Sie das folgende Beispiel: Eine Senkung der Einkommensteuer vergrößert das verfügbare Einkommen, es kann jedoch sehr lange dauern, bis die Konsumenten deswegen ihre Konsumausgaben (**erhöht/vermindert**) haben. Die Konsumenten benötigen zur Anpassung ihres Ausgabeverhaltens ...., und auch der Multiplikatorprozeß kommt erst nach längerer Frist voll zur Geltung. erhöht Zeit

12.38. Der unbestimmte Zeitraum, der zwischen einer Maßnahme und ihrer vollen Auswirkung auf die Gesamtnachfrage liegt, (**vergrößert/verringert**) die Schwierigkeiten für den Wirtschaftspolitiker, seine Maßnahmen zum richtigen Zeitpunkt einzusetzen. Diese Verzögerung zwingt den Staat dazu, Änderungen des wirtschaftlichen Geschehens weit (**früher/später**) vorherzusehen, als es anderenfalls erforderlich wäre. vergrößert früher

12.39. Sie haben nun also gesehen, daß drei verschiedene Arten von .... die Anwendung der in den vorangegangenen Kapiteln analysierten Grundideen erschweren. Diese Verzögerungen leiten sich aus der .... ab, die Verzögerung Zeit

(a) für die Identifizierung des Problems,
(b) für die Entscheidung über die anzuwendenden Maßnahmen und
(c) für die volle Auswirkung dieser Maßnahmen erforderlich ist.

12.40. Die sich aus der Anwendung der Theorie zur Beseitigung von Arbeitslosigkeit und Inflation ergebenden Schwierigkeiten beschränken sich nicht nur auf die mit der Fiskal- und Geldpolitik verbundenen Verzögerungen. Wir sind in den vorigen Kapiteln von der Annahme ausgegangen, das Preisniveau (**könne/könne nicht**) steigen, solange eine Deflationslücke besteht. Oder anders ausgedrückt: Wir unterstellen, das Preisniveau steige nur, wenn eine .... vorliegt. könne nicht Inflationslücke

12.41. In der Realität trifft das natürlich nicht immer zu. Wenn Sie sich noch einmal die Abbildungen 3.3 und 4.1 auf den Seiten 46 und 51 ansehen, können Sie Perioden erkennen, in denen die Arbeitslosigkeit mehr als vier Prozent und die Inflationsrate mehr als zwei

Prozent ausmachte. In der Realität können also Unterbeschäftigung und Inflation gleichzeitig nebeneinander (**auftreten/nicht auftreten**).

auftreten

12.42. Diese Tatsache beeinträchtigt nicht den Wert der in den ersten Kapiteln gezogenen Schlußfolgerungen. Nach wie vor gilt, daß Übernachfrage .... verursacht und eine ungenügende Gesamtnachfrage zur .... führt.

Inflation
Unterbeschäftigung

12.43. Wir hatten in den vorangegangenen Kapiteln zur Vereinfachung davon abgesehen, daß eine Inflation auch durch andere Faktoren als eine überschüssige .... ausgelöst werden kann. Inflation und Unterbeschäftigung können jedoch tatsächlich gleichzeitig (**auftreten/nicht auftreten**).

Gesamtnachfrage

auftreten

12.44. Vollbeschäftigung und Preisniveaustabilität zu garantieren, ist schon deshalb problematisch, weil nicht alle Märkte die gleichen Angebots- und Nachfragebedingungen aufweisen. Nehmen wir z. B. an, der Staat passe die Gesamtnachfrage mit Hilfe seiner Geld- und Fiskalpolitik genau dem Niveau an, das sich anhand der Analyse des einfachen Modells der vorangegangenen Kapitel als das richtige erwiesen hat. Folglich müßte die .... gerade gleich dem .... zu Basispreisen sein. Wäre dieses Modell mit der Realität identisch, dann herrschte in der Volkswirtschaft (**ein/kein**) Zustand der Vollbeschäftigung, verbunden mit Preisniveaustabilität.

Gesamtnachfrage
potentiellen BSP

ein

12.45. In Wirklichkeit gibt es jedoch viele verschiedene Güter und viele Einzelmärkte. Selbst wenn also die Gesamtnachfrage das anhand unseres Modells als „richtig" angesehene Niveau erreicht, kann man nicht generell sagen, daß die nachgefragten und angebotenen Mengen zu Basispreisen auf allen Märkten übereinstimmen. Auf einigen Märkten besteht eine Übernachfrage zu Basispreisen und die Preise werden der Tendenz nach (**steigen/fallen**). Auf anderen Märkten liegt zu Basispreisen ein Überangebot vor, und deshalb werden die Preise tendenziell (**steigen/fallen**).

steigen

fallen

12.46. Würden alle Märkte vollkommen funktionieren, müßte man erwarten, daß sich die Preise auf allen Märkten an ihr neues Gleichgewichtsniveau (**anpassen/nicht anpassen**) — einige nach oben, andere nach unten. Die Abwärts- und Aufwärtsbewegungen aller Einzelpreise müßten sich ausgleichen, das Preisniveau also (**unverändert bleiben/steigen**).

anpassen

unverändert
bleiben

12.47. Aber Sie wissen schon, daß nicht auf allen Märkten vollkommene Konkurrenz herrscht. Viele Einzelpreise sind nach unten tendenziell **(flexibel/starr)**. Deshalb werden auf einer Reihe von Einzelmärkten mit Überangebot die Preise nicht ...., wie man es eigentlich erwarten müßte.

starr
fallen

12.48. Bei Übernachfrage tendieren die Preise — selbst auf unvollkommenen Märkten — dazu, zu .... Wenn also ein Teil der Märkte unter Überangebot und ein Teil unter Übernachfrage leiden, werden sich die erwarteten Preis-**(steigerungen/senkungen)** durchsetzen, die erwarteten Preis-**(steigerungen/senkungen)** jedoch nicht.

steigen
-steigerungen
-senkungen

12.49. Hat das Niveau der Gesamtnachfrage die „richtige" Höhe, dann zeichnen sich viele Märkte durch ein Überangebot und andere durch eine Übernachfrage zu Basispreisen aus. Da nicht auf allen Märkten vollkommene Konkurrenz herrscht, werden die Preissteigerungen auf Märkten mit Übernachfrage durch Preissenkungen auf Märkten mit einem Überangebot **(kompensiert/nicht kompensiert)** und infolgedessen muß das Preisniveau ....

nicht kompens
steigen

12.50. Selbst bei der theoretisch richtigen Höhe der Gesamtnachfrage kann daher infolge von Unvollkommenheiten der Märkte **(eine/keine)** Inflation auftreten.

eine

12.51. Auf solchen Märkten, auf denen die Preise bei Überangebot nicht sinken, werden die Unternehmer die Produktion und die Beschäftigung **(steigern/reduzieren)**. Die Konsumenten sind ja in diesem Falle nicht mehr bereit, alle von den Unternehmungen produzierten Güter zu kaufen. In dieser Situation tritt somit nicht nur eine inflationäre Preissteigerung auf, sondern auch eine ....

reduzieren

Unterbeschäfti

12.52. Welche anderen Faktoren können eine Inflation auslösen, bevor Vollbeschäftigung erreicht ist? Betrachten wir eine typische Unternehmung: Wenn sich diese in einer Branche mit starker Konkurrenz befindet, dann muß der von ihr geforderte Preis dem Marktpreis entsprechen. Andernfalls wäre es **(schwierig/nicht schwierig)**, das Angebot auch abzusetzen. Sind auf dem Markt jedoch nur wenige Konkurrenten tätig und produziert die Unternehmung darüber hinaus noch ein Gut, das sich von dem der Konkurrenz etwas abhebt, dann verfügt sie bei ihrer Preispolitik über erheblich **(mehr/weniger)** Autonomie.

schwierig

mehr

12.53. In den USA zeichnen sich viele Märkte durch eine solche unvollkommene Konkurrenz aus. Daher besitzen viele Firmen in ihrer Preisgestaltung (**einen beträchtlichen/ praktisch keinen**) Spielraum.

einen beträchtlichen

12.54. Obwohl dies nur sehr schwer nachweisbar ist, glauben doch viele Wirtschaftswissenschaftler, die Unternehmen auf unvollkommenen Märkten setzten gewöhnlich ihre Preise so, daß die Kosten gedeckt sind und eine gewisse Gewinnspanne einkalkuliert ist. Betragen z. B. die Kosten 80 cents pro Einheit und die Unternehmung nimmt einen Dollar dafür, dann hat sie den Preis so fixiert, daß die .... gedeckt sind und eine Gewinnspanne von .... Prozent im Preis enthalten ist.

Kosten – 20

12.55. Verfolgen die Unternehmungen tatsächlich eine solche Preispolitik, dann müssen bei jedem Anstieg der Kosten pro Produktionseinheit auch die .... angehoben werden.

Preise

12.56. Der (**Anstieg/Fall**) der .... pro Produktionseinheit ist somit ein Faktor, der Inflation bei Unterbeschäftigung hervorbringen kann.

Anstieg – Kosten

12.57. Warum sollten die Stückkosten in einer Unterbeschäftigungsphase steigen? Eine solche Situation kann dann eintreten, wenn Unternehmen ihre Ausbringung sehr schnell vergrößern. Eine Firma kann ihre Ausbringung ohne eine Erhöhung der Stückkosten steigern, wenn sich der Prozeß über eine (**lange/kurze**) Periode erstreckt. Wird die Ausbringungssteigerung jedoch sehr kurzfristig angestrebt, besteht eine gewisse Wahrscheinlichkeit dafür, daß die Stückkosten (**steigen/fallen**).

lange

steigen

12.58. Ein schneller Produktionsanstieg kann deshalb zu (**steigenden/sinkenden**) Stückkosten führen, weil die Unternehmen mehr dafür zahlen müssen, prompt mit Materialien beliefert zu werden. Oder es gelingt ihnen nicht, sofort die günstigste Kombination aller Arbeitsqualitäten zu finden, und sie wählen die zweitbeste. Wenn die Unternehmen ihre Preise so setzen, daß die Kosten und eine .... gedeckt sind, dann muß ein Anstieg der Stückkosten ....steigerungen bewirken.

steigenden

Gewinnspanne
Preis-

12.59. Wenn sich also eine Volkswirtschaft sehr schnell auf die Vollbeschäftigung zubewegt, dehnen viele Unternehmen ihre Produktion (**rasch/allmählich**) aus. Deswegen haben zahlreiche Unternehmungen (**höhere/niedrigere**) Stückkosten zu verzeichnen. Sie werden deshalb die Preise (**anheben/senken**), um die gewünschten Gewinnspannen aufrecht zu erhalten.

rasch
höhere
anheben

12.60. Sehen Sie sich noch einmal die Zeichnungen 3.3 und 4.1 auf Seite 46 und 51 an, die Änderungen des Preisniveaus und der Beschäftigung ausweisen. 1934 gab es z. B. trotz einer sehr (**hohen/niedrigen**) Arbeitslosigkeit eine ziemlich (**starke/geringe**) Preissteigerung. Das könnte durch die Tatsache erklärt werden, daß die Arbeitslosigkeit (**anstieg/sank**) und das BSP schnell (**wuchs/fiel**).

hohen – starke

sank – wuchs

12.61. Eine weitere Erklärung für Kostensteigerungen bei Unterbeschäftigung ist darin zu sehen, daß die Löhne vieler Arbeiter nicht auf vollkommenen Märkten zustandekommen. Die Löhne können daher steigen, obwohl ein Überangebot an Arbeit besteht. Nehmen wir z. B. eine Arbeitslosigkeit von sechs Prozent an. Bestünde auf dem Arbeitsmarkt eine große Konkurrenz, würde man ein (**Steigen/Fallen**) der Lohnsätze erwarten. Aber viele Lohnsätze werden kollektiv zwischen Gewerkschaften und Arbeitgeberverbänden ausgehandelt, und den Gewerkschaften mag die Durchsetzung einer Lohnerhöhung gelingen, obwohl Unterbeschäftigung herrscht.

Fallen

12.62. Ein Anstieg der Lohnsätze allein muß allerdings nicht unbedingt eine Erhöhung der Stückkosten bedeuten. Der technische Fortschritt, der fast jährlich zu Verbesserungen der Arbeitsproduktivität führt, muß ebenfalls in die Rechnung einbezogen werden. Würde z. B. die Arbeitsproduktivität von diesem auf das nächste Jahr um drei Prozent zunehmen, würde das heißen, daß im nächsten Jahr die gleiche Produktion mit einer um drei Prozent (**vermehrten/verminderten**) Erwerbstätigenzahl hergestellt werden könnte. Blieben die Löhne in diesem Zeitraum konstant, dann würden die Lohnkosten pro Produktionseinheit (**steigen/sinken/konstant bleiben**).

verminderten

sinken

12.63. Das läßt sich aus Tabelle 12.1 ersehen. In diesem Beispiel werden im folgenden Jahr (**mehr/weniger**) Arbeitskräfte zur Produktion von 1000 Gütereinheiten eingesetzt, weil die .... zugenommen hat.

weniger
Arbeitsproduktivität

12.64. Eine Verbesserung der Arbeitsproduktivität von 10 auf 10,3 Gütereinheiten pro Arbeiter reduziert die zur Produktion von 1000

Gütereinheiten erforderliche Anzahl an Arbeitskräften von 100
auf .... Betragen die jährlich pro Mann gezahlten Löhne $ 1000, 97
dann müssen die gesamten Lohnkosten von $ .... auf 100.000
$ .... sinken. 97.000

Tabelle 12.1
Steigerung der Arbeitsproduktivität und Arbeitskosten pro Stück

	dieses Jahr	nächstes Jahr	
Gesamtproduktion	1.000	1.000	
Arbeitsproduktivität (Produktion je Mann)	10	10,3	
erforderliche Anzahl an Arbeitern	100	97	
Löhne (Dollar pro Mann)	$ 1.000	$ 1.000	
gesamte Lohnkosten	$ 100.000	$ 97.000	
Arbeitskosten je Produktionseinheit	$	$	100 − 97

12.65. Wir können nun die Arbeitskosten pro Produktionseinheit für jedes Jahr kalkulieren. In diesem Jahr betrugen die gesamten Lohnkosten $ 100.000, und im nächsten Jahr werden sie nur noch $ 97.000 ausmachen. Bei einer für beide Jahre gleichhohen Produktion von 1000 Stück fallen demzufolge die Arbeitskosten je Produktionseinheit von $ .... auf $ ...., d. h. sie sinken um .... Prozent.

100 − 97
drei

12.66. Wenn also die Arbeitsproduktivität bei unveränderten Lohnsätzen zunimmt, dann (**steigen/sinken**) die Arbeitskosten pro Stück. Oder anders ausgedrückt: Mit zunehmender Arbeitsproduktivität ist es (**möglich/nicht möglich**), die Löhne zu erhöhen, ohne dabei die Arbeitskosten pro Stück zu steigern.

sinken

möglich

12.67. Solange die Erhöhungen der Lohnsätze nicht über die Steigerung der Arbeitsproduktivität hinausgehen, werden die Arbeitskosten pro Stück (**steigen/nicht steigen**). Übersteigen jedoch die Erhöhungen der Lohnsätze die Verbesserung der Arbeitsproduktivität, dann werden die .... (**steigen/fallen**).

nicht steigen
Arbeitskosten pro Stück
steigen

12.68. Im oben angegebenen Beispiel hätten die Lohnsätze infolge eines Anstiegs der .... um drei Prozent um .... Prozent angehoben werden können, ohne damit die .... zu steigern.

Arbeitsprodukt
drei
Arbeitskosten p
Stück

12.69. Eine Erhöhung der Lohnsätze wird nur dann eine Steigerung der Arbeitskosten pro Stück bedingen, wenn sie über die Verbesserung der .... hinausgeht. Steigen die Löhne um vier Prozent bei einer Zunahme der Arbeitsproduktivität von nur drei Prozent, dann setzen alle Unternehmen, die ihre Preise so kalkulieren, daß Kosten und eine feste Gewinnspanne gedeckt sind, ihre .... herauf.

Arbeitsprodukt

Preise

12.70. Selbst wenn also keine überschüssige Gesamtnachfrage vorliegt, kann dennoch ein (**Anstieg/Fall**) des Preisniveaus daraus entstehen, daß durch Ausnutzung von Machtstellungen das Lohnniveau über das Niveau der Verbesserungen der .... hinaus angehoben wird.

Anstieg

Arbeits-
produktivität

12.71. Steigen die Löhne im Maße der Verbesserung der Arbeitsproduktivität, dann kann sich eine Inflation aus dem Versuch der Unternehmen ergeben, ihre Gewinnspannen durch Preissteigerungen zu erhöhen. Da – wie oben betont – viele Firmen auf Märkten mit einem geringen Konkurrenzdruck operieren, besitzen sie (**eine/keine**) beträchtliche Kontrolle über die auf diesen Märkten herrschenden Preise. Daher können solche Firmen manchmal ihre Gewinnspannen durch Änderungen ihrer .... verbessern.

eine

Preise

12.72. Inflation kann somit auch dann auftreten, wenn keine Übernachfrage vorhanden ist, da auf sehr vielen Arbeitsmärkten und vielen Produktmärkten (**ein/kein**) vollkommener Wettbewerb herrscht.

kein

12.73. Gelingt es den Gewerkschaften, die Löhne über die Verbesserung der .... hinaus anzuheben, kann das .... zur Folge haben. Oder wenn Unternehmungen ihre Marktmacht dazu benutzen, über Preissteigerungen ihre .... zu vergrößern, kann sich das als .... niederschlagen. Außerdem haben Sie noch gelernt, daß sich bei plötzlichen Produktionssteigerungen die .... kosten erhöhen können und .... eintreten kann.

Arbeitsproduk
Inflation

Gewinnspanne
Inflation

Stück – Inflat

12.74. Die auf solche Faktoren zurückzuführenden Inflationserscheinungen nennt man häufig auch Kosteninflation (cost-push inflation). Dieser Begriff dient der Unterscheidung dieses Inflationstyps von der Inflation, die auf eine Übernachfrage zurückgeht und Nachfrageinflation (demand-pull inflation) genannt wird. Der Unterschied zwischen beiden liegt darin, daß die ....inflation durch zu hohe Ausgabenniveaus und die ....inflation durch steigende Produktionskosten hervorgerufen wird.

Nachfrage-
Kosten-

12.75. Obwohl die Kosteninflation jederzeit auftreten kann, stellt sie sich mit größerer Wahrscheinlichkeit dann ein, wenn eine Volkswirtschaft im oder nahe dem Zustand der Vollbeschäftigung ist. Dann nehmen die Unternehmungen und Gewerkschaften eine starke Machtstellung ein und neigen dazu, Gewinn- und Lohnansprüche auch inflationär durchzusetzen. Wenn sich eine Volkswirtschaft also der Vollbeschäftigung nähert, dann steigt die Wahrscheinlichkeit des Eintritts einer ....inflation, auch wenn keine Übernachfrage vorliegt.

Kosten-

12.76. Die Möglichkeit der Kosteninflation beim Erreichen der Vollbeschäftigung wirft für die Wirtschaftspolitik ernsthafte Probleme auf. Es wird dann nämlich extrem schwierig, die Geld- und Fiskalpolitik zur Verhinderung von gleichzeitig auftretender Unterbeschäftigung und Inflation einzusetzen. Wird eine Volkswirtschaft mit Hilfe der Geld- und Fiskalpolitik im Zustand der Vollbeschäftigung gehalten, dann ergibt sich wahrscheinlich eine .... Soll die Geld- und Fiskalpolitik hingegen die Gesamtnachfrage so weit drücken, daß die eine Kosteninflation auslösenden Faktoren eliminiert werden, dann resultiert daraus wahrscheinlich ....

Kosteninflation

Unterbeschäftigung

12.77. Angesichts dieses Dilemmas muß der Staat zwischen zwei Übeln wählen. Er muß entscheiden, was schlimmer ist, Vollbeschäftigung mit geringer .... oder Preisniveaustabilität bei geringer ....

Inflation
Unterbeschäftigung

12.78. Bei der Entscheidung zwischen diesen Alternativen müssen die relativen Kosten der Unterbeschäftigung und der Inflation ins Kalkül einbezogen werden. Betrachten wir zunächst die Unterbeschäftigung. Für den arbeitslosen Arbeiter sind die Kosten der Unterbeschäftigung sehr schmerzhaft: Einkommensverluste und die durch die Unfähigkeit seine Familie angemessen zu versorgen, bedingte Erniedrigung und Verzweiflung sind schwere persönliche Lasten. Für die gesamte Volkswirtschaft bedeutet die .... einen nicht wiedergutzumachenden Ausfall an Produktion. Die während der Arbeitslosigkeit eingebüßten Arbeitsstunden können (**später/niemals**) nachgeholt werden. Die Kosten der Unterbeschäftigung liegen somit auf der Hand.

Unterbeschäftigung

niemals

12.79. Auch die Inflation bedingt Kosten, über deren Bedeutung allerdings nicht solche Einmütigkeit herrscht. Ein weit verbreitetes Argument gegen die Inflation besagt, daß durch sie eine Umverteilung von Realeinkommen zu Lasten solcher Personen ausgelöst wird, deren Einkommen in Geldeinheiten fixiert sind. Wenn Ihr Gehalt z. B. auf $ 5.000 pro Jahr festgesetzt ist, dann .... Preissteigerungen die reale Kaufkraft Ihres Einkommens. Gleichzeitig werden jedoch solche Personen, deren Geldeinkommen stärker als das Preisniveau zunehmen, durch die Inflation Realeinkommen (**gewinnen/einbüßen**). Analog begünstigt die Inflation Schuldner zu Lasten von Gläubigern, da die Schuldner ihre Schulden mit Dollar zurückzahlen können, die eine geringere Kaufkraft besitzen.

vermindern

gewinnen

12.80. Es gibt noch weitere Argumente über die gesellschaftlichen (**Kosten/Erträge**) von Unterbeschäftigung und Inflation. Es wird manchmal sogar behauptet, daß ein „bißchen" Inflation und ein „bißchen" Unterbeschäftigung „gut" für die Gesellschaft seien. Damit werden Sie sich jedoch im Laufe Ihres Studiums noch auseinandersetzen müssen.

Kosten

12.81. Sie haben gesehen, daß eine Reihe von Faktoren es als sehr schwierig, wenn nicht gar unmöglich erscheinen lassen, ständig sowohl einen Zustand der Vollbeschäftigung als auch der Preisniveaustabilität aufrechtzuerhalten. Für unser in früheren Kapiteln untersuchtes Modell bedeutet das, daß die dort für die Gesamtangebotskurve aufgestellten Voraussetzungen (**ganz/nicht ganz**) korrekt sind. Insbesondere gilt das für die Annahmen, das Preisniveau könne nur im Falle von ....nachfrage steigen.

nicht ganz

Über-

12.82. In diesem Kapitel haben wir gesehen, daß das Preisniveau auch ohne ....lücke (**steigen/nicht steigen**) kann, wenn sich eine Volkswirtschaft nahe dem oder im Zustand der Vollbeschäftigung befindet.

Inflations – st

12.83. Diese Schwierigkeiten, denen sich Wirtschaftspolitiker gegenübersehen, wenn sie Vollbeschäftigung bei stabilem Preisniveau erreichen wollen, sind Gegenstand eines fortgeschrittenen Studiums.

Uns kam es hier in erster Linie auf die Faktoren an, die in unserer Volkswirtschaft Produktion, Beschäftigung und das Preisniveau bestimmen. Aus diesem Grunde haben Sie ein relativ einfaches Modell kennengelernt, das jedoch mit Gewinn auf die Analyse der US-Wirtschaft und anderer hochindustrialisierter westlicher Volkswirtschaften angewendet werden kann.

WIEDERHOLUNGSFRAGEN

12.1. Für die Erarbeitung von Vorschlägen für geeignete fiskal- und geldpolitische Maßnahmen müssen Veränderungen der (des) .. ... vorhergesehen werden.

a) übrigen Faktoren, die die Gesamtnachfrage beeinflussen
b) potentiellen BSP
c) Sowohl a) als auch b) treffen zu.
d) Keine der genannten Alternativen trifft zu.

12.2. Auch wenn keine Übernachfrage besteht, kann eine Inflation auftreten, wenn ...

a) die Gesamtausgaben höher sind als das potentielle BSP.
b) die Preise steigen.
c) die Unterbeschäftigung hoch ist.
d) die Lohnerhöhungen über den Produktivitätszuwachs hinausgehen.

12.3. Wenn erwartet wird, daß die Stückkosten steigen, obgleich die Unterbeschäftigung bei sechs v. H. liegt, können Geld- und Fiskalpolitik nicht ... erreichen.

a) Vollbeschäftigung
b) Preisstabilität
c) Vollbeschäftigung mit Preisstabilität
d) wirtschaftliches Wachstum

12.4. Wenn eine Volkswirtschaft in diesem Jahr Vollbeschäftigung bei gleichzeitiger Preisstabilität erreicht hat, wird wahrscheinlich im folgenden Jahr infolge des üblichen ... Unterbeschäftigung auftreten, es sei denn, daß die Geld- und Fiskalpolitik eingesetzt werden.

a) Sinkens der Gesamtnachfrage
b) Wachstums des potentiellen BSP
c) Anstiegs der Löhne
d) Sinkens der Arbeitsproduktivität

12.5. Wenn der technische Fortschritt zu einer Steigerung der Arbeitsproduktivität um fünf v. H. führt, hat eine Lohnerhöhung um fünf v. H. zur Folge, daß ...

a) die Arbeiter ganz in den Genuß der zusätzlichen Erträge kommen.
b) Kosteninflation eintritt.
c) die Arbeitskosten pro Stück unverändert bleiben.
d) der Stückgewinn fällt.

LÖSUNGEN DER WIEDERHOLUNGSFRAGEN

1. Die Berechnung des Sozialprodukts

1.1 – c	1.2 – d	1.3 – b	1.4 – b	1.5 – d

2. Ausgaben und Einkommen

2.1 – b	2.2 – c	2.3 – a	2.4 – d	2.5 – b

3. Reales und monetäres BSP

3.1 – b	3.2 – a	3.3 – d	3.4 – $ 500 / $ 500 / 1,00 $ 600 / $ 600 / 1,00	3.5 – d

4. Tatsächliches und potentielles BSP

4.1 – d	4.2 – c	4.3 – d	4.4 – c	4.5 – c

5. Gesamtnachfrage und Gesamtangebot I

5.1 – b	5.2 – d	5.3 – a	5.4 – d	5.5 – d

6. Gesamtnachfrage und Gesamtangebot II

6.1 – d	6.2 – d	6.3 – c	6.4 – c	6.5 – c

7. Der Multiplikator

7.1 – c	7.2 – b	7.3 – d	7.4 – d	7.5 – c

8. Fiskalpolitik
8.1 – d   8.2 – c   8.3 – c   8.4 – a   8.5 – d

9. Zinssatz und Investitionsausgaben
9.1 – d   9.2 – d   9.3 – a   9.4 – b   9.5 – c

10. Geldangebot und Geldnachfrage
10.1 – d   10.2 – d   10.3 – c   10.4 – b   10.5 – c

11. Geldpolitik
11.1 – a   11.2 – b   11.3 – b   11.4 – d   11.5 – d

12. Probleme einer dynamischen Wirtschaft
12.1 – c   12.2 – d   12.3 – c   12.4 – b   12.5 – c

die neue Zeitschrift

DAS WIRTSCHAFTSSTUDIUM
ist eine neue Zeitschrift, die speziell für den Betriebs- und Volkswirtschaftsstudenten konzipiert wurde

DAS WIRTSCHAFTSSTUDIUM
enthält spezielle Studienbeiträge aus der BWL, VWL und Finanzwissenschaft
Original-Examensklausuren · Fallstudien · Jura für den Wirtschaftsstudenten
Statistik und Mathematikkurse · Zeitschriftenschau · Begriffe, die man kennen muß
Neue Studienliteratur · WISU-Repetitorium · WISU-Studienblatt

DAS WIRTSCHAFTSSTUDIUM
erscheint monatlich mit einem Umfang von ca. 60 Seiten DIN A 4 · 1. Jahrgang 1972 ·
Bezugspreise viertelj.: DM 16,80, für Studenten DM 14,80 (jeweils zuzüglich Postgebühren!)

Kostenlose Probehefte erhalten Sie in jeder Buchhandlung oder direkt beim Verlag!

**Werner-Verlag · 4 Düsseldorf 1 · Postfach 8529
Verlag J. C. B. Mohr (Paul Siebeck) Tübingen**